石塚晴通
小助川貞次 解題
高橋 智

論語集解

(一)

古典研究會叢書 漢籍之部 4

汲古書院

原本所藏
論語集解

東洋文庫

刋行の辭

古典研究會は昭和三十八年二月に創立され、本年結成二十五周年を迎えることとなった。古典研究會は、神田神保町に大安書店があった當時、長澤規矩也・山岸德平先生らの提唱によって結成され、それぞれの分野を代表する諸權威が委員として參加された。設立趣意書には

本邦における古典の研究は、數年來戰前をしのぐ進歩と發展とをとげるに至った。隣國における新資料の發見、諸文獻の整理、これに基づく影印出版も學界に寄與するところが多いが、一方わが國には舊來おびただしい漢籍が傳わっていて、その中には唯一無二の傳本も少なくない。また戰前比較的入手しやすかった古書も、大學の增設や輸入の減少によって、市上から姿を消したものが多い。

われわれはここに「古典研究會」を設立し、このような事態に積極的に對應して、學術研究のいっそうの向上發展に貢獻したいと念願する。

その對象とするところはひとり漢籍にとどまらず、ひろく重要な和書にも及び、一般に公開されることの少ないきわめて貴重な、しかも研究者が入手を希望する文獻について、探究調査ならびに整理校勘を行ない、その研究成果を報告するとともに、必要に應じてこれを影印刋行し、もって學界の參考に供したいと考える。

と述べている。そして延慶本平家物語や新編事文類要啓劄青錢など稀覯の善本を發掘出版した。その後、汲古書院の設立に伴い、事務所を同社に移し、その全面的な協力のもとに事業を推進、逐年、和漢の稀覯書の影印を行ない、學界に提供してきた。また、他方、時に伊勢の神宮文庫、名古屋の蓬左文庫、足利の足利學校遺蹟圖書館、仙臺の東北大學圖書館等を探訪、研修に努めた。この間、先年は會の中心であった長澤先生、續いて阿部隆一博

士が世を早められ、昨年はまた山岸先生が道山に歸せられた。これら緒先達を失い、事業もいささか遲滯の氣味あるを免れなかった。

しかし今年、古典研究會創立二十五周年を迎えて志を新たにし、その記念事業として、數年來想を練って來た漢籍古典の影印に踏み切ることとなった。その第一期の事業には別記の六點を選んだのであるが、いずれもわが國に傳存する屈指の文化財で、所藏各機關が本會の意のあるところを了解、快く協贊を與えられたことは、誠に感銘に堪えないところである。なお、本企畫は第一期に續いて、第二期、第三期と回を重ねて行く予定である。いずれは世紀の大叢書となるであろうと期待する。各方面の絶大なご支援を願ってやまない。

次に、本叢書の製作・發行を擔當する汲古書院は來年創業二十周年を迎えるという、誠に目出度い限りである。同社は設立以來、さまざまな困難を克服し、波瀾の多い出版業界に確乎、獨自の基盤を築いてきた。創業以來の出版は優に千點にも達するであろうか、常に利益を度外において學術上有用な圖書の影印に努め、またとかく敬遠されがちな研究論文等の出版にも犧牲を覺悟で精魂を傾けるなど、その眞摯な姿勢は、それぞれの學界・學者研究家に深い信頼感と感銘とを與えて來た。この二十周年の節目に當たり、同社が從來培って來た實績をもとに本叢書の刋行に全力をあげて取組まれることを期待するものである。

昭和六十三年十一月

古典研究會代表

米山寅太郎

古典研究會叢書　漢籍之部　第四巻　目次

凡例

一、今回刊行する論語集解全十巻は、公益財團法人東洋文庫の所藏に係る。

一、複製に當り、本文・裏書を七四％に縮小し、網掛けオフセット印刷によって收録した。

一、巻末に本册影印の解説として、髙橋智教授による書誌解題、石塚晴通教授・小助川貞次教授による訓點解題と兩教授による諸本篇章對照表を掲載する。

論語集解㈠　正和四年本

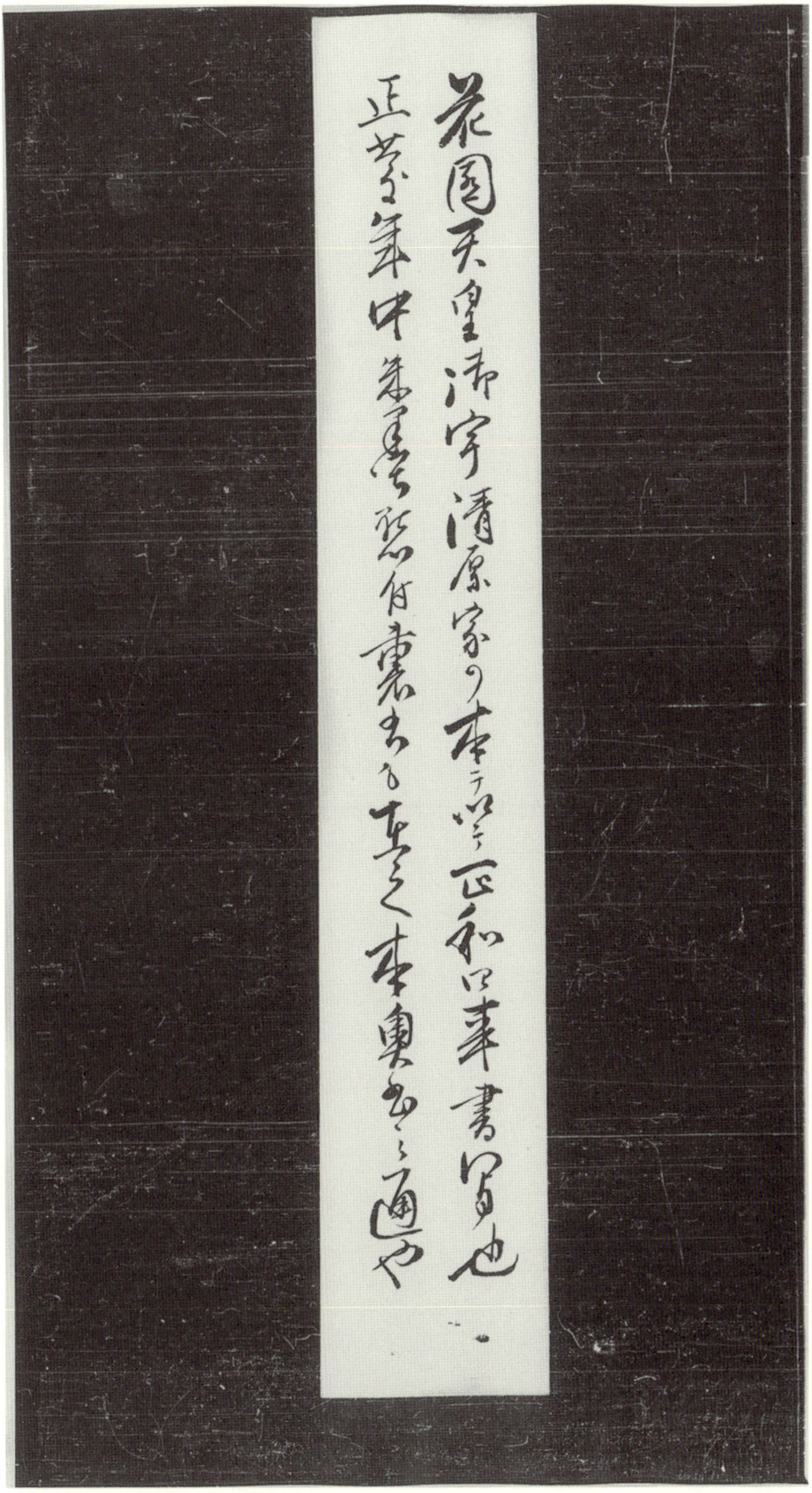
花園天皇御宇清原家の本ヲ以テ正和四年書写也

論語一

學而　為政

① 1 2 3 4 5

釋文云此是何晏上集解之序今亦随本音之

論語序

論語序有注

題論語両字以為此書之名但先儒後学解釈不同凡通此論字大判有三途第一捨字制音呼之為倫一捨音依字而号曰論一云倫論二称義无異也第一捨字為倫説者四家而已也一云倫者次也言此書義相生首末有次也一云倫者理也言此書舎万理也一云倫者綸也言此書経綸古今也一云倫者輪也言此書義旨周轉无窮如車之輪也第二依字為論者言此書出自門徒必先詳論然後乃記故曰論也第三倫論无異者蓋是楚夏音異耳以説倫不取捷前二途之譯者論難者述之謂之然此書是孔子在時所説而論是孔子没後方論之在語後應曰語論而今不曰語論而云論語者其義有二一則恐後学察之嫌二則欲見此語非徒然之説已備圓周之理之在於事前故以論居語先序者緒也

叙曰漢中壘《リユ井》校《カウ》尉《井》劉向《シヤウ》言《イハク》魯

論語二十篇皆孔子弟子記《シル》

諸善言也太子太傅《フ》夏侯《コウ》勝

力軌反　戸教反　舒尚反

不讀　大 音泰 下同　戸雅反

前將軍蕭望之丞相韋賢及
子玄成等傳之齊論語二十
二篇其二十篇中章句頗多
於魯論瑯琊王卿及膠東庸
生昌邑中尉王吉皆以教之

漢景帝之子餘封魯故謂魯恭王也

故有魯論有齊論魯恭《キヨウ》王時嘗欲以孔子宅爲宮壞得古文論語齊論有問王知道多於魯論二篇古論亦無此二篇分堯《キヨウ》曰《エツ》下章子張問以爲

〔裏書1〕

②

爛脱事見江家本文
家本同注之
並而師説不讀之

一篇有兩子張凡二十一篇
〻次不與齊魯論同安昌侯
張禹本受魯論兼講齊説善
從之號曰張侯論爲世所貴
苞氏周氏章句出焉古論唯

博士孔安國爲之訓說而世
不傳至順帝時南郡太守馬
融亦爲之訓說漢末大司農
鄭玄就魯論篇章考之齊古
以爲之註近故司空陳羣太

常王肅博士周生烈皆爲義説前《セキ》世傳受師説雖有異同不爲《ツクラ》訓解《カイ》中間《ナカゴロ》爲《ツク》之訓解至于今多矣所見不同互《タガヒ》有得失今集諸家之善説記其姓《セイ》

〔裏書2〕

③

名《メイ》有不《サル》安《ヤスカラ》者頗爲《タメ》改《アラタメ》易《カフ》名《ナツケ》曰

論語集解光禄《ロク》大夫關内侯

臣孫邕光禄大夫臣鄭冲散

騎常侍中領軍安郷亭侯臣

曹《サウ》羲侍中臣荀顗尚書駙馬

都尉關内侯臣何晏等上

疏曰以學爲首者以明人必須學也

論語學而第一　何晏集解　凡十六章

才本別有論語巻第一五字題目而無何晏名上論語兩字疏并經典釋文同之

經典釋文無何晏二字但才本并流ナ

子曰學《マナム》而時習《ナラフ》之不亦悦乎

才同説乃悦注同

馬融曰子者男子之通《トウ》稱謂孔子也王肅曰時者學者以時誦《ショウ》習之誦《ショウ》習以時學無廢《スツル》業所以為悦《エツ》懌《エキ》也

ヨロコヒヨロコフコトシ

有朋《トモ》

蒲或有或作友非也

自遠方來不亦樂乎　苞氏曰同門曰

朋也　人不知而不慍不亦君子

乎　慍怒也凡人有所不知君子不慍也　有子曰

孔安國曰弟子有若　其爲人也孝悌而

好犯上者鮮矣　鮮少也上謂凡在已上者

才本先能事父兄然後仁道可大成

言孝悌之人必有恭順好欲犯其上者少也不好犯上而好作亂者未之有也君子務本本立而道生本基也基《モト》立而後可大成也孝悌也者其仁之本與先能事父兄然後可乃仁成也子曰巧

言令色鮮矣仁　苞氏曰巧言好其言語令色善其顔色皆欲令人說之少能有仁也

曾子曰　馬融曰弟子曾參也

吾日三省吾身爲人謀而不忠乎與朋友交言而不信乎傳不習乎　言凡所傳之事

得無素不講習而傳乎子曰導千乘之國馬融曰導謂爲之政教也司馬法六尺爲歩々百爲畝々百爲夫々三爲屋々三爲井々十爲通々十爲城々出革車一乘然則千乘之賦其地千城也居地方三百一十六里有奇唯公侯之封乃能容之雖大國之賦亦不是

過焉苞氏曰導治千乘之國者百里之國也古者井田方里爲井井十爲乘百里之國適千乘也馬融依周禮苞氏依王制孟子義疑故兩存焉之

敬事而信

苞氏曰爲國者擧事必敬愼與民必誠信也

節用而愛人

苞氏曰節用不奢侈國以民爲夲故愛養也

使民以時 苞氏曰作使民必以其時不妨奪農務也

⑤

子曰弟子入則孝出則悌謹而信汎愛衆而親仁行有餘力則以學文 馬融曰文者古之遺文也

子夏曰賢賢易色 孔安國曰子夏弟子

卜商也言以好色之心好賢則善也事父母能竭其力事君能致其身孔安國曰盡忠節不愛其身也與朋《ホウ》友《イウ》交言而有信雖曰未學吾必謂之學矣

子曰君子不重則不威學則

不固孔安國曰固蔽也一曰言人不敢重既無威學又不能堅固識其義理也主忠信無友不如己者過則勿憚改鄭玄曰主親也憚難也曾子曰慎終追遠民德歸厚矣孔安國曰慎終者喪盡其哀也追遠者祭

盡其敬也人君行此二者子
民化其德而皆歸於厚也
禽問於子貢曰夫子至於是
邦也必聞其政求之與抑與
之與　鄭玄曰子禽弟子陳亢也子貢弟子姓端木名
賜字子貢也亢怪孔子所至
之邦必與聞其國政求而得

〔裏書3〕

邪抑人君自願與為治邪

子貢曰夫子温良恭儉讓以得之夫子之求之也其諸異乎人求之與 鄭玄曰言夫子行此五德而得之與人求異明人君自願與為治也

本明人君自與之

子曰父在觀其志父没觀其

行孔安國曰父在子不得自專故觀其志而已父沒乃觀其行也三年無改於父之道可謂孝矣孔安國曰孝子在喪哀慕猶若父在無所改於父之道也有子曰禮之用和為貴先王之道斯為美小大由

之有所不行知和而和不以
禮節之亦不可行也　馬融曰人知禮
貴和而每事從和不以禮爲節亦不可行也　有子
曰信近於義言可復也　復猶覆也
義不必信信非義也以其言可反覆故曰近於義也

⑦

恭近於禮遠恥辱也恭不合禮非禮
也以其能遠恥辱故曰近於禮也因不失其
親亦可宗也孔安國曰因親也言所親不失
其親亦可宗敬也子曰君子食無求
飽居無求安鄭玄曰學者之志有所不暇也

敏於事而慎於言就有道而
正焉可謂好學也已矣孔安國曰
敏疾有道有道德者也正謂問事是非也子貢曰
貧而無諂富而無驕何如子
曰可也孔安國曰未足多也未若貧而

樂道富而好禮者也鄭玄曰樂謂志
於道不以貧賤為憂苦也子貢曰詩云如
切如磋如琢如磨其斯之謂
與孔安國曰能貧而樂道富而好禮能自切磋琢磨者
也子曰賜也始可與言詩已

〔裏書4〕

⑧

矣告諸往而知來者也孔安國曰諸之也子貢知引詩以成孔子義善取類也故然之往告之以貧而樂道來荅以切磋琢磨者子曰不患

人之不已知患已不知人也

論語爲政第二　何晏集解　凡廿四章

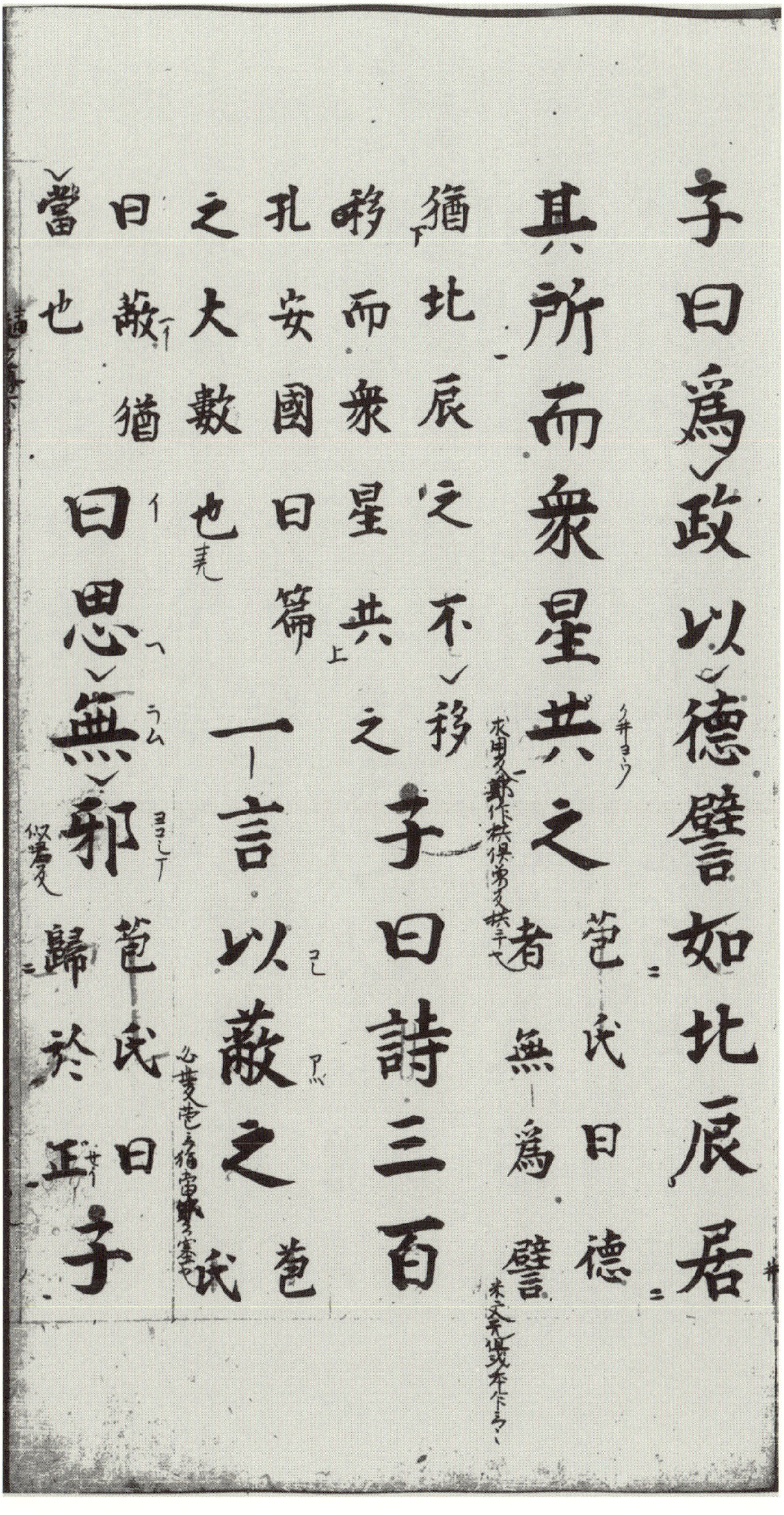

子曰爲政以德譬如北辰居
其所而衆星共之 苞氏曰德者無爲譬
猶北辰之不移移而衆星共之 子曰詩三百
孔安國曰篇之大數也 一言以蔽之 苞氏
曰蔽猶當也 曰思無邪 苞氏曰歸於正 子

曰導之以政孔安國曰政謂法教齊之以刑馬融曰齊整之以刑罰也民免而無恥孔安國曰苟免罪也導之以德苞氏曰德謂道德齊之以禮有恥且格格正也

子曰吾十有五而志乎學

三十而立有所成立也四十而不
惑孔安國曰不疑惑也五十而知天命
孔安國曰知天命之終始也六十而耳順
鄭玄曰耳順聞其言而知其微旨也七十而縱
心所欲不踰矩馬融曰矩法也縱心所欲

〔裏書5〕

⑨

無非
法也
孟懿子問孝
孔安國曰
魯大夫仲
孫何忌
懿謚也
子曰無違樊遲御子
告之曰孟孫問孝於我我對
曰無違
鄭玄曰孟孫不曉無
違意將問於樊遲故
告之樊遲弟
子樊須也
樊遲曰何謂也

子曰生事之以禮死葬之以
禮祭之以禮孟武伯問孝子
曰父母唯其疾之憂馬融曰武伯懿
子之子仲孫彘也武諡也言孝子不妄爲非唯疾病然後
使父母憂耳也子游問孝孔安國曰子游弟子

也姓言名偃也子曰今之孝者是謂能養至於犬馬皆能有養不敬何以別包氏曰犬以守禦馬以代勞能養人者一曰人之所養乃能至於犬馬不敬則無以別孟子曰養而弗愛豕畜也愛而弗敬也獸畜也子夏問

⑩

饌 七眷反 馬云飲食也 鄭作餕 食餘曰餕

孝子曰色難 色難謂承望父母顏色乃爲難也

有事弟子服其勞有酒食先生饌 馬融曰先生謂父兄饌飲食也 曾是以爲孝乎 馬融曰孔子喩子夏曰服勞先食汝謂此爲孝乎未是爲孝也承順父母顏色乃爲孝耳也

子曰吾與回言終日不違如愚　孔安國曰回弟子也姓顔名回字子淵魯人也不違者無所怪問於孔子之言默而識之如愚也　退而省其私亦足以發回也不愚　孔安國曰察其退還與二三子説釋道義發明大體知其不愚

也

子曰視其所以以用也言視所其行用也觀其所由由經也言觀其所經從也察其所安人焉廋哉人焉廋哉孔安國曰廋匿也言觀人終始有所匿其情也矣

子曰溫故而知新可以爲師矣

温尋也尋繹故者又　子曰君
知新可以爲師也
子不器　苞氏曰器者各周其
用至於君子無所不
施也　子貢問君子子曰先行其
言而後從之　孔安國曰疾小
人多言而行不
周也　⑪子曰君子周而不比　孔安國曰

〔裏書6〕

忠信爲周阿黨爲比也小人比而不周
子曰學而不思則罔苞氏曰學而不
尋思其義理罔然無所得之也思而不學則
殆不學而思終卒不得使人精神疲殆也子曰
攻乎異端斯害也已矣攻治善道

有統故殊塗而同歸異端不同歸也子曰由誨

汝知之乎孔安國曰由弟子也姓仲名由字子

路也知之爲知之不知爲不知

是知也子張學干祿鄭玄曰子張弟

子姓顓孫名師字子張干求也祿祿位也子曰多

聞闕疑慎言其餘則寡尤　苞氏

曰尤過也疑則闕之其餘不疑猶慎言之則少過也多

見闕殆慎行其餘則寡悔　苞氏

曰殆危也所見危者闕而不行則少悔也

言寡尤

行寡悔禄在其中矣　鄭玄曰言行如

此雖不得禄得禄之道也哀公問曰何爲
則民服包氏曰哀公魯君之諡也孔子對
曰舉直錯諸枉則民服包氏曰錯
置也舉用正直之人廢置邪枉之人則民服其上也舉
枉錯諸直則民不服季康子

問使民敬忠以勸《スヽメ》如之何孔安
國曰魯卿《ケイ》季孫肥也康謚也子曰臨之以
莊則敬苞氏曰莊嚴也君臨民以嚴則民敬其上《カミ》
也孝慈則忠苞氏曰君能上孝於親下慈於
民則民忠也擧善而教不能則民

勸苞氏曰擧用善人而教不能者則民勸勉也或謂孔子曰子奚不爲政苞氏曰或人以爲居位乃是爲政也子曰書云孝乎惟孝友于兄弟施於有政是亦爲政也奚其爲〻政也苞氏曰孝

于惟孝美孝之辭也友于兄弟善於兄弟施行所行有政
道即是與為政同也子曰人而無信不
知其可也孔安國曰言人而無信其餘終無可
⑬ 也大車無輗小車無軏其何
以行之哉包氏曰大車牛車也輗者轅端橫木

以縛軛者也小車四馬車也軏者轅端上曲拘衡者也

子張問十世可知也孔安國曰文質禮變也

子曰殷因於夏禮所損

益可知也周因於殷禮所損

益可知也馬融曰所因謂三綱五常也所損益

三綱父子夫婦君臣也 五常仁義礼智信也

三統天地人三也

謂文質三統也其或繼周者雖百世亦可知馬融曰物類相招勢數相生其變有常故可豫知也子曰非其鬼而祭之諂也鄭玄曰人神曰鬼非其祖考而祭之是諂以求福也見義不爲無勇孔安國曰義者所宜爲也

而不能爲
是無勇也

論語巻第一
經一千四百七十字
注一千五百一十五字

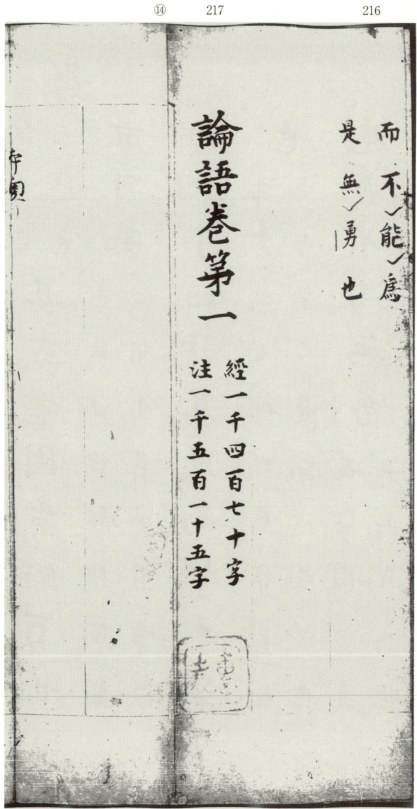

本奥云

此書受家説事二ヶ度於有先君奥書矣今為幼學
書之間字様散々不足為証本仍為傳子孫所
書寫也加之未點之上重點手加自加了以累葉秘
説一事無脱子々孫々傳得之者深蔵篋中勿出閫
外矣于時仁治三年八月六日
前参川守清原在判

建長五年二月一日以家之秘説
校點自〻直鑒了
前参河守在判

文永三年四月十四日手身書
點了此義拝聽事說三部也始
受家君之說本斯畢竭之
同相傳備子孫有了　次課被書
令之寫之本為奏上從其例而傳
子孫之所書寫也子々孫々深藏
匱中勿外書圖示矣

朝議大夫清原在判

⑮

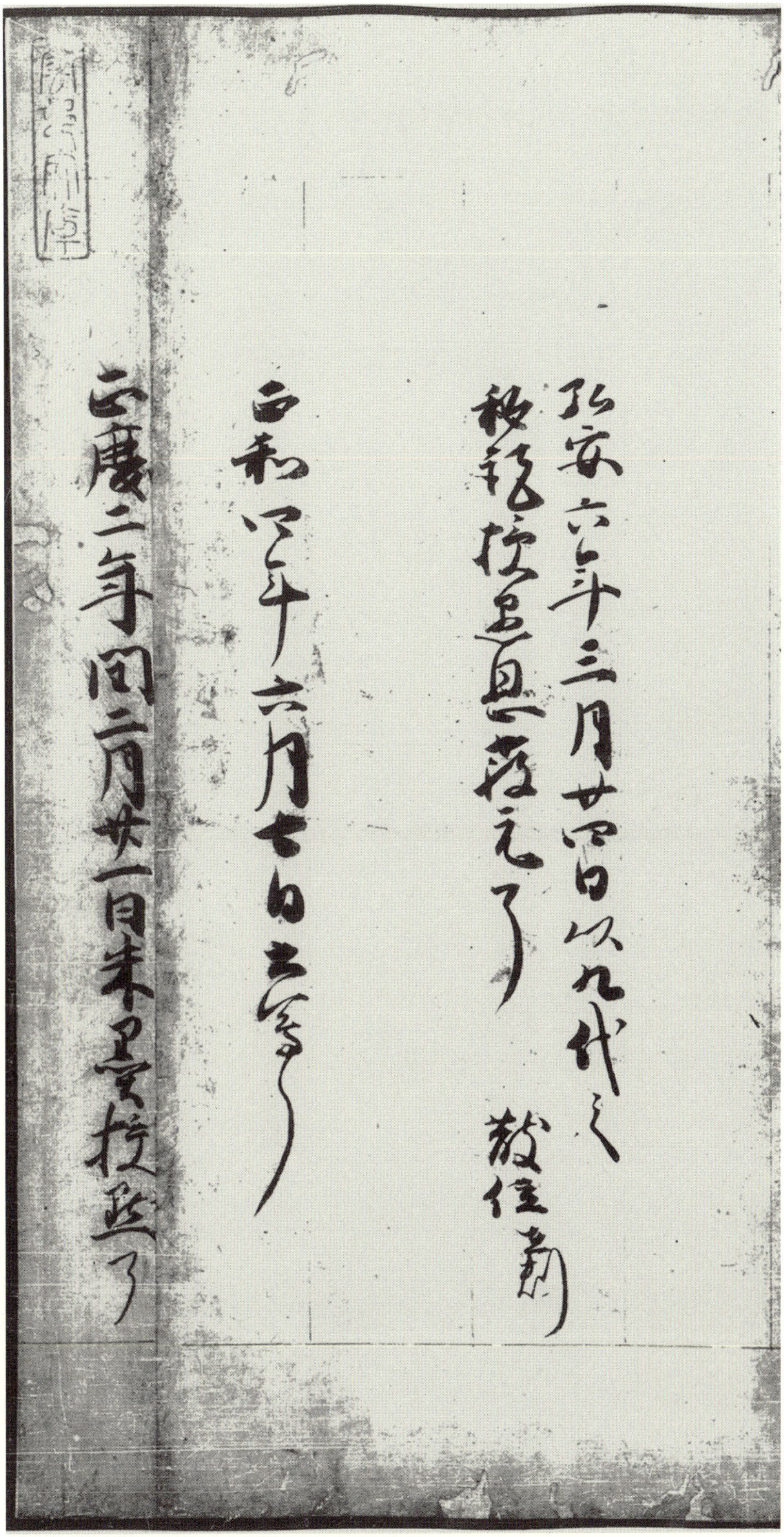

論語二

八佾

里仁

①

疏曰八佾者奏樂人數行列之名也此篇明季氏是諸侯之臣而僭行天子之樂也所以次前者言政之所裁之蘇斯濫故八佾次爲政也

論語巻第二　才本有此別題無此冊目上論語兩字

論語八佾第三　何晏集解　凡廿六章

孔子謂《ノタマハク》季氏八佾《イツ》舞於庭是

可忍也孰不可忍也　馬融曰孰誰也

佾列也天子八佾諸侯六卿大夫四士二八人爲列八人

六十四人也魯以周公故受王者禮樂有八佾之舞今季桓子僭於其家廟僭之故孔子譏之也三家者以雍徹馬融曰三家者謂仲孫叔孫季孫也雍周頌臣工篇名也天子祭於宗廟歌之以徹祭今三家亦作此樂者也子曰相維辟公天子穆穆

者也

〻奚取三家之堂　苞氏曰辟公謂諸侯及二王之後也穆〻天子之容也雍篇歌此者有諸侯及二王之後來助祭故也今三家但家臣而已何取此義而作之於堂邪也

子曰人而不仁如禮何人而不仁如樂何　苞氏曰言人而

不仁必不能行禮樂也　林放問禮之本　鄭玄曰林放魯人也　子曰大哉問禮與

其奢《オコ》也寧儉喪與其易也寧

戚　苞氏曰易和易也言禮之本意失於奢不如儉也喪失於和易不如哀戚也　子曰夷狄之有

君不如諸夏之亡也 苞氏曰諸夏中國也亡無也

季氏旅《リヨ》於泰山子謂冉《セン》有曰汝不能救與 馬融曰旅祭名也禮諸侯祭山川在其封内者今陪臣祭泰山非禮也冉有弟子冉求也時仕於季氏救猶止也

對曰不

能子曰嗚呼曾謂泰山不如

林放乎　苞氏曰神不享非禮　林放尚知禮泰山之

神反不如林放　邪欲誣而祭之　子曰君子無

鄭讀以爲也
絶句

所爭必也射乎　孔安國曰言　於射而後有

揖讓而升爭
下絶句鄭注也
詩賓之初

揖讓而升下而飲　王肅曰　射於堂

升及下皆揖讓而相飲也其爭也君子馬融曰多筭《カス》飲少筭君子之所爭也子夏問曰巧《タクミ》

③

笑《ワラフ》倩兮美目盼兮素《シロキ》以爲《ナス》絢《アヤ》兮何謂《イフ》也馬融曰倩笑貌盼動目貌也絢文貌也此上二句在衛風碩人之二章其下一句逸也子曰

凡繪畫

繪事後素　鄭玄曰繪畫文也凡畫繪先布衆色然後以素分布其間以成其文喻美女雖有倩盼美質亦須禮以成之也　曰禮後乎　孔安國曰孔子言繪事後素子夏聞而解知以素喻禮故曰禮後乎　子曰起予者商也始可與言詩已

矣苞氏曰予我也孔子言子夏能發明我意可與共言詩已矣

子曰夏禮吾能言之杞《キ》

不足徵也殷禮吾能言之宋《ソウ》

不足徵也苞氏曰徵成也杞宋二國名也夏殷

之後也夏殷之禮吾能説之杞宋之君不足以成之也

文獻不足故也足則吾能徵之矣鄭玄曰獻猶賢也我能不以其禮成之者以此二國之君文章賢才不足故也子曰禘自既灌而往者吾不欲觀之矣孔安國曰禘祫之禮爲序昭穆也故毀廟之主及群廟之主皆

④

合食於太祖灌者酌鬱鬯灌
於太祖以降神也既灌之後
別尊卑序昭穆而魯逆祀躋
僖公亂昭穆故不欲觀之矣
或問禘之說子曰不知也孔安
國曰答以不知者爲魯君諱也知其說者之
於天下也其如示諸斯乎指

其掌《タナゴコロ》苞氏曰孔子謂或人言知禘禮之說者於天下之事如指示以掌《タナゴコロ》中之物言其易了也

祭如在孔安國曰言事死如事生也

祭神如神在孔安國曰謂祭百神也

子曰吾不與祭如不祭苞氏曰孔子或出或病而不自親祭使攝

者爲之不致敬於心與不祭同也　王孫賈問

曰與其媚於奧寧媚於竈何

謂　孔安國曰王孫賈衛大夫也奧內也以喩近臣也竈

以喩執政也賈者執政者也欲使孔子求昵之故微以世

俗之言感動也　子曰不然獲罪於天

無所禱也　孔安國曰天以喻君孔子距之曰如獲罪於天無所禱於衆神也
子曰周監於

⑤
二代郁〻乎文哉吾從周　孔安國曰監視也言周文章備於二代當從也
子入太廟　苞氏曰太廟周公廟也孔子仕魯〻祭周公而助祭

也

每事問或曰孰謂鄹人之子知禮乎入太廟每事問 孔安國曰鄹孔子父叔梁紇所治邑也時人多言孔子知禮或人以為知禮者不當復問也 子聞之曰是禮也 孔安國曰雖知之當復問慎之至也 子曰

射不主皮　馬融曰射有五善焉一曰和志躰和
也二曰和容有容儀也三曰主皮能中質也四曰和頌合
雅頌也五曰興舞與舞同也天子有三侯以熊虎豹皮爲
之言射者不但以中皮爲善亦兼取和容也　爲力
不同科古之道也　馬融曰爲力爲力役

之事也亦有上中下設三科焉故曰不同科之也子
貢欲去告朔之餼羊鄭玄曰牲生曰
餼禮人君每月告朔於廟有祭謂之朝享也魯自文公始
不視朔子貢見其禮廢故欲去其羊也子曰賜
⑥
也汝愛其羊我愛其禮苞氏曰羊

在猶所以識其禮也羊亡禮遂廢也
子曰事君盡禮人以爲諂也　孔安國曰時事君者多無禮故以有禮者爲諂也
定公問君使臣〻事君如之何　孔安國曰定公魯君謚也時臣失禮定公患《ウレフ》之故問也
孔子對曰君

使臣以禮臣事君以忠子曰
關雎樂而不淫哀而不傷孔安
國曰樂而不至淫哀而不至傷言其和也哀公問
社於宰我宰我對曰夏后氏
以松殷人以栢周人以栗曰

使民戰栗也　孔安國曰凡建邦立社各以其土所宜之木宰我不本其意妄爲之説因周用栗便云使民戰栗之也

子聞之曰成事不説　苞氏曰事已成不可復解説也

遂事不諫　苞氏曰事已遂不可復諫止也

既往不咎　苞氏曰事

已往不可復追非咎也孔子非宰我故歴言三者欲使慎其後也

⑦子曰管仲之器小哉言其器量小也或曰管仲儉乎苞氏曰或人見孔子小之以爲謂之大儉也曰管氏有三歸官事不攝焉得儉乎苞氏曰三

歸娶三姓女也婦人謂嫁為歸攝猶兼也禮國君事大官

兼并キ

各有人大夫并《アセ》兼今管仲家臣備職非為儉也曰然

則管仲知禮乎苞氏曰或人以儉問故荅

以安得儉或人聞不儉更謂為得禮也曰邦《ハウ》君

樹塞門管氏亦樹塞門邦君

爲兩君之好有反坫管氏亦有反坫　鄭玄曰反坫反爵之坫也在兩楹之間人君有別外內於門樹屛以蔽之也若與鄰國君爲好會其獻酢之禮更酌酌畢則各反爵於坫上今管仲皆僭爲之如是不知禮也　管氏而知禮孰不

知禮子語魯大師樂曰樂其
可知已始作翕如也 大師樂官名也
五音始奏翕如盛也 從之純如也 從讀曰縱
言五音既發放縱盡其聲純々和諧也 皦如也
言其音節明也 繹如也以成 縱之以純如皦

如繹如言樂始於翕如而成於三也儀封人請
見鄭玄曰儀蓋衛邑也封人官名也曰君子
之至於斯者吾未嘗不得見
也從者見之苞氏曰從者弟子隨孔子行者
也通使得見也出曰二三子何患於

喪乎天下之無道久矣孔安國曰語諸弟子言何患於夫子聖德之將喪亡邪天下之無道已久矣極衰必有盛也天將以夫子爲木鐸孔安國曰木鐸施政教之時所振也言天將命孔子制法度以號令於天下也子謂韶盡美

矣又盡善也 韶舜樂也謂以聖德受禪故曰盡善也

謂武盡美矣未盡善也 孔安國曰武王樂也以征伐取天下故曰未盡善也

子曰居上不寛爲禮不敬臨喪不哀吾何以觀之哉

⑨

136 論語里仁第四　何晏集解　凡廿六章

137 子曰里仁為善　鄭玄曰里者民之所居也

138 居於仁者之里是為善也　擇不處仁焉得

139 智　鄭玄曰求善居而不處仁者之里不得為有智也

140 子曰不仁者不可以久處約

孔安國曰久

孔安國曰久 困則爲非也 不可以長處樂
孔安國曰 必驕佚也 仁者安仁 苞氏曰 唯性仁
者自然體之 故謂安仁也 智者利仁 王肅 曰知
仁爲美故 利行之也 子曰唯仁者能好
人能惡人 孔安國曰唯仁者 能審人好惡也

子曰苟志於仁矣無惡也　孔安國曰苟誠也言誠能志於仁者則其餘無惡也　子曰富與貴是人之所欲也不以其道得之不處也　孔安國曰不以其道得富貴不處也　貧與賤是人之所惡

⑩

不以其道得之不去也時有否泰故君子履道而反貧賤此則不以其道而得之者也雖是人之惡不可違而去也

君子去仁惡乎成名孔安國曰惡乎成名者不得成名爲君子也

君子無終食之間違仁造次

偃作

必於是顚沛必於是馬融曰造次急遽也顚沛僵仆也雖急遽僵仆不違於仁也子曰

我未見好仁者惡不仁者好仁者無以尚之孔安國曰難復加也惡不仁者其爲仁矣不使不仁

者加乎其身　孔安國曰言惡不仁者能使不
仁者不加非義於己不如好仁者無以加尚爲之優也
有能一日用其力於仁矣乎
我未見力不足者也　孔安國曰言人
無能一日用其力脩仁者耳我未見欲爲仁而力不足者

也　蓋有之乎我未之見也　孔安國曰謙不欲盡誣時人言不能爲仁故云爲能有耳其我未見也

子曰民之過也各於其黨觀過斯知仁矣　孔安國曰黨〻類也

⑪

小人不能爲君子之行非小人之過也當恕而勿責之觀

過使賢愚各當其所則為仁之也子曰朝聞

道夕死可矣言將至死不聞世之有道也

子曰士志於道而恥惡衣惡

食者未足與《トモ》議《ハカル》也子曰君子

之於天下也無適也無莫也

義之與比也言君子於天下無適無莫無所
貪慕也唯義之所在也子曰君子懷德
孔安國曰懷安也小人懷土孔安國曰重遷
也君子懷刑孔安國曰安於法也小人
懷惠苞氏曰惠恩惠也子曰放於利

貪慕

而行孔安國曰放依也每事依利而行也多怨孔安國曰取怨之道也子曰能以禮讓為國乎何有何有者言不難之也不能以禮讓為國如禮何苞氏曰如禮何者言不能用禮也子曰不患無位患

所以立不患莫己知也求爲

⑫
可知也　苞氏曰求善道而學行之則人知己也

子曰參乎吾道一以貫之哉

曾子曰唯　孔安國曰直曉不問故答曰唯也

子出門人問曰何謂也曾子

曰夫子之道忠恕而已矣子
曰君子喩《サトル》於義小人喩於利
孔安國曰喩猶曉《ケウ》也子曰見賢思齊《ヒトシカラ》焉
苞氏曰思與賢者等也見不賢者而内
自省也子曰事父母幾諫苞氏

曰幾微也當微諫見志不從
納善言於父母也苞氏曰見
又敬不違勞不怨志者見父
母志有不從己諫之色則又
當恭敬不敢違父母意而遠
己諫子曰父母在子不遠遊
也鄭玄曰方
必有方猶常也子曰三

米云此章与学而同當是重出學而是孔注今此鄭注然本二處皆有集解本或有無字

年無改於父之道可謂孝矣鄭玄曰孝子在喪哀慼思慕無改其父之道非心所忍爲也

⑬

子曰父母之年不可不知也一則以喜一則以懼孔安國曰見其壽考則喜見其衰老則懼之也

子曰古者

言之不出也恥躬之不逮也
苞氏曰古之人言不妄出口者為恥其身行之将不及也孔安國曰
子曰以約失之者鮮矣
倶不得中也奢則驕溢則招禍儉約則無憂患也
子曰君子欲訥於言而敏於行

211 苞氏曰訥遅鈍也言欲遅鈍而行欲敏也　子曰德

212 不孤必有鄰　方以類聚同志相求故必有鄰

213 也是以不孤也　子游曰事君數斯辱

214 矣朋友數斯䟽矣　數謂速數之數也

論語巻第二

經一千二百一十二字

注一千九百三十一字

為子孫證本自書寫了

参州前刺史教隆

此書受説之本幼學之間文字錯誤暫寫了

然而不足傳于後葉是以課愚息業下令書寫之

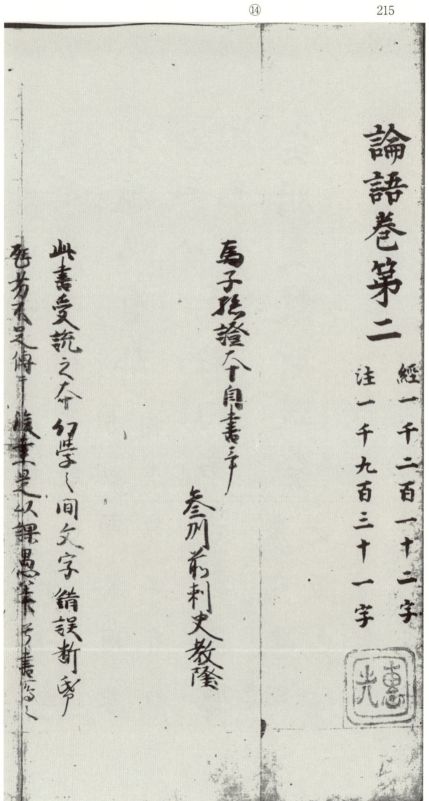

雖芳不足傳于後輩是以課愚息兼□書寫之
上朱點墨點手加身加畢家秘説一事不脱
子々孫々可秘之々々深韞匱也勿出閫外矣
于時仁治三年九月八日
前参河守清原在判

正安三年十一月九日以祖父之自筆
本終點授之功了而
儀才一見而已
[illegible]在判

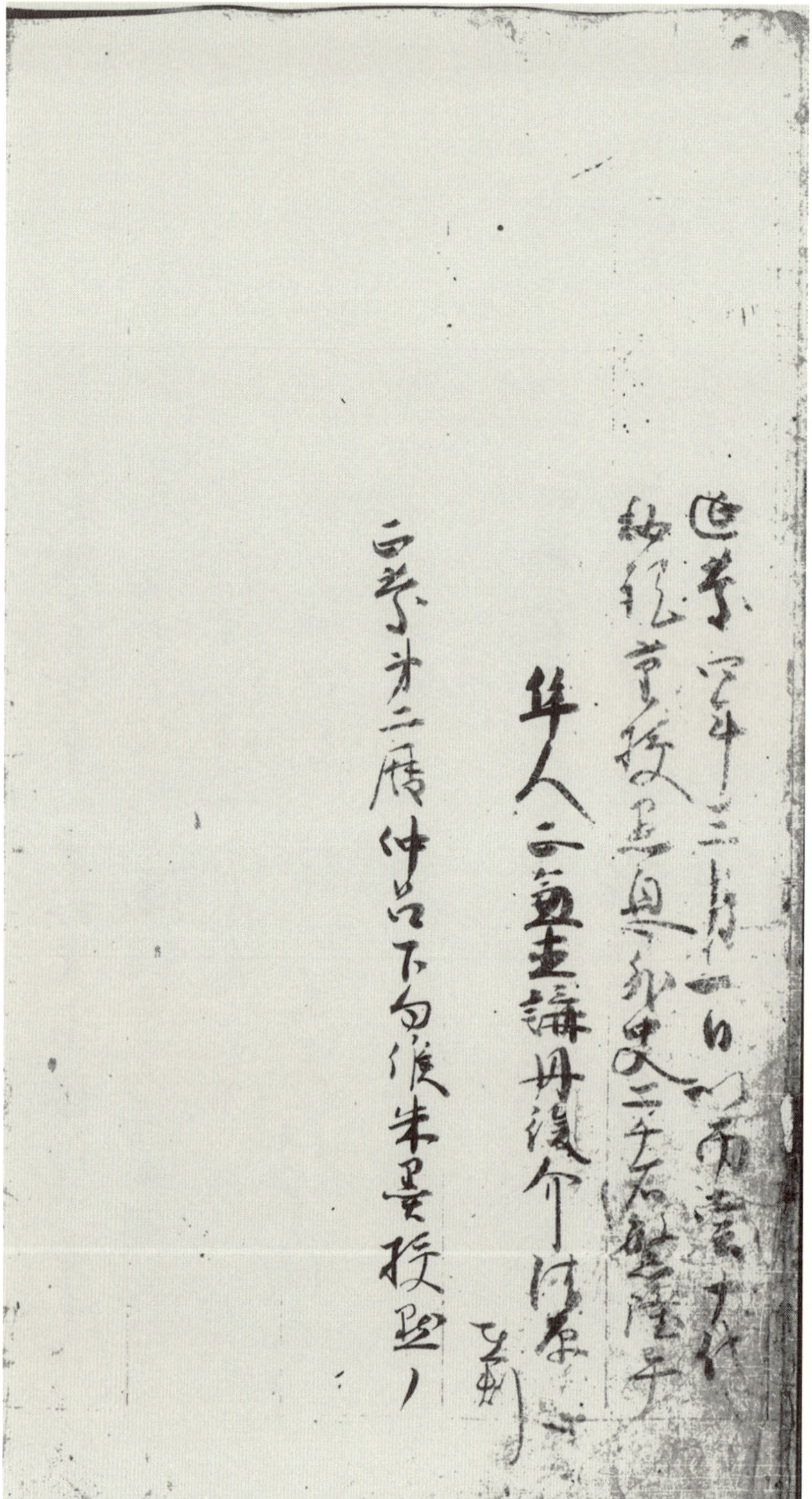

①

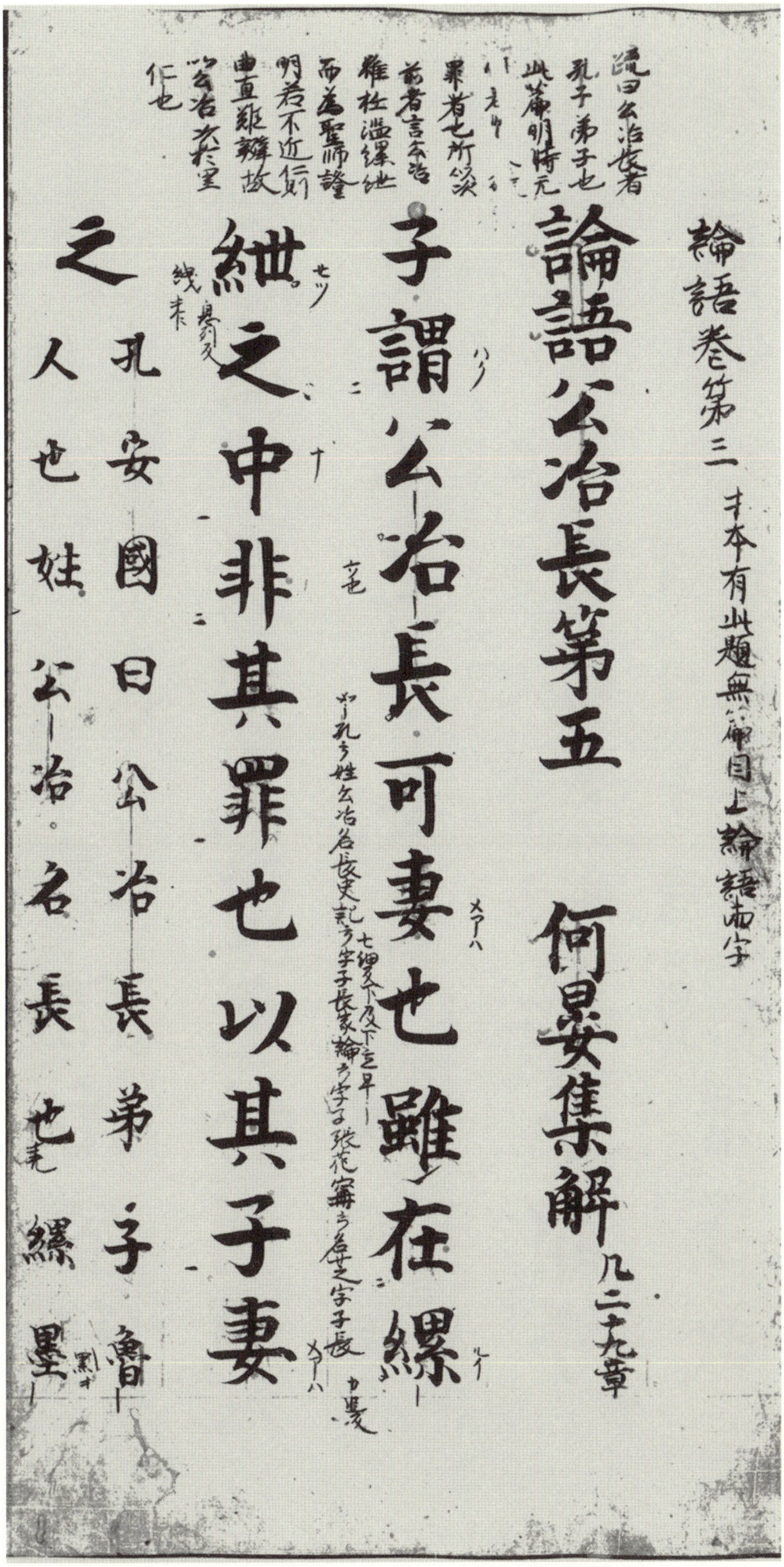

論語巻第三　才本有此題無篇目上論語両字

論語公冶長第五　何晏集解　凡二十九章

子謂公冶長可妻也雖在縲絏之中非其罪也以其子妻之　孔安國曰公冶長弟子魯人也姓公冶名長也縲墨

索紲攣也所以拘於罪人也子謂南容邦有道不廢邦無道免於刑戮以其兄之子妻之王肅曰南容弟子南宮縚也魯人也字子容不廢言見任用也子謂子賤孔安國曰子賤魯人弟子宓不齊也君子哉

若人魯無君子者斯焉取斯
苞氏曰若人者若此人也如魯無君子子賤安得此行而學行之
子貢問曰賜也如何子曰
汝器也
孔安國曰言汝器用之人也
曰何
器也曰瑚璉也
苞氏曰瑚璉者黍稷之器

②

也夏曰瑚殷曰璉周曰或曰
簠簋宗廟器之貴者也
雍也仁而不佞
馬融曰雍弟
子仲弓名也
姓冉
子曰焉用佞也禦人以
口給屢憎民不知其仁也焉用
佞也
孔安國曰屢數也佞人
口辭捷給數爲民之所

憎之也子使漆彫開仕對曰吾
斯之未能信孔安國曰開弟子也漆彫姓也
開名也仕進之道未能信者未能究習也子說鄭玄
曰喜其志道之深也
子曰道不行乘桴
浮於海從我者其由也與馬融

曰桴編竹木也大者曰筏小者曰桴子路聞之喜孔安國曰喜與己俱行矣子曰由也好勇過我無所取材鄭玄曰子路信夫子欲行故言好勇過我也無所取材者言無所取桴材也以子路不解微言故戲之耳也一曰子路聞孔子欲浮海便

喜不復顧望故孔子歎其勇曰過我無所復取哉言唯取

於己也古材哉同孟武伯問子路仁

乎子曰不知也孔安國曰仁道至大不可

全名也　③又問子曰由也千乘之

國可使治其賦也孔安國曰賦兵賦也

不知其仁也求也何如子曰
求也千室之邑百乘之家可
使爲之宰也孔安國曰千室之邑卿大夫之
邑也卿大夫稱家諸侯千乘卿大夫故曰百乘也宰家臣
也
不知其仁也赤也何如子

曰赤也束帶立於朝可使與賓客言也馬融曰赤弟子公西華也有容儀可使爲行人之也不知其仁也子謂子貢曰汝與回也孰愈孔安國曰愈猶勝也對曰賜也何敢望回〻也

聞一以知十賜也聞一以知
二子曰弗如也吾與汝弗如
也苞氏曰既然子貢弗如復云吾與汝俱不如者蓋欲
以慰子貢心也宰予晝寢苞氏曰宰予弟子宰
我也子曰朽木不可彫也苞氏曰朽

④

腐也彫瑑刻畫也糞土之牆不可杇
也王肅曰杇墁也二者喩雖施功猶不成也於予
與何誅孔安國曰誅責也今我當何責於汝乎深
責之辭也子曰始吾於人也聽其
言而信其行今吾於人也聽

其言而觀其行於予與改是
孔安國曰改是始聽言信行今更察言觀行發於宰我之
晝寢之也子曰吾未見剛者或對
曰申棖苞氏曰申棖魯人也子曰棖也
慾焉得剛孔安國曰慾多情慾之也子貢

曰我不欲人之加諸我也吾
亦欲無加諸人也馬融曰加陵也子
曰賜也非爾所及也孔安國曰言不
能止人使不加非義於己之也子貢曰夫子
之文章可得而聞也章明也文彩形

質著見可得以耳目修也

夫子之言性與天道不可得而聞也已矣

⑤

性者人之所受以生也天道者元亨日新之道也深微故不可得而聞也

子路有聞未能行唯恐有聞

孔安國曰前所聞未及得行故恐後有聞不得

並行也

子貢問曰孔文子何以謂之文也　孔安國曰孔文子衛大夫孔叔圉也文諡也

子曰敏而好學不恥下問是以謂之文也　孔安國曰敏者識之疾也下問問凡在已下者也

子謂子產有

君子之道四焉孔安國曰子産鄭大夫公孫僑《ケウ》其驕反也其行已也恭《ケウ》其事上也敬其養民也惠其使民義子曰晏平仲善與人交久而人敬之周生烈曰齊大夫晏姓也平謚也名嬰《エイ》也子

〔裏書7〕

85　⑥　84　83　82　81

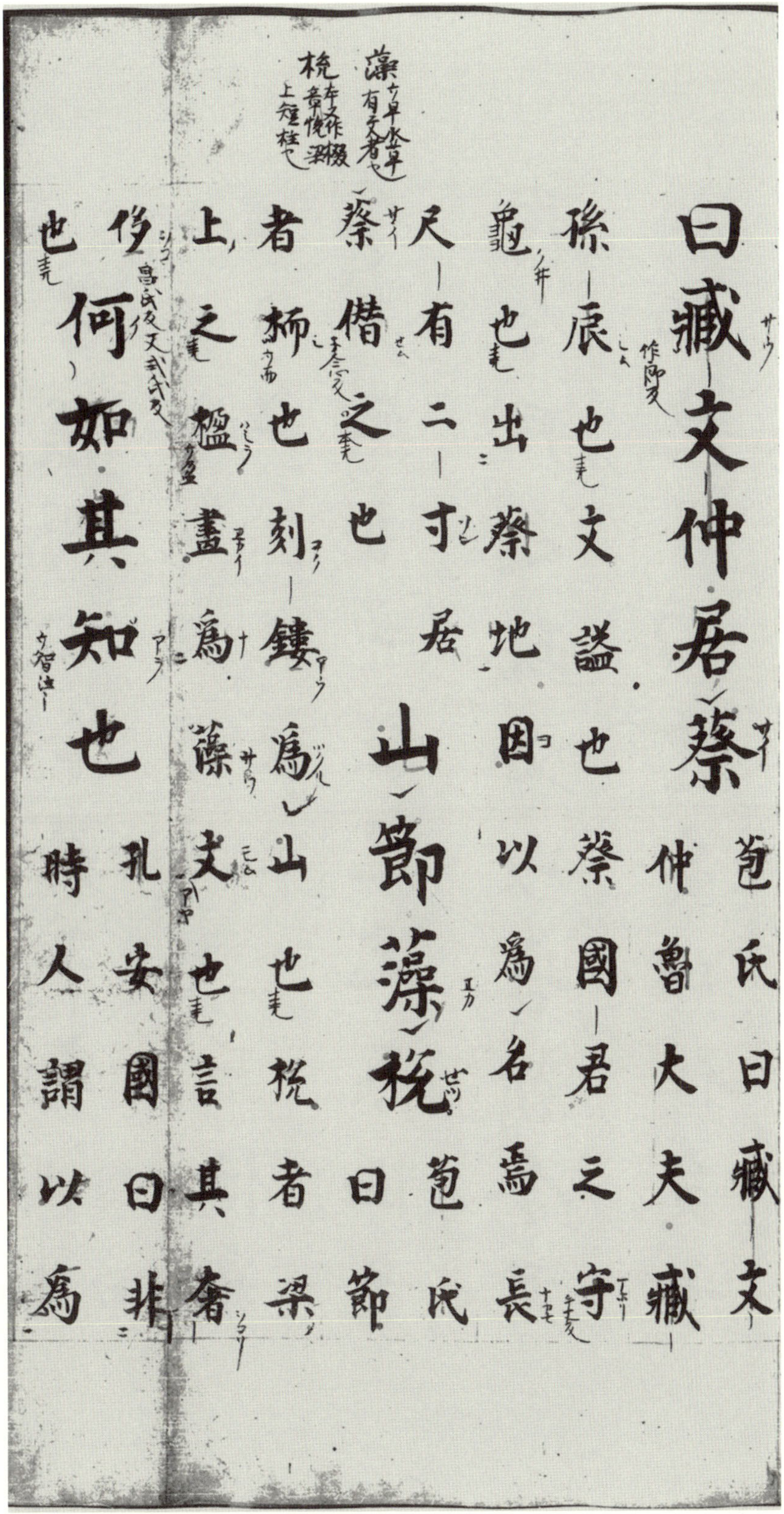

曰臧文仲居蔡　苞氏曰臧文仲魯大夫臧孫辰也文謚也蔡國君之守龜也出蔡地因以爲名焉長尺有二寸居蔡借之也　山節藻梲　苞氏曰節者栭也刻鏤爲山也梲者梁上之楹畫爲藻文也言其奢侈也　何如其知也　孔安國曰非時人謂以爲

〔裏書8〕

知之子張問曰令尹子文孔安國曰令尹子文楚大夫姓鬬名穀於菟之也三仕爲令尹無喜色三已之無慍色舊令尹之政必以告新令尹何如也子曰忠矣曰仁矣乎

曰未知焉得仁孔安國曰但聞其忠事未

知其仁之也崔子弑齊君陳文子

有馬十乗棄而違之孔安國曰皆齊

大夫也崔杼作亂陳文子惡之捐其四十疋馬違而去之

至於他邦則又曰猶吾大夫

崔子也違之至一邦則又曰猶吾大夫崔子也違之何如子曰清矣曰仁矣乎曰未知焉得仁孔安國曰文子避惡逆無道求有道當春秋時臣淩其君皆如崔子無有可者也

季文子

三思而後行子聞之曰再思
⑦ 斯可矣鄭玄曰季文子魯大夫季孫行父也文謚
也文子忠而有賢行其舉事寡過不必及三思之也子
曰甯武子馬融曰衛大夫甯兪也武謚也邦
有道則知邦無道則愚其知

可及也其愚不可及也孔安國曰詳愚似實故曰不可及也子在陳曰歸與歸與吾黨之小子狂簡斐然成章不知所以裁之也孔安國曰簡大也孔子在陳思歸欲去曰吾黨之小子狂者進取於

大道安穿鑿以成文章不知所以裁制我當歸以裁制之耳遂歸之也

子曰伯夷叔齊不念舊惡怨是用希孔安國曰伯夷叔齊孤竹君之二子也孤竹國名也

子曰孰謂微生高直孔安國曰微生姓也名高魯人也或乞

醯焉乞諸其隣而與之　孔安國曰乞《コフ》之四隣以應求者用意《ココロ》委《イ》曲非為直人也

子曰巧言令色足《スウ》恭《ケウ》　孔安國曰足恭便《ヘン》僻《ヘキ》之貌《カタチ》也

⑧

左丘明恥之丘亦恥之　孔安國曰左丘明魯大夫也

匿怨而友《トモト》其人

孔安國曰心内相怨而外詐《イツハ》親也　左丘明耻之丘亦耻之　顔淵季路侍子曰盍《ナムソ》各言《イヘ》爾《ナムチ》志子路曰願車馬衣輕裘《キウ》與朋友共敝《ヤフツ》之而無憾　孔安國曰憾恨也　顔淵曰願無

伐善孔安國曰自無稱己之善也無施勞孔安國曰無以勞事置施於人也子路曰願聞子之志子曰老者安之朋友信之少者懷之孔安國曰懷安也子曰已矣乎吾未見能見其

〔裏書9〕

過而内自訟者也　苞氏曰訟猶責也言
人有過莫能自責也　子曰十室之邑必
有忠信如丘者焉不如丘之
好學者也已
論語雍也第六　何晏集解　凡卅章

⑨

子曰雍也可使南面也苞氏曰可
使南面者言任諸侯可使治國之也仲弓問子
桑《サウ》伯子王肅曰伯子書傳無見焉子曰可
也簡以其能簡故曰可也仲弓曰居敬
而行簡以臨其民不亦可乎

孔安國曰居身敬肅臨下寛《クワン》畧《リヤク》則可也居簡而行簡無乃《ムシロ》太簡乎苞氏曰伯子之簡大簡也子曰雍之言《コト》然哀公問曰弟子孰《タレカ》為好學孔子對曰有顔回者《ヒト》好學不遷《ウツサ》怒《イカリ》不貳過

不幸短命死矣今也則亡未聞好學者也　凡人任情喜怒違理顔淵任道怒不過分遷者移也怒當其理不移易也不貳過者有不善未嘗復行也　子華使於齊冉子為其母請粟子曰與之釜　馬融曰子

華弟子公西華赤字也六斗四升曰釜也請益曰
與之庾苞氏曰十六斗為庾也冉子與
⑩
之粟五秉馬融曰十六斛曰秉五秉合八十斛
也子曰赤之適齊也乘肥馬
衣輕裘吾聞之也君子周急

不繼富鄭玄曰非冉有與之太多也原思

爲之宰苞氏曰弟子原憲也思字也孔子爲魯司

寇以原憲爲家邑宰也與之粟九百辭

孔安國曰九百九百斗也辭讓不受也子曰毋

孔安國曰祿法所當受毋以讓也以與爾鄰

里郷黨乎　鄭玄曰五家為隣五隣為里万二千五百家為郷五百家為黨也

子謂仲弓曰犂牛之子騂且角雖欲勿用山川其舎諸　犂雜文也騂赤色角者角周正中犧牲也雖欲以其所生犂而不用山川寧肯舎之乎言

父雖不善不害於其子之美也子曰回也其心三月不違仁其餘則日月至焉而已矣言餘人暫有至仁時唯回移時而不變也

⑪季康子問仲由可使從政也與子曰由也果苞氏曰果謂果

敢決斷也
於從政乎何有曰賜也
可使從政也與子曰賜也達《タツ》
孔安國曰達謂通於物理也於從政乎何
有曰求《キウ》也可使從政也與子
曰求也藝孔安國曰藝曰多才能也於從

政乎何有季氏使閔子騫爲
費宰 孔安國曰費季氏邑也季氏不臣而其邑宰數叛
聞閔子騫賢故欲用之也 閔子騫曰善爲
我辭焉 孔安國曰不欲爲季氏宰語使者曰善爲
我作辭說令不復召我之也 如有復我者

孔安國曰后我
者重來召我也
則吾必在汶上矣
一本无吾字或本无則吾二字
音問水名
孔安國曰去之汶
水上欲北如齊也
伯牛有疾
馬融曰伯牛
弟子冉耕也
子問之自牖執其手
苞氏曰有惡疾不
欲見人故孔子從
牖執其
手也
曰亡之
孔安國曰亡
喪也疾甚故

持其手曰喪之也 命矣夫斯人也而
有斯疾也斯人也而有斯疾
也 包氏曰再言之者痛惜之甚也 子曰賢哉
回也一簞食一瓢飲 孔安國曰簞笥也
瓢瓢也 在陋巷人不堪其憂回

也不改其樂賢哉回也孔安國曰
顔淵樂道雖簞食在陋巷不改其所樂也冉有曰
非不説子之道也力不足也
子曰力不足者中道而廢今
汝畫孔安國曰畫止也力不足者當中道而廢今汝

自止耳非力極之也子謂子夏曰爲君
子儒毋爲小人儒孔安國曰君子爲儒將以明道
小人爲儒則矜其名也子游爲武城宰
包氏曰武城魯下邑也子曰汝得人焉
耳乎哉孔安國曰焉耳乎哉皆辭也曰有

⑬

澹臺滅明者行不由徑非公

事未嘗至於偃之室也包氏曰澹

臺姓滅明名也字子羽言其公且方也子曰孟

之反不伐孔安國曰魯大夫孟之側也與齊戰

軍大敗不伐者不自伐其功也奔而殿將入

門策其馬曰非敢後也馬不
進也。馬融曰殿在軍後者也前曰啓後曰殿孟之反
賢而有勇軍大奔猶爲殿人迎功之不欲獨有其名故曰
我非敢在後距敵也馬不能進也　子曰不有
祝鮀之佞而有宋朝之美難

乎免於今之世矣　孔安國曰佞口才祝
鮀衛大夫名子魚也時世貴
之宋朝宋國之美人也而善
淫言當如祝鮀佞而反如宋
朝之美難矣免於今世之害
也　子曰誰能出不由戸者何
莫由斯道也　言人立身成功當由道譬猶人

出入要當從戸也　子曰質勝文則野
苞氏曰野如野人言鄙略也　文勝質則史
苞氏曰史者文多而質少也　文質彬彬然
後君子　苞氏曰彬彬文質相半之貌也　子曰
人之生也直　馬融曰言人之所以生於世而

自終者以其罔之生也幸而
正直之道也
免
苞氏曰誣罔正直之道
而亦生是幸而免也
子
曰知之者不如好之者好之
者不如樂之者
苞氏曰學問
知之者不如
好之者篤好之者又
不如樂之者深也
子曰中

人以上可以語上也中人以

下不可以語上也　王肅曰上謂上智之

所知也両挙中人以其可上可下也　樊遲問知

子曰務民之義　王肅曰務所以化導民之

義也　敬鬼神而遠之可謂知矣

苞氏曰敬鬼神而不瀆也問仁子曰仁者
先難而後獲可謂仁矣孔安國曰
先勞苦乃後得功此所以為仁也子曰智者
樂水苞氏曰智者樂運其才智以治世如水流而不
知已之也仁者樂山仁者樂如山之安固自然

不動而万物生焉也　智者動　苞氏曰自進故動也

仁者静　孔安國曰無欲故静也　智者樂

⑮ 鄭玄曰智者自役得其志故樂之也　仁者壽　苞氏

性静者多壽考

曰性静故壽考也　子曰齊一變至於

魯一變至於道　苞氏曰言齊魯有太

公周公之餘化也太公大賢周公聖人也今其政教雖衰若有明君興之者齊可使如魯魯可使如大道行之時也

子曰觚不觚　馬融曰觚禮器也一升曰爵二升曰觚也

觚哉觚哉　觚哉觚哉言非觚也以喩爲政而不得其道則不成也

宰我問曰仁

者雖告之曰井有仁者焉其從之也與　孔安國曰宰我以爲仁者必濟人於患難故問有仁人墮井將自投下而出之乎否乎欲極觀仁人憂樂之所至也

子曰何爲其然也

君子可逝也不可陷也　苞氏曰逝

往也言君子可使往視之耳不肯自投從之可欺也不可罔也馬融曰可欺者可使往也不可罔者不可得誣罔令自投下也

⑯子曰君子博學於文約之以禮亦可以弗畔矣夫鄭玄曰弗畔不違道也子見南

子路不説夫子矢之曰予所否者天厭之天厭之孔安國曰等以為南子者衛霊公夫人也淫亂而霊公惑之孔子見之者欲因以説霊公使行治道也矢誓也子路不説故夫子誓之曰行道既非婦人之事而弟子不説與之呪誓義

可疑也　子曰中庸之爲德也其至矣乎民鮮《スクナイ》久矣　庸常也中和可常行之德也世亂先王之道廢民鮮能行此道久矣非適今也

子貢曰如能博《ヒロク》施於民而能濟《スクハ》衆者何如可謂仁乎子曰

何事於仁必也聖乎堯舜其猶《ナヲ》病《ヤマイ》諸孔安國曰若能廣施恩恵濟《スクウ》民於患難堯舜至聖猶病《ヤマイ》其難《カタキ》也夫仁者己欲立而立人己欲達而達人能近取譬可謂仁之方也已孔安國曰更爲

⑰

子貢説仁者之行也方道也
但能近取譬於己皆恕己所
不欲而勿施於人之也

論語巻第三

經一千七百一十一字
注二千八百二十字

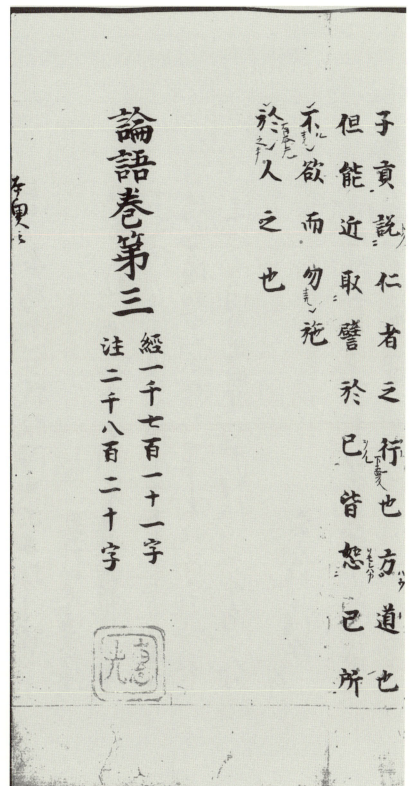

手自書寫于字様既得其正子孫可寶之

參州刺史清原教隆

此書受訓之本幼學之間字畫殊錯所々有疑

不足傳于後葉因茲課拙手于下筆之上朱點墨點

偶勵愚勉畢是家秘訓一事不脱子々孫々可秘之

深韞匵内勿出閫外也于時仁治三年[illegible]九日

前參河守清原在判

本云

弘安三年七月一日手身書點了子細我見之

為子孫相傳之故下任奇也

正慶二年四月廿日朱墨授點了

朝議大夫清原在判

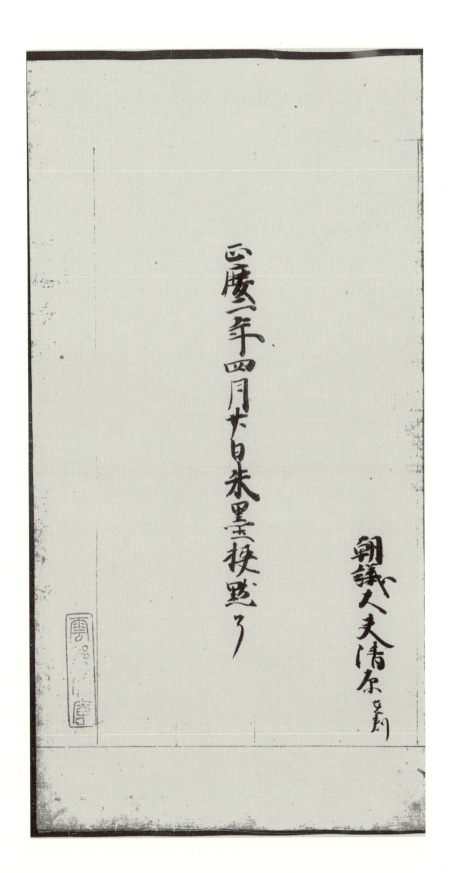

①

論語巻第四　才本有此別題無第四両目上論語二字

論語述而第七　何晏集解　舊廿九章　今廿八章

子曰述而不作信而好古竊比於我於老彭　包氏曰老彭殷賢大夫也好述古事我若老彭矣但述之耳也

子曰默而

識之學而不厭誨人不倦何有於我哉鄭玄曰人無有是行於我〻獨有之也子曰德之不脩也學之不講也聞義不能従也不善不能改也是吾憂也孔安國曰夫子常以

此四者爲憂也子之燕居申〻如也
夭〻如也馬融曰申〻夭〻和舒之貌也子
曰甚矣吾衰也久矣吾不復
夢見周公也孔安國曰孔子衰老不復夢見
周公也明盛時夢見周公欲行其道也子曰志

於道志慕也道不可體故志之而已矣也據於

德據杖也德有成形故可據也依於仁依倚

也仁者功施於人故可倚之也遊於藝藝六藝也

不足據依故曰遊也子曰自行束脩以

上吾未嘗無誨焉孔安國曰言人能奉

禮自行束脩以上則皆教誨之也子曰不憤不啓《ケイ》不悱不發《ハツ》舉一隅而示之不以三隅反《ハン》則吾不復也鄭玄曰孔子與人言《モノイフ》必待其人心憤ー々口悱ー々乃後啓發爲之說也如此則識思之深也說則舉一隅以語之其人不思

〔裏書10〕

其類則不復重教之也 子食於有喪者

之側《カタハラ》未嘗飽也 子於是日也

哭則不歌 喪者哀戚飽食於其側是無惻隱之

心之也 子謂顔淵曰用之則行

舎之則藏唯我與爾有是夫

孔安國曰言可行則行可止則止唯我與顔淵同耳也

子路曰子行三軍則誰與

孔安國曰大國三軍子路見孔子獨美顔淵以為己勇至於夫子為三軍將亦當唯與己倶故發此問也

③

子曰暴虎馮河死而無悔者吾不與

也孔安國曰暴虎徒搏也馮河徒渉也必也臨事而懼好謀而成者也子曰富而可求也雖執鞭之士吾亦爲之鄭玄曰富貴不可求而得者也當修德以得之若於道可求者雖執鞭賤職我亦爲之如不

可求者從吾所好　孔安國曰所好者古人之道也

子之所慎《ツヽシム》齋戰《セム》疾《シツ》　孔安國曰此三者人所不能慎而夫子能慎之也

子在齊《セイ》聞韶樂三月不知完味　周生烈曰孔子在齊聞習韶樂之盛美故忘於完味也

曰不

圖爲樂之至於斯也王肅曰爲作也
不圖作韶樂至於此〃齊也冉有曰夫子
爲衛君乎孔安國曰爲猶助也衛君者謂輒也
衛靈公逐太子蒯聵公薨而立孫輒也後晉趙鞅納蒯聵
于戚衛石曼姑師師圍之故問其意助輒否乎子貢

④

曰諾吾將問之入曰伯夷叔齊何人也子曰古之賢人也曰怨乎曰求仁而得仁又何怨乎孔安國曰夷齊讓國遠去終於餓死故問怨乎以讓爲仁豈怨乎出曰夫子不爲也

鄭玄曰父子爭國惡行也孔
子以伯夷叔齊爲賢且仁故
知不助衛
君明也
子曰飯疏食飲水
曲肱而枕之樂亦在其中矣
孔安國曰疏食菜食也肱
臂也孔子以此爲樂也
不
義而富且貴於我如浮雲
鄭
玄

曰富貴而不以義者於我如浮雲非已之有也子曰
加我數年五十以學易可以
無大過矣易窮理盡性以至於命年五十而知
天命以知命之年讀至命之書故可以無大過也子
所雅言孔安國曰雅言正言也詩書執

禮皆雅言也　鄭玄曰讀先王典法必正言其音然後義全故不可有所諱也禮不誦故言執也

葉

⑤

公問孔子於子路子路不對

孔安國曰葉公名諸梁楚大夫也食菜於葉僭稱公不對者未知所以荅也

子曰汝奚不曰其

爲人也發憤忘食樂以忘憂
不知老之將至也云爾子曰
我非生而知之者好古敏而
求之者也鄭玄曰言此者勉人於學也子
不語恠力亂神孔安國曰恠異也力謂

若奡盪舟烏獲擧千鈞之屬
也亂謂臣弑君子弑父也神
謂鬼神之事也或無益於
教化也或所不忍言也　子
曰我三人行必得我師焉擇
其善者而從之其不善者而
改之　言我三人行本無賢愚
擇善從之不善改之故

無常師也。

子曰天生德於予桓魋其如予何。苞氏曰桓魋宋司馬黎也天生德於黎也。予者謂授以聖性也合德天地吉無不利故曰其如予何也。

⑥

子曰二三子以我為隱子乎吾無隱乎爾。苞氏曰二三子謂諸弟子

也聖人智廣道深弟子學之不能及以爲有所隱匿故解之也吾無所行而不與二三子者是丘也苞氏曰我所爲無不與爾共之者是丘之心也

子以四教文行忠信四者有形質可舉以教也

子曰聖人吾不得

而見之矣得見君子者斯可
矣疾世無明君也子曰善人吾不得
而見之矣得見有恒者斯可
矣亡而為有虚而為盈約而
為泰難乎有恒矣孔安國曰難可名之

爲有常也

子釣而不綱弋不射宿

孔安國曰釣者一竿釣也綱者爲大綱以横絶流以繳繫釣羅屬著綱也弋繳射也宿〻鳥也

子曰蓋有不知而作之者我無是也

包氏曰時人多有穿鑿妄作篇籍者故云然也

多聞擇

其善者而從之多見而識之

⑦

知之次也孔安國曰如此者次於知之者也互

郷難與言童子見門人惑鄭玄

曰互郷々名也其郷人言語自専不達時宜而有童子來

見孔子門人怪孔子見也子曰與其進也

不與其退也唯何甚孔安國曰教誨之道與其進不與其退怪我見此童子惡〻何一甚也人潔己以進與其潔也不保其往也鄭玄曰往猶去也人虛己自潔而來當與其進之亦何能保其去後之行也子曰仁遠

乎哉我欲仁斯仁至矣苞氏曰仁道不遠行之則是至也陳司敗問昭公知禮乎孔安國曰司敗官名也陳大夫也昭公魯昭公也孔子對曰知禮孔子退揖巫馬期而進之曰吾聞君

鄭以司敗為人名云〻者大夫

一本無　一入文抗文云揖一曰手著胸曰ー

子不黨君娶於呉爲同姓謂之呉孟子君而知禮孰不知禮

孔安國曰巫馬期弟子也名施相助匿非曰黨魯呉⑧倶姫姓也禮同姓不婚而君娶之當稱呉姫諱曰孟子也

巫馬期以告子曰丘也幸苟

有過人必知之孔安國曰以司敗之言告也諱國惡禮也聖人智深道弘故受以爲過也子與人歌而善必使反之而後和之樂其善故使重歌而後自和之也子曰文莫吾猶人也莫無也文無者猶俗言文不也

文〻不吾猶人者言凡文皆不勝於人也躬行君
子則吾未之有得也孔安國曰躬爲
君子已未能得之也子曰若聖與仁則
吾豈敢孔安國曰孔子謙不敢自名仁聖也抑
爲之不厭誨人不倦則可謂

〔裏書11〕

131 云爾已矣公西華曰正唯弟
132 子不能學也 苞氏曰正如所言弟子猶不能
133 學也況仁聖乎也 子疾病子路請禱
134 苞氏曰禱請於鬼神也 子曰有諸 周生烈曰
135 言有此禱請於鬼神之事乎也 子路對曰有

⑨

之誄曰禱爾于上下神祇　孔安
國曰子路失指　也誄禱篇名也　子曰丘之禱
之久矣　孔安國曰孔子素行　合於神明故曰丘之
禱之　久矣　子曰奢則不孫儉則固
與其不孫也寧固　孔安國曰　倶失之也

奢不如儉奢則借上儉則不及禮耳固陋也

子曰君子坦蕩〻小人長戚〻

鄭玄曰坦蕩〻寛廣貌也長戚〻多憂懼貌也

子温而厲威而不猛恭而安

一本作子曰皇本作君子按此章疏孔子德則徵此文為是

疏曰泰伯周大王長子能推位讓國者也所以

論語泰伯第八　何晏集解

凡廿一章

次前者物請見孔子栖遑常謂修心恩令明し賢人尚能讓国以讓孔子太聖雖位非九五豈以粗糠累真哉し以述而也

子曰泰伯其可謂至德也已矣三以天下讓民無得而稱焉

王肅曰泰伯周太王之太子也次弟仲雍少弟曰季歷季歷賢又生聖子文王昌〻必有天下故泰伯以天下三讓於王季其讓隱故無得而稱之者所以為至德也

子曰恭而無禮則勞慎而無
禮則葸葸畏懼之貌也言慎而不以禮節之則常
⑩
畏懼也勇而無禮則亂直而無
禮則絞馬融曰絞刺也君子篤於
親則民興於仁故舊不遺則

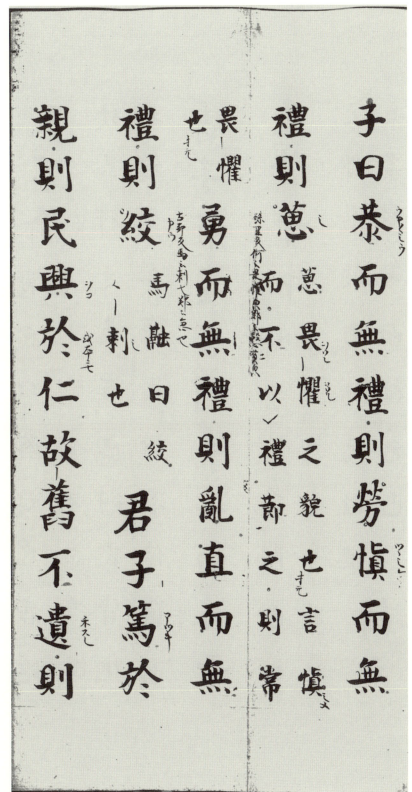

民不偸苞氏曰興起也君能厚於親屬不遺忘其故舊行之美者也則民皆化之起為仁厚之行不偸薄也

曾子有疾召門弟子曰啓予足啓予手鄭玄曰啓開也曽子以為受身體於父母不敢毀傷之故使弟子開衾而視之也詩云

161 戰々兢々如臨深淵如履薄

162 氷　孔安國曰言此詩者喩己常誡愼恐有所毀傷也

163 而今而後吾知免夫小子　周生

164 烈曰乃今日而後我自知免於患難矣小子弟子也呼者

165 欲使聽識其言也　曾子有疾孟敬子

問《トフラフ》之　馬融曰孟敬子魯大夫仲孫㨗《セツ》也　曾子

言曰鳥之將死其鳴也哀人

之將死其言也善　包氏曰欲戒敬子言

我且死言善可用也　君子所貴乎道者

⑪

三動容貌斯遠暴慢矣正顔

色斯近信矣出辭氣斯遠鄙《ヒ》倍《ハイ》矣　鄭玄曰此道謂禮也動容貌能濟《セイ》ゝ蹌《サウ》ゝ則人不敢暴慢之也正顔色能矜莊《サウ》嚴栗則人不敢欺誕之也出辭氣能順而說則無惡戾《レイ》之言入於耳也　籩豆《トウ》之事則有司存　苞氏曰敬子忘大務小故

又戒之以此也籩豆禮器也　曾子曰以能

問於不能以多問於寡有若

無實若虛犯而不校　包氏曰校報也

言見侵犯而不校之也　昔者吾友嘗從

事於斯矣　馬融曰友謂顔淵也　曾子曰

可以託六尺之孤　孔安國曰六尺之孤
謂幼少之君也　可以寄百里之命　孔安
國曰攝君之政令也　臨大節而不可奪
也　大節安國家定社稷也奪者不可傾奪之也　君
子人與君子人也　曾子曰士

君子也　一本作君子人也

不可以不弘毅任重而道遠
⑫ 苞氏曰弘大也毅強而能決斷也士弘毅然後能負重任
致遠路也仁以為己任不亦重乎
死而後已不亦遠乎孔安國曰以仁
為己任重莫重焉死而後已遠莫遠焉也子曰興

於詩 苞氏曰興起也言修身當先學詩也 立於禮 苞氏曰禮者所以立身也 成於樂 孔安國曰樂所以成性也 子曰民可使由之不可使知之 由用也可使用而不可使知者百姓能日用而不能知也 子曰好勇疾貧亂

也苞氏曰好勇之人而患疾己之貧賤者必將爲亂也

人而不仁疾之已甚亂也孔安國曰疾惡太甚亦使其爲亂也

子曰如有周公之才之美使驕且吝其餘不足觀也已矣孔安國曰周公者周公旦

也子曰三年學不至於穀不易得也已孔安國曰穀善也言人三歳學不至於善不可得言必無及也所以勸人於學也子曰篤信好學守死善道危邦不入亂邦不居天下有道則見

本　臣殺君子殺父乱也

乱謂臣弑君子殺父

無道則隱　苞氏曰言行當常然也危邦不入謂始欲往也亂邦不居今欲去也臣弑君子弑父亂也危者將亂之兆也

邦有道貧且賤焉耻也邦無道富且貴焉耻也

子曰不在其位不謀其政也　孔安

國曰欲各專一於其職也子曰師摯之始
關雎之亂洋洋乎盈耳哉鄭玄
曰師摯魯大師之名也始猶首也周道衰鄭衛之音作正
樂廢而失節魯大師摯識關雎之聲而首理其亂洋洋乎
盈耳哉聽而美也子曰狂而不直孔安

國曰狂者進取宜直也侗《トウ》而不愿孔安國曰
侗未成器之人也宜謹愿也悾悾而不信
苞氏曰悾悾愨也宜可信也吾不知之矣
孔安國曰言皆與常度反故我不知也子曰學
如不及猶恐失之學自外入至熟乃可

長久如不及猶恐失之耳也
子曰巍巍乎
舜禹之有天下也而不與焉
美舜禹已不與求天下而得之也巍巍者高大之稱也
子曰大哉堯之爲君也巍巍
乎唯天爲大唯堯則之　孔安國曰

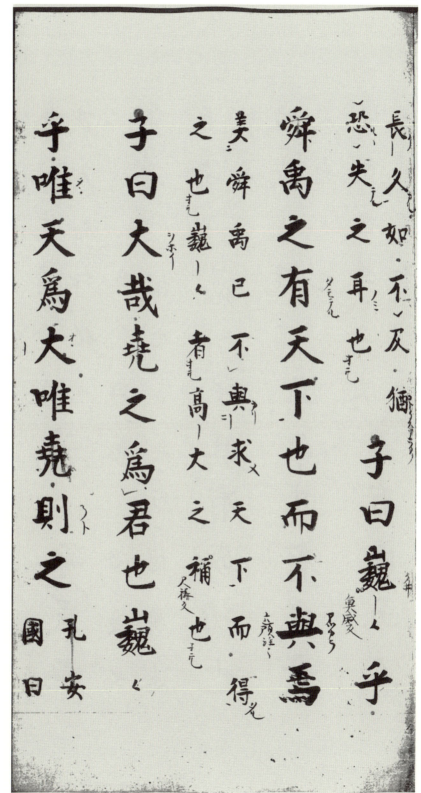

則法也美堯能法天而行化也蕩〻乎民無
能名焉包氏曰蕩〻廣遠之稱也言其布德廣遠
民無能識名焉巍〻乎其有成功也
功成化隆高大巍〻也煥乎其有文章
煥明也其立文垂制復著明也舜有臣五人

而天下治。孔安國曰禹・稷・契《セツ》・皐《カウ》陶《エウ》・伯益也。武

王曰予有亂臣十人。孔安國曰亂理也。

理官者十人也。謂周公旦・召公奭・太公望・畢公・榮公・太

顛・閎夭・散宜生・南宮适也。其餘一人謂文毋也。孔子

曰才難不其然乎。唐虞之際。

本作有乱十人　本或作乱臣十人非也

⑮

此於周也四字本无

於斯爲盛有婦人焉九人而
已孔安國曰唐者堯號也虞者舜號也際者堯舜交會之間也斯此也此於周也言堯舜交會之間比於比周周最盛多賢然尚有一婦人其餘九人而已大才難得豈不然乎
三分天下有其二以服事

殷周德其可謂至德也已矣

苞氏曰殷紂淫亂文王爲西伯而有聖德天下之歸周者三分有二而猶以服事殷故謂之至德也

子曰禹吾無間然矣

孔安國曰孔子推禹功德之盛美言己不能復間廁其間也

菲飲食而致孝

乎鬼神　馬融曰菲薄也致孝乎鬼神祭祀豊潔也
惡衣《イ》服而致美乎黻冕　孔安國曰
損其常服以盛祭服也　卑宮室而盡力
乎溝《コウ》洫《イキ》　包氏曰方里爲井〻間有溝〻廣深四尺
十里爲城〻間有洫〻廣深八尺也　禹吾無間

然矣

論語巻第四

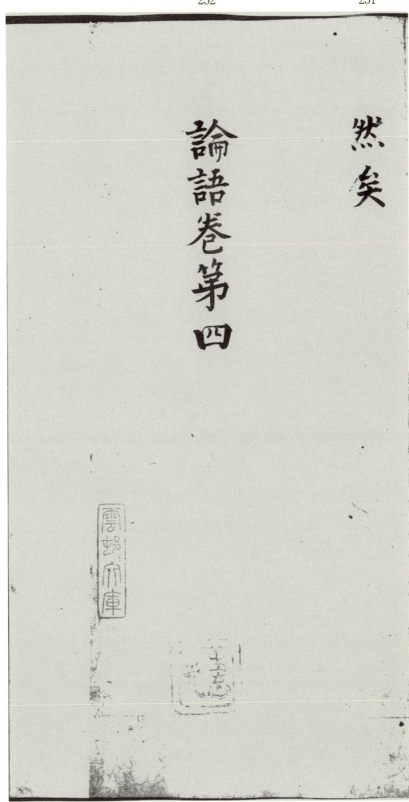

論語五

子罕　郷黨

①

〔裏書12〕

疏曰子罕子也罕希也此篇明時感者既少故聖應亦希也所以次前者外迷富貴既為粃糠故還反凝寂所以希言故子罕次太伯也

論語巻第五　才本有此別題而無何併目上篇題両字

論語子罕第九　何晏集解　凡卅一章　皇卅章

子罕《マレ》言《トキ》利《リ》與命《メイ》與仁　罕《カム》者希《キ》也利者義之和也命者天之命也仁者行之盛《サカム》也寡《スクナシ》能及之故希《マレ》言《トク》也

達巷《カウ》黨人曰大哉孔子博

學而無所成名　鄭玄曰達巷黨名也五百家為黨此黨之人美孔子博學道藝不成一名而已也

子聞之謂門弟子曰吾何執執御乎執射乎吾執御矣　鄭玄曰聞人美之承以謙也吾執御者欲名六藝之卑也

子

曰麻冕禮也今也純儉吾從

頒倹又絲也緅作紂側其反黒繒也

衆孔安國曰冕緇布冠也古者績麻三十升布以為之

純純絲也絲易成故從儉也拜下禮也今拜

乎上泰也雖違衆吾從下王肅

曰臣之與君行禮者下拜然後升成禮時臣驕泰故於上

拜今從下禮之泰也②子絶四毋意以道為度
故不任意也毋必用之則行捨之則藏故無專必
也毋固無可無不可故無固行也毋我述古
而不自作處群萃而不自異唯道是從故不自有其身也
子畏於匡苞氏曰匡人誤圍夫子以為陽虎

嘗暴於匡夫子弟子顔剋
時又與虎俱往後剋為夫子
御至於匡匡人相與共識剋
又夫子容貌與虎相似故匡
人以兵
圍之也
曰文王既沒文不在
茲乎
孔安國曰茲此也言文
王雖已沒其文見在此
此自此
其身也
天之將喪斯文也後

死者不得與於斯文也孔安國曰文王既没故孔子自謂後死也言天將喪此文者本不當使我知之今使我知未欲喪之天之未喪斯文也匡人其如予何馬融曰如予何者猶言奈我何也天之未喪此文也則我當傳之匡人欲

奈我何言其不能違天而害己也　太宰問於子貢曰夫子聖者與何其多能也　孔安國曰太宰大夫官名也或呉或宋未可分也疑孔子多能於小藝也

③

子貢曰固天縱之將聖又多能也　孔安國曰言天固縱

之大聖之德又使多能也子聞之曰太宰知我者乎吾少也賤故多能鄙事君子多乎哉不多也苞氏曰我少小貧賤常自執事故多能為鄙人之事君子固不當多能也牢曰子云吾不試故藝

能也
鄭玄曰牢弟子子牢也試用也言孔子自云我不見用故
多能伎藝也子曰吾有知乎哉無
知也知者知意之知也言知者言未必盡也今我誠
盡也有鄙夫問於我空空如也
我叩其兩端而竭焉孔安國曰有鄙

夫來問於我其意空｜｜然我
則發事之終始兩端以語之
竭盡所知不
為有愛也
子曰鳳鳥不至
河不出圖吾已矣夫
孔安國
曰有聖
人受命則鳳鳥至河出圖今
天無此瑞吾已矣夫者不得
見也河圖
八卦是也
子見齊衰者冕衣

④

裳者與瞽者苞氏曰冕者冕冠也大夫之服
也瞽者盲者也見之雖少者必作過
之必趨苞氏曰作起也趨疾行也此夫子哀有喪
尊在位恤不成人也顔淵喟然歎曰喟然
歎聲也仰之彌高鑽之彌堅言不

言恍惚未

可窮盡也瞻之在前忽焉在後言忽怳不可為形像也夫子循循然善誘人循々次序皃也誘進也言夫子正以此道勸進人有次序也博我以文約我以禮欲罷不能既竭吾才如有所立

卓爾雖欲從之末由也已孔安
國曰言夫子既以文章開博我又以禮節〻約我使我欲
罷而不能已竭我才矣其有所立則又卓然不可及言已
雖蒙夫子之善誘猶不能及夫子之所立也子疾
病苞氏曰疾甚曰病也子路使門人爲

臣鄭玄曰孔子嘗爲大夫故子路欲使弟子行其臣之禮也

病間曰久矣哉由之行詐

⑤

也無臣而爲有臣吾誰欺欺天乎孔安國曰病小差曰間言子路有是心非唯今日也

且予與其死於臣之手也

無寧死於二三子之手乎　馬融

曰無寧々也二三子門人也

就使我有臣而死其手我寧死弟子之手乎也　且予縱不得大葬

孔安國曰君臣禮葬也　予死於道路乎

馬融曰就使我不得以君臣之禮葬有二三子在我寧當

〔裏書13〕

疏曰義生廢憂棄於
孔子聖道
道路乎
子貢曰有《リ》美玉於斯《コヽ》
韞《シセメ》匵《ヒツ》而藏《カクし》諸求善賈《アタヒ》而沽《ウラメ》諸
行粉反　徒木反
馬融曰韞《ウム》藏也匵《トク》匵也藏《カクし》諸
匵《ヒツ》中沽《コ》賣也得善賈寧賣《ウラ》之
耶
也
子曰沽《ウラ》之哉沽之哉我待
賈《アタヒ》者
苞氏曰沽《ウラメ》之哉《ヤ》不衒《テラヒ》賣《ウラ》
之辭也我居而待賈《アタヒ》者

也子欲居九夷 馬融曰九夷東方之夷有
九種也 或曰陋如之何子曰君
子居之何陋之有 馬融曰君子所居者
皆化也 子曰吾自衛反於魯然
⑥
後樂正雅頌各得其所 鄭玄曰反

魯哀公十一年冬也是時道衰樂廢孔子来還乃正之故曰雅頌各得其所也

子曰出則事公卿入則事父兄喪事不敢不勉不爲酒困何有於我哉　馬融曰困亂也

子在川上曰逝者如斯

夫不舎晝夜苞氏曰逝往也言凡往者如川之流也子曰吾未見好《コノム》德如好《コノム》色者也疾時人薄於德而厚《アツシ》於色也故發此言也

子曰譬如爲山未成一簣止吾止也苞氏曰簣土籠也此勸人進於道德也爲

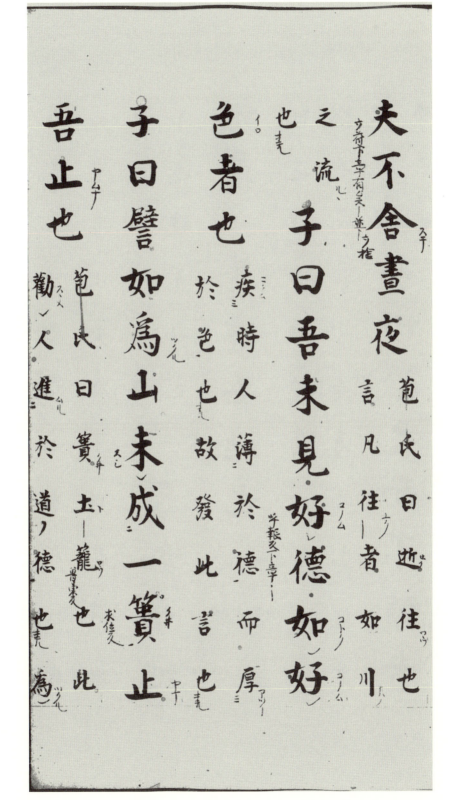

山者其功雖已多未成一籠而中道止者我不以其前功多而善之見其志不遂故不與也譬如平地雖覆《コホス》一簣進吾往也馬融曰平地者將進加功雖始覆一簣我不以其見功少而薄之也據其欲進而與之也子曰語之而不惰者

⑦

其回也與顔淵則解故語之而不惰餘人不解故有惰語之時也子謂顔淵曰惜乎吾見其進也未見其止也苞氏曰孔子謂顔淵進益未止痛惜之甚也子曰苗而不秀者有矣夫秀而不實者

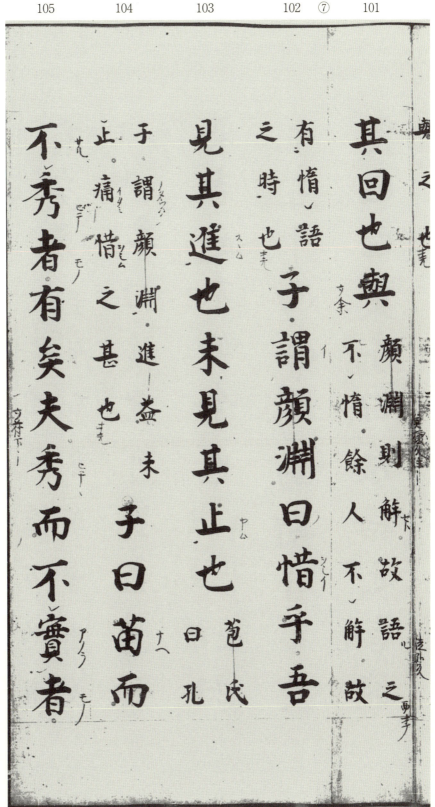

有矣夫孔安國曰言万物有生而不育成者喩人亦然也子曰後生可畏也焉知
來者之不如今也後生謂年少也四
十五十而無聞焉斯亦不足
畏也已矣子曰法語之言能

無従乎改爲貴孔安國曰人有過以正道
告之口無不順従之能必改乃爲貴也巽與之
言《コト》能無説《ヨロコフ》乎繹之爲貴馬融曰巽
恭也謂恭巽謹敬之言《コト》聞之無不悦也能尋繹行之乃爲
貴也悦《ヨロコヒ》而不繹従而不改吾末

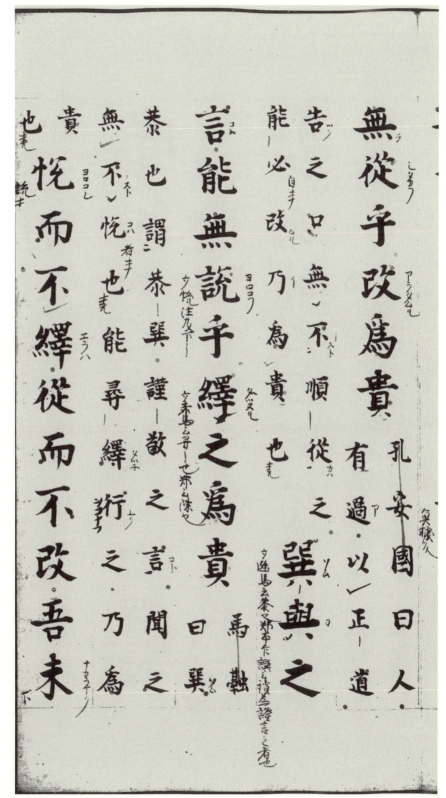

此章亦与學而篇重

如之何也已矣子曰主忠信

無友不如己者過則勿憚改

慎其所主所友有過務改皆所以為益也

子曰三

⑧

軍可奪帥也匹夫不可奪志

也

孔安國曰三軍雖衆人心非一則其將帥可奪之而

取匹夫雖微苟守其志不可得而奪也　子曰衣
弊縕袍與衣狐貉者立而不
恥者其由與　孔安國曰縕枲著也　不忮
不求何用不臧　馬融曰忮害也臧善也言
不忮害不貪求何用爲不善疾貪惡忮害之詩也　子

路終身誦之子曰是道也何足以臧馬融曰臧善也尚復有美於是者何足以為善也子曰歳寒然後知松栢之後彫也大寒之歳衆木皆死然後知松栢小彫傷也平歳則衆木亦有不死者故須歳寒而後別之喩

凡人處治世亦能自修整與君子同在濁世然後知君子
之正不苟容也子曰智者不惑苞氏曰不
惑亂也仁者不憂孔安國曰無憂患也勇
者不懼子曰可與共學未可
與適道適之也雖學或得異端未必能之道也

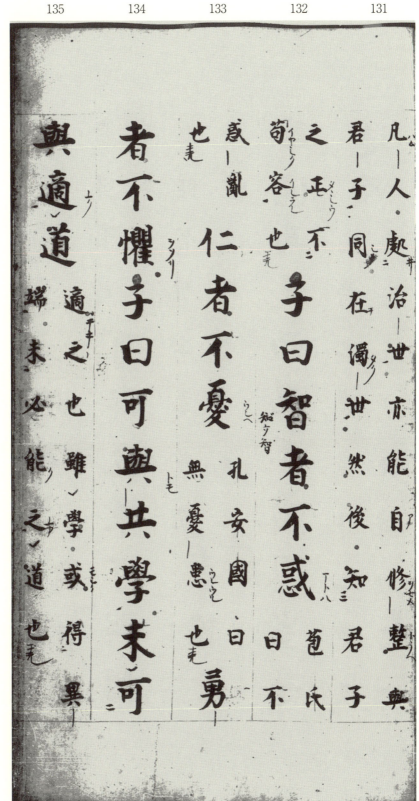

⑨

可與適道未可與立雖能之道未必能以有所成立也可與立未可與權雖能有所立未必能權量其輕重之極也唐棣之大計反字林大内反華偏其反而豈不爾思室是遠而逸詩也唐棣移也華反而後合賦此詩以言權

道反而後至大順也思其人
而不得見者其室遠也以言
思權而不得見
者其道遠也
子曰未之思也夫何遠之有哉
夫思者當
思其反〻
是不思所以爲遠也能思其
反何遠之有言權可知唯不
知思耳思之有次
序斯可知耳之也

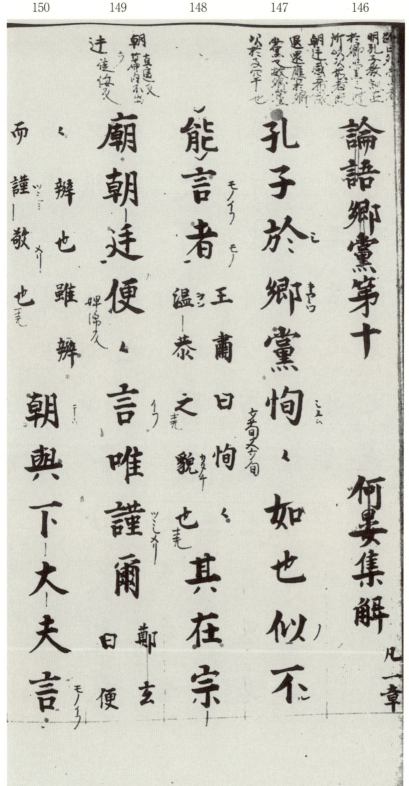

論語郷黨第十　何晏集解　凡一章

孔子於郷黨恂〻如也似不能言者 王肅曰恂〻温恭之貌也 其在宗廟朝廷便〻言唯謹爾 鄭玄曰便〻辨也雖辨而謹敬也 朝與下大夫言

侃〻如也　孔安國曰侃〻和樂之貌也　與
上大夫言誾〻如也　孔安國曰誾〻
中正之貌也　君在踧踖如也與〻
如也　馬融曰君在者君視朝也踧踖恭敬之貌也與
〻威儀中適之貌也　君召使擯　鄭玄曰君召使

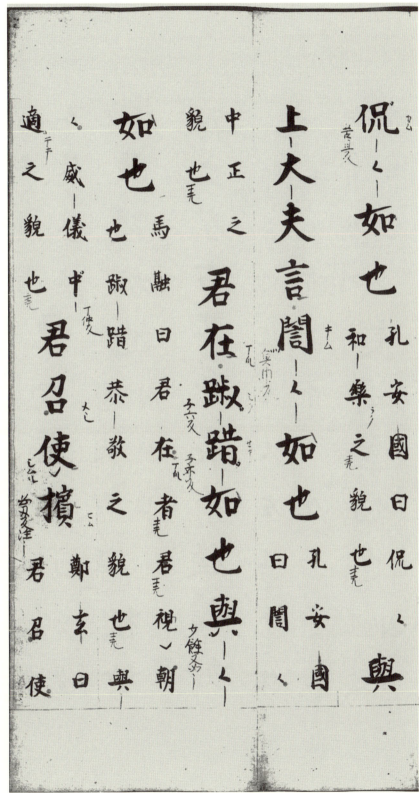

擯者有賓客使迎也色勃如也孔安國曰必變色也足躩如也苞氏曰盤辟貌也揖所
與立左右其手衣前後襜如
也鄭玄曰揖左人左其手揖右人右其手一俛一仰故衣前後則襜如也趨進翼如也孔安國曰

言端好也賓退必復命曰賓不顧
矣孔安國曰復命白君賓已去也入公門鞠
躬如也如不容孔安國曰斂身也立
不中門行不履閾孔安國曰閾門限也
過位色勃如也足躩如也苞氏

曰過君之空位也其言似不足者攝

齊升堂鞠躬如也屏氣似不

息者孔安國曰皆重慎也衣下曰齊攝齊者摳衣也

出降一等逞顏色怡怡如也

孔安國曰先屏氣下階舒氣故怡怡如也沒階趨

進翼如也　孔安國曰沒盡也下盡階也　復

其位踧踖如也　孔安國曰來時所過位也

執圭鞠躬如也如不勝　苞氏曰爲

君使以聘問隣國執持君之圭鞠躬者敬愼之至也　上

授玉一本作受玉

如揖下如授勃如戰色足蹜

〻如有循也 鄭玄曰上如揖授玉宜敬也下
如授不敢忘禮戰色敬也足蹜〻如有循擧前曳踵行也
享禮有容色 鄭玄曰享獻也聘禮既聘而享
享用圭璧有庭實也 私覿愉〻如也 鄭玄
曰覿見也既享乃以私禮見愉〻顔色之和也 君子

緅　荘由反　考工記云三入曰緅　字林云帛青色　子旬反

不以紺緅飾《モトホシ》　孔安國曰一入曰緅飾者不以為領袖緣《モトホシ》也紺者齊《サイ》服盛色以為飾《モトホシ》似衣齊服也緅者三年練以緅飾衣為其似衣喪《サウ》服故皆不以為飾衣也

疏曰三入為纁　五入為緅　七入為緇

紅紫不以為褻服　王肅曰褻服私居非公會之服皆不正褻尚不衣正服無所施也

古暗反　一桉須又　側皆反本又作齋　息列反薄也下同

當暑縝

〔裏書14〕

絺綌必表而出之　孔安國曰暑則單服絺綌葛也必表而出之加上衣也

⑫

緇衣羔裘素衣麑裘黄衣狐裘褻裘長短右袂　孔安國曰服皆中外之色相稱也私家裘長主温也短右袂者便作事也

必有寢衣長一身

有半孔安國曰今之被《フスマ》也狐貉《カク》之厚以居鄭玄曰在家以接《セツ》賓客也去喪無所不佩孔安國曰去除也非喪則備佩所宜佩也非帷裳必殺之王肅曰衣必有殺縫唯帷裳無殺之也羔《カウ》裘《キウ》玄《ケム》冠不以弔《テウ》孔安國曰喪主素吉

主玄吉凶異服故不相弔也　吉月必朝服
而朝　孔安國曰吉月〻朔也朝服皮弁服也　齋
必有明衣布也　孔安國曰以布爲沐浴之
衣也　齋必變食　孔安國曰改常饌也　居必
遷坐　孔安國曰易常處也　食不厭精膾
不厭細食饐而餲　孔安國曰

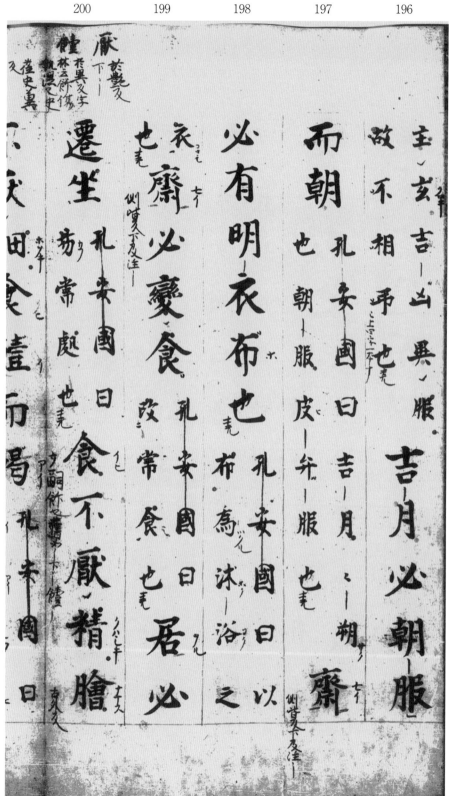

饐 於異反字林云飯傷熱濕也

遷坐 易常處也 食不厭精膾

不厭細食饐而餲 孔安國曰饐餲臭味

餒 奴罪反說文魚敗曰餒 一本又作鯘 字書一

變也 魚餒而肉敗不食 孔安國曰魚敗曰餒

也 色惡不食臭惡不食失

飪不食 孔安國曰失飪失生熟之節也 不時

不食 鄭玄曰不時非朝夕日中時也 割不正

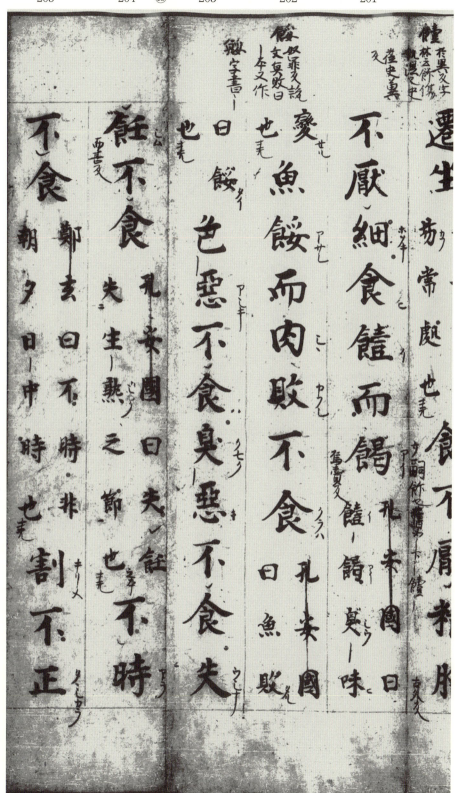

不食不得其醬不食　馬融曰魚膾非芥醬不食也
肉雖多不使勝食氣
唯酒無量不反亂沽酒市脯
不食不撤薑食　孔安國曰撤去也齋禁薫物薑辛不臭故不去也
不多食　孔安國曰不過

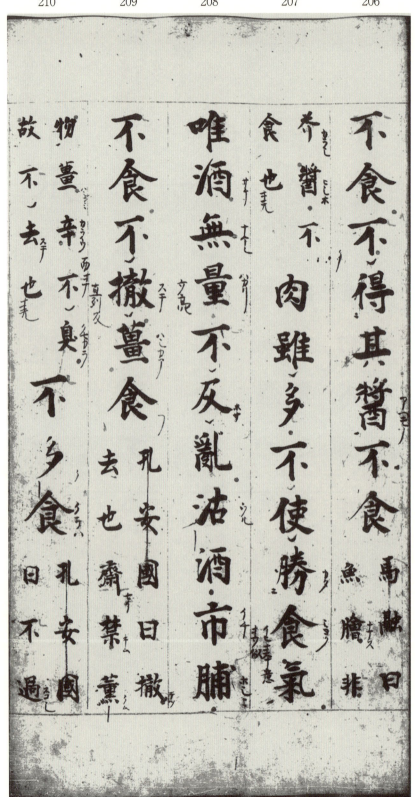

飽
祭於公不宿肉　周生烈曰助祭於君所得牲《セイ》體歸則以班《アカチ》賜不留神惠也　祭肉不出三日出三日不食之矣　鄭玄曰自其家祭肉也過三日不食也是褻鬼神之餘也　食不語寢不言雖疏食菜羹瓜祭

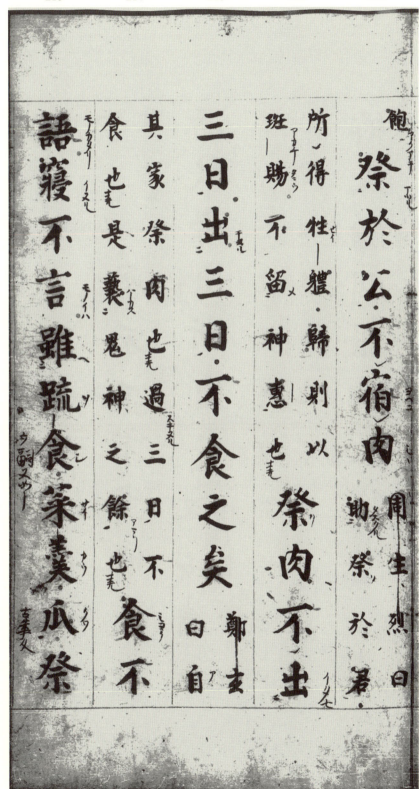

216 必齋如也孔安國曰齋嚴敬之貌也三物雖薄

217 祭之必敬也席不正不坐郷人飲

218 酒杖者出斯出矣孔安國曰杖者老人

219 也郷人飲酒之禮主於老者老者禮畢出孔子從而出之

220 郷人儺朝服而立阼階孔安國曰

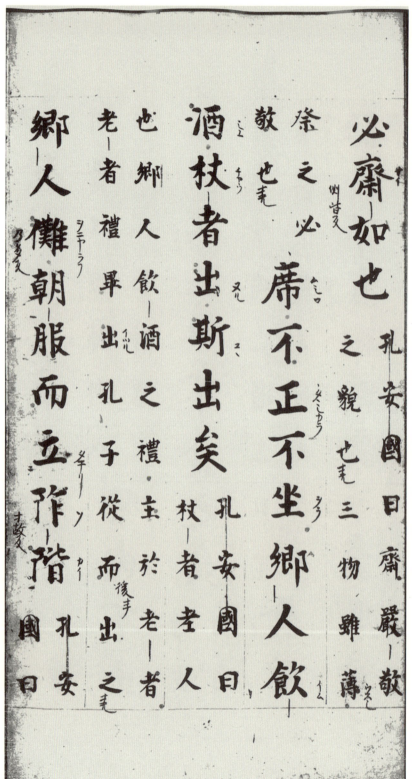

⑭

儺驅逐疫鬼也恐驚先祖 問
故朝服立於廟之阼階也 孔安國
人於他邦再拜送之 曰拜送
使者 敬也 康子饋藥拜而受之 苞氏
曰遺孔子藥也 曰丘未達不敢嘗之
孔安國曰未知其故 故不嘗禮也 廄焚子退

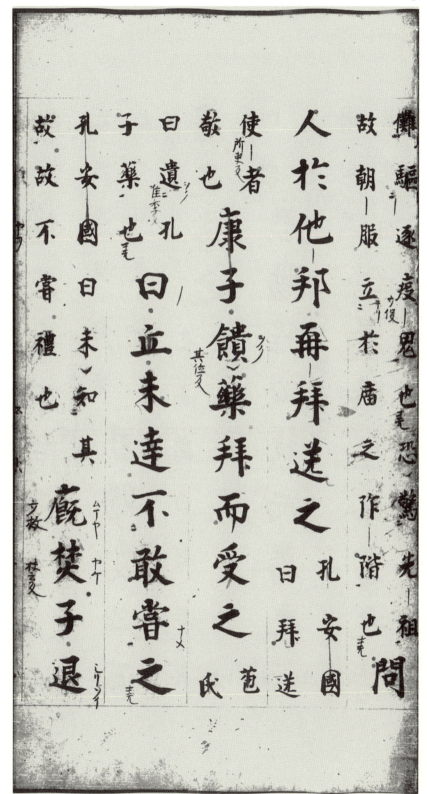

朝日傷人乎不問馬鄭玄曰重人賤畜也退朝自魯君之朝來歸君賜食必正席先嘗之孔安國曰敬君之惠也既嘗之乃以班賜之也君賜腥必熟而薦之孔安國曰薦其先祖也君賜生必畜之侍

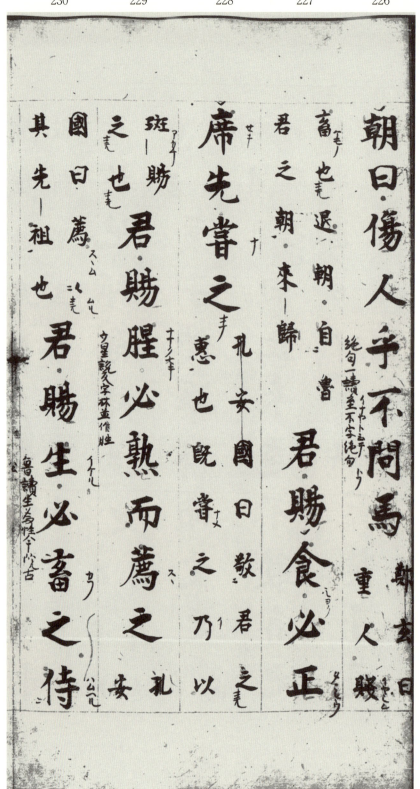

食於君〻祭先飯　鄭玄曰於君祭則先飯矣君為先嘗食然也
疾君視之東首
加朝服拖紳　包氏曰夫子疾也處南牖之下東首加其朝服拖紳〻大帶不敢不衣朝服見君也
君命召不俟駕行矣　鄭玄曰急趨君命也

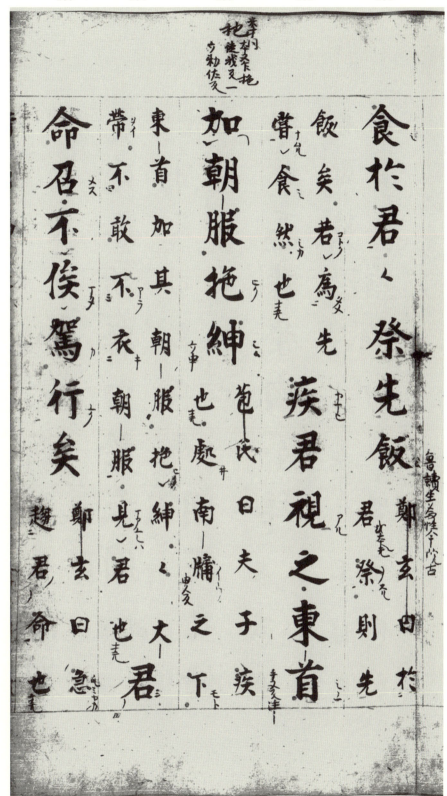

〔裏書15〕

行出所車既駕從也入太廟每事問朋友死無所歸曰於我殯孔安國曰重朋友之恩也無所歸無親昵也朋友之饋雖車馬非祭肉不拜孔安國曰不拜者有通財之義也寢不尸苞氏曰偃臥四體布展手

足似死人也居不容孔安國曰爲家室之敬難
久也子見齋衰者雖狎必變孔安
國曰狎者素《モト》親狎也見冕者與瞽者雖
褻必以貌周生烈曰褻謂數相見也必當以貌
禮也凶《ケウ》服者式之式負版者孔安

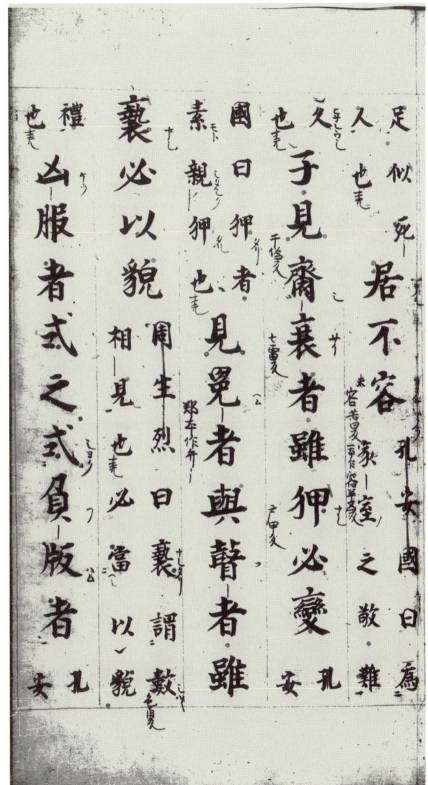

國曰凶服者送死之衣物也
負版者持邦國之圖籍者也
有盛饌必變色而作　孔安國曰作起
也敬主人之親饋也
迅雷風烈必變　鄭玄
曰敬天之怒風疾雷爲烈也
升車必正立
執綏　周生烈曰必正立執綏所以爲安也
車中

255　⑯　254　253　252　251

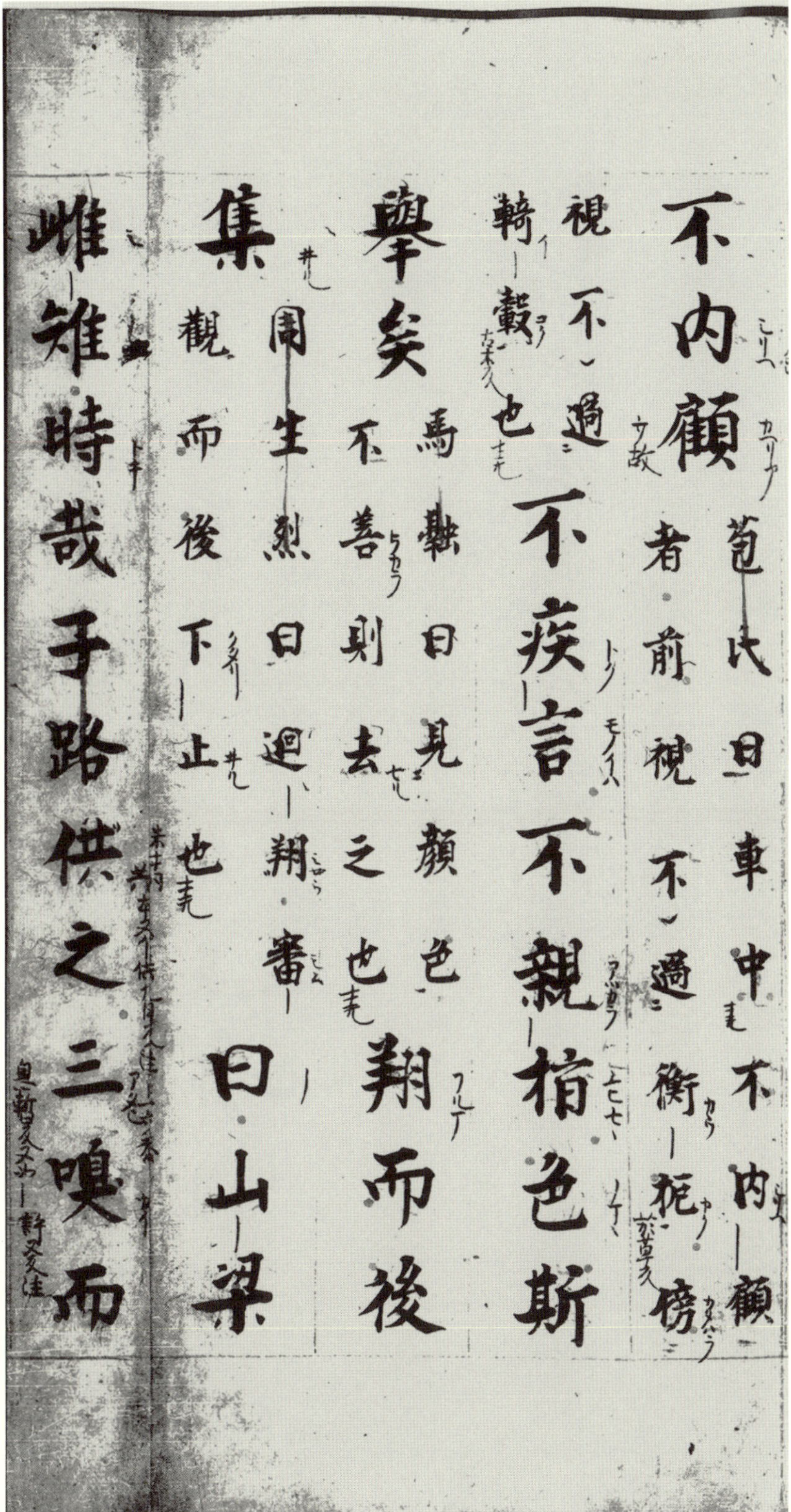

不内顧 苞氏曰車中不内顧者前視不過衡扼傍視不過輢轂也 不疾言不親指色斯擧矣 馬融曰見顔色不善則去之也 翔而後集 周生烈曰迴翔審觀而後下止也 曰山梁雌雉時哉子路供之三嗅而

256 作言山梁雌雉得其時而人不得時時故歎之子路以其

257 時物故供具之非其本意不苟食故三嗅而起也

258 論語巻第五

⑰ 經一千四百六十二字
注二千二百九十七字

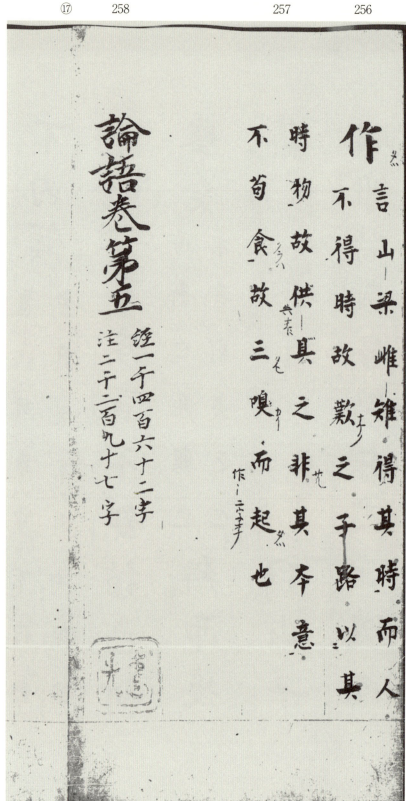

論語六

先進

顔淵

①

疏曰先進者此篇明弟子進受業者先後也所以次前者既還教郷黨則進受業者宜有先後故先進次郷黨也

論語巻第六

有二十八有卌別題無箇所目上論語両字

論語先進第十一　何晏集解　鄭廿三章　皇廿四章

子曰先進於禮樂野人也後進於禮樂君子也　先進邑謂士也鄭謂学也

孔安國曰先進後進謂士先後輩也禮樂因世損益後進與禮樂俱得時之中斯君子矣

先進有古風斯野人也如用之則吾從先進苞氏曰將移風易俗歸之純素先進猶近古風故從之也子曰從我於陳蔡者皆不及門者也鄭玄曰言弟子之從我而厄於陳蔡者皆不及仕進之門而失其所也德行顏

淵閔子騫冉伯牛仲弓言語
宰我子貢政事冉有季路文
學子游子夏子曰回也非助
我者《ヒト》也於吾言無所不説《ヨロコヒ》　孔安
國曰助猶益也言回聞言即
解無可發起增益於已也

爲人二字才无

子曰孝哉閔子騫人不間於其父母兄弟之言陳群曰言閔子騫爲人上事父母下順兄弟動靜盡善故人不得有非間之言也

南容三復白圭孔安國曰詩云白圭之玷尚可磨也斯言之玷不可爲也南容讀詩至此三反

後之是其心愼言也　孔子以其兄之子妻之季康子問弟子孰爲好學孔子對曰有顔回者好學不遷怒不貳過不幸短命死矣今也則亡未聞好學者也

顏淵死顏路請子之車。孔安國曰顏路顏淵之父也家貧故欲請孔子之車賣以作槨子
曰才不才亦各言其子也鯉
死有棺而無槨吾不可徒行
以爲之槨以吾從大夫之後

吾以不可徒行也　孔安國曰鯉孔子之子伯魚孔子時為大夫故言吾從大夫之後不可以從行是謙辭也

③顔淵死子曰噫　苞氏曰噫痛傷之聲　天喪予天喪予　天喪予者若喪己也

再言之者痛惜之甚也

顔淵死子哭之

慟馬融曰慟哀過也從者曰子慟矣子曰有慟乎孔安國曰不自知己之悲哀之過也非夫人之為慟而誰為慟顏淵死門人欲厚葬之子曰不可禮貧富各有宜顏淵家貧而門人欲厚葬之故不聽

也門人厚葬之子曰回也視予猶父也予不得視猶子也非我也夫二三子也馬融曰言回自有父〻意欲聽門人厚葬之我不得制止非其厚葬故云也季路問事鬼神子曰未能

事人焉能事鬼曰敢問死曰
未知生焉知死　陳群曰鬼神及死事難明
語之無益故不荅也
閔子騫侍側誾誾如也子路行行如也冉子子
貢侃侃如也子樂　鄭玄曰樂各盡其性

④

也行〻剛強之貌也曰若由也不得其

死然孔安國曰不得以壽終也魯人為長

音讀仍為仁今徒古

府閔子騫曰仍舊貫如之何

〻必改作鄭玄曰長府藏名也藏貨曰府仍因

也貫事也因舊事則可何乃復更改作也子曰夫

人不言〻必有中王肅曰言必有中善其不欲勞民更改作之也
子曰由之鼓瑟奚爲於丘之門馬融曰言子路鼓瑟不合雅頌也
門人不敬子路子曰由也升堂矣未入於室也馬融曰升

我堂矣未入室耳門人不解
謂孔子言為賤子路故復解
之也子貢問師與商也孰賢乎
子曰師也過商也不及孔安國曰
言倶不得中也曰然則師愈與子曰
過猶不及也愈猶勝也季氏富於

周公 孔安國曰周公天子之宰卿《ケイ》士也 而求
也為之聚斂而附益之 孔安國曰
⑤ 冉求為季氏宰為之急《スミヤカム》賦稅《セイ》也 子曰非吾徒《トモガラ》
也小子鳴《ナラシ》鼓《ツヽミ》而攻《セメム》之可也 鄭玄
曰小子門人也鳴鼓聲其罪以責之 柴《サイ》也愚 弟子

左傳作子羔
家語作子高
礼記作子皐
三字不同

師也辟　イ作

由也喭　イ作

高柴也字子羔愚直之愚也參也魯孔安國曰魯鈍也曾子遲鈍也師僻也馬融曰子張才過人失在邪僻文過也由喭也鄭玄曰子路之行失於喭也

子曰回也其庶乎屢空

賜不受命而貨殖焉億則屢

中言回庶幾聖道雖數空匱
而樂在其中矣賜不受教
命唯財貨是殖億度是非蓋
美回所以勵賜也一曰屢猶
毎也空猶虚中也以聖人之
善教數子之庶幾猶不至於
知道者各内有此害也其於
庶幾毎能虚中者唯回懐道
深遠不虚心不能知道子貢
無數子之病然亦不知道者

雖不窮理而幸中雖非天命而偶富亦所以不虚心也

子張問善人之道子曰不踐迹亦不入於室孔安國曰踐循也言善人不循追舊迹而已亦多少能創業然亦不能入於聖人之奥室也

⑥

子曰論篤是與君子者

乎色莊者乎 論篤者謂口無擇言也君子者謂身無鄙行也色莊者不惡而嚴以遠小人者也言此三者皆可以為善人者也 子路問聞斯行諸 苞氏曰賑窮救乏之事也 子曰有父兄在如之何其聞斯行之也 孔安

國曰當白父兄不可得自專也

冉有問聞斯行諸子曰聞斯行之公西華曰由也問聞斯行諸子曰有父兄在求也問聞斯行諸子曰聞斯行之赤也惑敢問

孔安

國曰惑其問同而答異也子曰求也退故

進之由也兼人故退之鄭玄曰言

冉有性謙退子路務在勝尚人各因其人之失而正也

子畏於匡顏淵後孔安國曰言與孔子

相失故在後也子曰吾以汝為死矣

⑦

曰子在回何敢死　苞氏曰言夫子在已無所敢死也
季子然問仲由冉求可謂大臣與　孔安國曰季子然季氏之子弟也自多得臣此二子故問之也
子曰吾以子爲異之問曾由與求之問　孔安

國曰謂子問異事耳則此所謂大臣者以道事君不可則止今由與求也可謂具臣矣孔安國曰言備臣數而已也曰然則從之者與孔安國曰問爲臣皆當從君所欲耶子曰

弑父與君亦不從也孔安國曰二子雖從其主亦不與爲大逆也子路使子羔爲費宰子曰賊夫人之子苞氏曰子羔學未熟習而使爲政所以賊害人也子路曰有民人焉有社稷焉何必讀

書然後爲學　孔安國曰言治民事神於是而
習亦學也　子曰是故惡夫佞者　孔安
國曰疾其以口給應遂己非而不知窮也　子路曾
⑧
晳　孔安國曰曾晳曾參父也名點　冉有公西
華侍坐子曰以吾一日長乎

爾無吾以也孔安國曰言我問汝無以我長
故難對也居則曰不吾知也孔安國曰
汝常居云人不知也如或知爾則何以
哉孔安國曰如有用汝者則何以爲治乎子路
率爾而對曰率爾先三人對也千乘

之國攝乎大國間加之以師旅因之以飢饉苞氏曰攝迫乎大國之間也由也爲之比及三年可使有勇且知方也方義方也夫子哂之馬融曰哂笑也求爾何如對曰方

六七十如五六十求性謙退言欲得方
六七十如五六十里小國治之而已也求也爲
之比及三年可使足民也如
其禮樂以俟君子孔安國曰求自去能
足民而已謂衣食足也若禮樂之化當以待君子謙辭也

⑨

赤爾何如對曰非曰能之也
願學焉宗廟之事如會同端
章甫願為小相焉　鄭玄曰我
非自言能
也願學為之宗廟之事謂祭
祀也諸侯時見曰會殷見曰
同端玄端也衣玄端冠章甫
諸侯日視朝之服也小相謂

相君禮者也　點爾何如鼓瑟希　孔安
國曰思所以對故音希也　鏗爾舍瑟而作
對曰異乎三子者之撰　孔安國曰
置瑟起對也撰具也爲政之具也鏗爾者投瑟之聲也
子曰何傷乎亦各言其志也

士勉反具也鄭玄曰讀曰詮々言之善者也

孔安國曰各言己志於義無傷之

曰暮春者春服既成得冠者五六人童子六七人浴乎沂風乎舞雩詠而歸

苞氏曰暮春者季春三月也春服既成者衣單袷之時也我欲得冠者五六人童子六七人浴於沂

三月季春

水之上風凉於舞雩之下歌
詠先王之道歸夫子之門也周
夫子喟然歎曰吾與點也生
⑩ 烈曰善點之獨知時之三子者出曾皙
後曾皙曰夫三子者之言何
如子曰亦各言其志也已矣

五六十而非邦也者唯赤則

非邦也與安見方六七十如

子路言不讓故笑之

曰爲國以禮人貴讓唯求則

以禮其言不讓是故哂之

曰夫〻子何哂由也子曰爲國

孔子爲吾
疏曰點呼
子ハ

如五六十而
上ニ五字无元

之事如三字オ无

非邦也與宗廟之事如會同

非諸侯如之何孔安國曰明皆諸侯之事與子路同徒笑子路不讓也

赤也為之小

孰能為之大相孔安國曰赤謙言小相耳孰能為大相者也

論語顔淵第十二　何晏集解　凡廿四章

顔淵問仁子曰剋己復禮爲仁馬融曰剋己約身也孔安國曰復反也身能反禮則爲仁矣

⑪ 一日剋己復禮天下歸仁焉馬融曰一日猶見歸況終身乎

爲仁由

己而由人乎哉 孔安國曰行善在己不在人也

顔淵曰請問其目 苞氏曰知其必有條目故請問之也

子曰非禮勿視非禮勿聽非禮勿言非禮勿動 鄭玄曰此四者尅己復禮之目

顔淵曰回雖

不敏請事斯語矣　王肅曰敬事此語必行之

仲弓問仁子曰出門如見大賓使民如承大祭　孔安國曰仁之道莫尚乎敬也

己所不欲勿施於人

在邦無怨在家無怨　苞氏曰在邦為

諸侯也在家為卿大夫也仲弓曰雍雖不
敏請事斯語矣司馬牛問仁
子曰仁者其言也訒也孔安國曰
訒難也牛宋人弟子司馬犂也曰其言也訒
斯可謂之仁已矣乎子曰為

之難言之得無訒乎孔安國曰行仁難言仁亦不得不難矣

⑫ 司馬牛問君子

子曰君子不憂不懼孔安國曰牛兄桓魋將為亂牛自宋來學常憂懼故孔子解之

曰不憂不懼斯可謂君子已乎子

司馬牛憂
曰字乱无

曰内省不疚夫何憂何懼苞氏曰疚《キウ》病《ヘイ》也内省無罪惡《アク》無可憂懼也司馬牛憂曰人皆有兄弟我獨亡鄭玄曰牛兄桓魋《タイ》行惡死亡無日我為無兄弟也子夏曰商聞之矣死生有命富貴在

天君子敬而無失與人恭而
有禮四海之内皆爲兄弟也
君子何患乎無兄弟也苞氏曰君子疏惡而友賢九州之人皆可以禮親之子張問
明子曰浸潤之譖膚受之愬

不行焉可謂明也已矣 鄭玄曰譖人之言如水之浸潤以漸成人之禍 馬融曰膚受皮膚外語非其内實也 浸潤之譖膚受之愬

⑬

不行焉可謂遠也已矣 馬融曰無此二者非但爲明其德行高遠人莫能及之 子貢

問政子曰足食足兵使民信

之矣子貢曰必不得已《ヤム》而去《ステ》

於斯三者何《イツレ》先《サキニ》曰去兵曰必

不得已《ヤム》而去於斯二者何先

曰去食自古皆有死民不信《アラ》

不立　孔安國曰死者古今常道人皆有之治邦不可
失信也　棘子城曰君子質而已
矣何以文爲矣　鄭玄曰舊説云棘子城衛
大夫也　子貢曰惜乎夫子之説
之君子也駟不及舌　鄭玄曰惜子夫

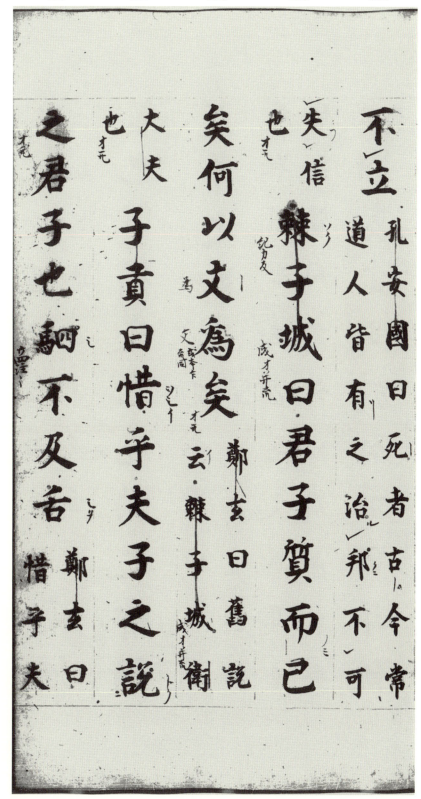

子之説君子也過言一出駟馬追之不及舌文猶

質也質猶文也虎豹之鞹猶

犬羊之鞹也孔安國曰皮去毛曰鞹虎豹與

犬羊別者正以毛文異耳今使文質同者何以別虎豹與

犬羊邪哀公問於有若曰年飢

⑭

用不足如之何有若對曰盍

徹《テツ》乎 鄭玄曰盍《カウ》者何不也周法十一而税謂之徹〻

通《トウ》也為天下通《トウ》法也 曰二吾猶不足如

之何其徹也 孔安國曰二謂十二而税也

對曰百姓足君孰與不足百

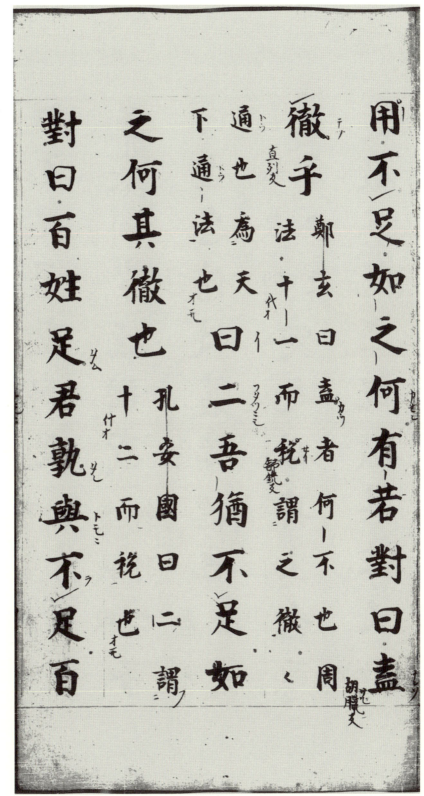

姓不足君孰與足　孔安國曰孰誰也

子張問崇德辨惑　苞氏曰辨別也　子

曰主忠信徙《ウツレ》義崇德也　苞氏曰徙

義見義則徙《ウツレ》意從之　愛之欲其生也惡

之欲其死也既欲其生又欲

舊諸本注

祇　欲　玉大

其死是惑也　包氏曰愛惡當有常一欲生之一欲死之是心惑也

誠不以富亦祇以異

鄭玄曰此詩小雅也祇適也言此行誠不可以致富適以是爲異耳取此詩之異義以非之也

齊景公問政於孔子孔子對曰君君臣

〻父〻子〻孔安國曰當此時陳恒制齊君不君臣不臣故以此對也公曰善《ヨイ》哉信《マコト》如君不君臣不臣父不父子不子雖有粟《アハ》吾豈得而食諸孔安國曰言將危也陳氏果滅齊也子曰片言可

以折獄者其由也與　孔安國曰片猶
偏也聽訟必須兩辭以定是
非偏信一言以折獄者唯子
路可
也　子路無宿諾　宿猶豫也子路篤信
恐臨時多故
〻不豫諾也　子曰聽訟吾猶
人也　苞氏曰言與人等　必也使無訟

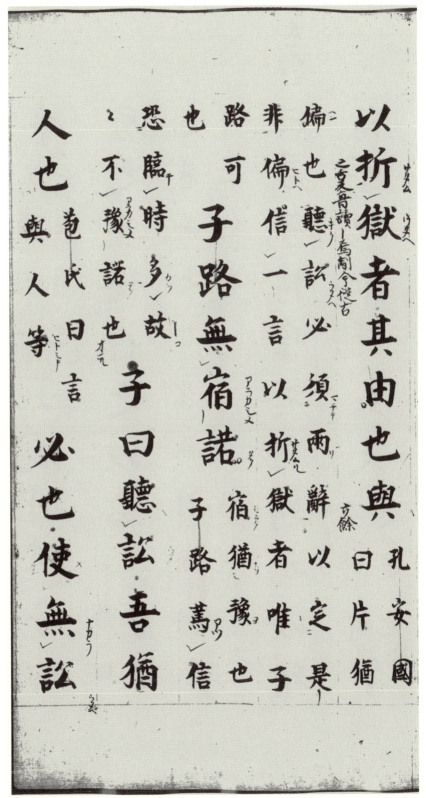

乎王肅曰化之在前也子張問政子曰居之無倦行之以忠王肅曰言爲政之道居之於身無得懈倦行之於民必以忠信也子曰君子博學於文約之以禮亦可以弗畔矣夫鄭玄曰弗畔不違道也子

曰君子成人之美不成人之惡小人反是季康子問政於孔子孔子對曰政者正也子帥而正孰敢不正鄭玄曰季康子魯上卿諸臣之帥也

⑯

季康子患盜問於孔

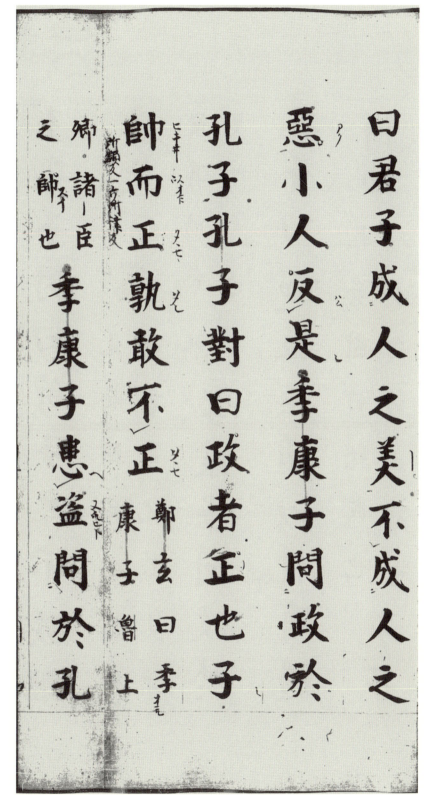

子孔子對曰苟子之不欲雖
賞之不竊　孔安國曰欲情慾也言民化於上不
從其所令從其所好也　季康子問政於
孔子曰如殺無道以就有道
何如　孔安國曰就成也欲多殺以止姦也　孔子

對曰子爲政焉用殺子欲善
而民善矣君子之德風也小
人之德草也草上之風必偃
孔安國曰亦欲令康子先自
正也偃仆加草以風無不仆
者猶民之
化於上也
子張問士何如斯

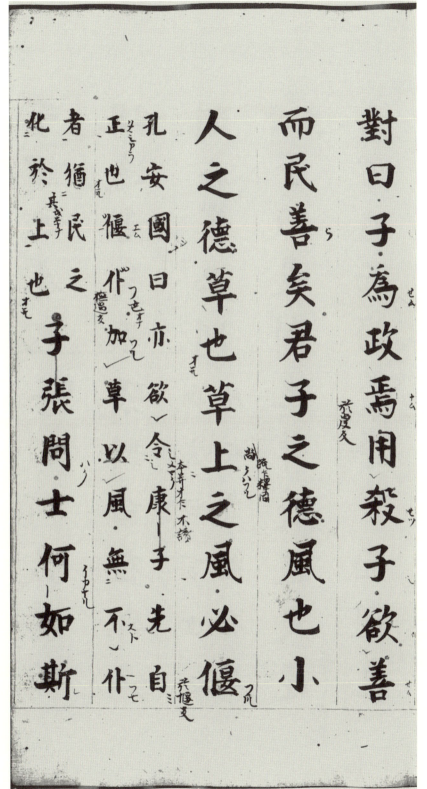

可謂之達也子曰何哉爾所謂達者矣子張對曰在邦必聞在家必聞鄭玄曰言士之所在皆能有名譽也子曰是聞也非達也夫達者質直而好義察言而觀色

⑰

慮以下人　馬融曰常有謙退之志察言語見顔
色知其所欲其念慮常欲以下人也　在邦必達
在家必達　馬融曰謙尊而光卑而不可踰也
夫聞者色取仁而行違居之
不疑　馬融曰此言佞人也佞人假仁者之色行之則

佞人也三字オ无

違安居其偽而不自疑者也在邦必聞在
家必聞馬融曰佞人黨多也樊遲從遊
於舞雩之下苞氏曰舞雩之處有壇墠樹木
故其下可遊也焉曰敢問崇德脩慝辨
惑孔安國曰慝惡也脩治也治惡為善也子曰

善哉問先事後得非崇德與

孔安國曰先勞於事然後得報也

攻其惡母攻人之惡非脩慝與一朝之

忿忘其身以及其親非惑與

樊遲問仁子曰愛人問智子

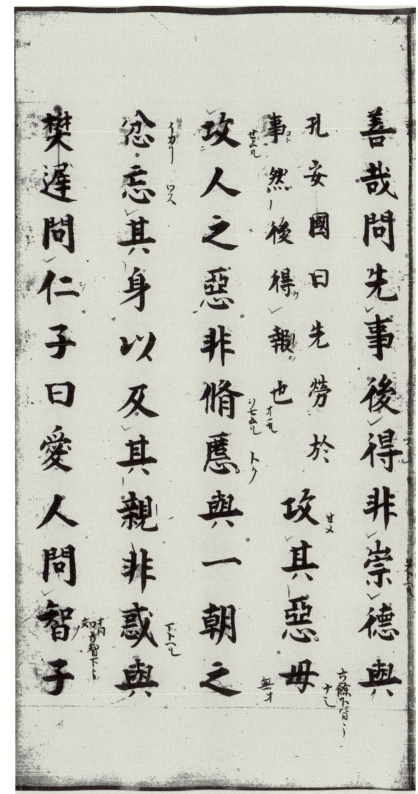

曰知人樊遲未達子曰擧直
錯諸枉能使枉者直苞氏曰擧正ー直
之人用之廢ー置邪ー枉之人則皆化爲直也樊遲退
⑱
見子夏曰鄕也吾見於夫子
而問智子曰擧直錯諸枉能

使枉者直何謂也子夏曰富
哉是言乎孔安國曰富盛也舜有天
下選於衆擧皐陶不仁者遠
矣湯有天下選於衆擧伊尹
不仁者遠矣孔安國曰言舜湯有天下選擇

於衆舉皐陶伊尹則不仁者遠矣仁者至矣子貢

問友子曰忠告而以善導之

不可則止無自辱焉苞氏曰忠告以是非

告之也以善導之不見從則止必言之或見辱也曾

子曰君子以文會友孔安國曰友以

文徳合也以友輔仁孔安國曰友有相切磋之道所以輔成己之仁也

論語巻第六　經二千六十二字　注一千九百卅六字

雲邨文庫

論語七

子路　憲問

①

論語巻第七

論語子路第十三　何晏集解　凡卅章

子路問政子曰先之勞之孔安國曰先導之以德使民信之然後勞之也易曰悅以使民民忘其勞之也

子路請益曰無倦孔安國曰子路

嫌其少故請益曰無倦者行此上事無倦則可也仲
弓為季氏宰問政子曰先有
司王肅曰言為政當先任有司而後責其事也赦
小過舉賢才曰焉知賢才而
舉之曰舉爾所知爾所不知

人其舍諸　孔安國曰汝所不知者人將自擧之各擧其所知則賢才無遺也

子路曰衛君待子而爲政子將奚先　苞氏曰問往將何所先行也

子曰必也正名乎　馬融曰正百事之名也

子路曰有是哉

②

子之迂也奚其正　苞氏曰迂猶遠也言孔子之言遠於事也

（於于反苞云遠也鄭作于往也）

子曰野哉由也　孔安國曰野猶不達也

君子於其所不知蓋闕如也　苞氏曰君子於其所不知當闕而勿據今由不知正名之義而謂之迂遠也

名不正則

言不順言不順則事不成事不成則禮樂不興不興禮樂不興則刑罰不中孔安國曰禮以安上樂以移風二者不行則有淫刑濫罰也刑罰不中則民無所措手足故君子

名之必可言也言之必可行也王肅曰所名之事必可得而明言也所言之事必可得而導行也君子於其言無所苟而已矣樊遲請學稼子曰吾不如老農請學爲圃子曰吾不

如老圃　馬融曰樹五穀曰稼樹菜蔬曰圃也　樊
遲出子曰小人哉樊須也上
好禮則民莫敢不敬上好義
③
則民莫敢不服上好信則民
莫敢不用情　孔安國曰情實也言民化其

上各以情實應也夫如是則四方之

民襁負其子而至矣焉用稼

苞氏曰禮義與信足以成德何用學稼教民乎負者以器

曰襁也子曰誦詩三百授之以

政不達使《ツカヒ》於四方不能專《ヒトリ》對

雖多亦奚以爲専猶獨也子曰其
身正不令而行其身不正雖
令不從令教令也子曰魯衛之政
兄弟也苞氏曰魯周公之封衛康叔之封也周公
康叔既爲兄弟康《カウ》叔睦《ムツマシ》於周公其國之政亦如兄弟也

子謂衛公子荆善居室　王肅曰荆與蘧瑗史鰌並為君子也　始有曰苟合矣少《スコシキ》有曰苟完矣富有曰苟美矣子適衛冉子僕　孔安國曰孔子之衛冉有御也　子曰庶矣哉　孔安國曰庶衆也言

④
衛民衆多也　冉有曰既庶矣又何
加焉曰富之曰既富矣又何
加焉曰教之子曰苟有用我
者期月而已可也三年有成
孔安國曰言誠有用我於政事者期月而可以行其政教

必三年乃有成功也子曰善人爲邦百年亦可以勝《カチ》殘去殺《サツ》矣王肅曰勝殘勝殘暴之人使不爲惡去殺不用刑殺也誠哉是言也孔安國曰古有此言故孔子信也子曰如有王者必世而後仁孔安

國曰三十年曰世如有受命
王者必三十年仁政乃成也
子曰苟正其身矣於從政乎
何有不能正其身如正人何
冉子退朝周生烈曰謂罷朝於魯君也子
曰何晏也對曰有政馬融曰政者有

真遥反

於諫反

所改更匡正也　子曰其事也　馬融曰事者凡所行常事也　如有政雖不吾以《モチヰ》吾

⑤

其與聞之　馬融曰如有政非常之事我為大夫雖不見任用必當與聞之　定公問一言而

可《ヘキ》以興邦有《アリ》諸孔子對曰言《コト》

可以興国

不可以若是其幾也　王肅曰以其大要一言不能正興國也幾近也有近一言可興國也人之言曰爲君難爲臣不易《ヤスカラ》如知爲君之難也不幾乎一言而興邦乎　孔安國曰事不可以一言而成也知

如此則可近也曰一言而可喪邦有
諸孔子對曰言不可以若是
其幾也人之言曰予無樂乎
為君唯其言而樂莫予違也
孔安國曰言無樂於為君所
樂者唯樂其言而不見違也

如其善而莫之違也不亦善
乎如不善而莫之違也不幾
乎一言而喪邦乎孔安國曰人君所言
善無違之者則善也其所言
不善而無敢違之者則近一
言而喪國也
⑥葉公問政子曰近者

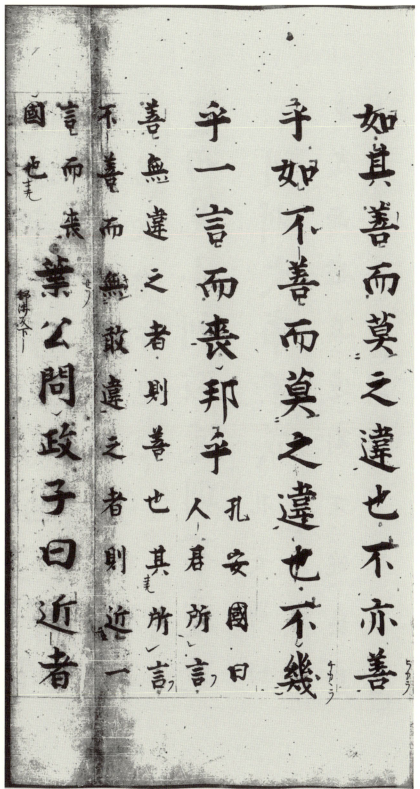

悦遠者来子夏爲莒父宰問

政　鄭玄曰舊説曰莒父魯下邑也　子曰毋欲

速毋見小利欲速則不達見

小利則大事不成　孔安國曰事不可以

速成而欲其速則不達矣見小利妨大事則大事不成也

葉公語孔子曰吾黨有直躬者孔安國曰直躬直身而行也其父攘羊而子證之周生烈曰有因而盜曰攘孔子曰吾黨之直者異於是父為子隱子為父隱直在其中矣

樊遲問仁子曰居處恭執事敬與人忠雖之夷狄不可棄也苞氏曰雖之夷狄無禮義之處猶不可棄去而不行也

子貢問曰何如斯可謂之士矣子曰行己有恥孔安國曰有恥

有所不為也使於四方不辱君命

⑦

可謂士矣曰敢問其次曰宗

族稱孝焉鄉黨稱悌焉曰敢

問其次曰言必信行必果硜

硜然小人也抑亦可以為次

矣　鄭玄曰行必果所欲行必敢爲之硜々者小人之貌
也抑亦其次言可以爲次也　曰今之從政
者何如子曰噫斗筲之人何
足筭也　鄭玄曰噫心不平之聲也筲竹器容斗二
升者也筭數也　子曰不得中行而與

之必也狂狷乎苞氏曰中行人能得其中
者也言不得中行則欲得任狷也狂者進取
狷者有所不為也苞氏曰狂者進取於
善道狷者守節無為欲得此二人者以時多進退取其恒
一也子曰南人有言曰人而無

恒不可以作巫醫 孔安國曰南人南國
之人也鄭玄曰言巫醫不能治無常之人也 善夫
苞氏曰善南人之言也 不恒其德或承
⑧ 之羞 孔安國曰此易恒卦之辭也言德無常則羞辱
承之 子曰不占而已矣 鄭玄曰易所以

占吉凶也無恒之人易所不占也　子曰君子
和而不同小人同而不和　君子
心和然其所見各異故曰不同小人所嗜好者同然各爭
其利故曰不和也　子貢問曰鄉人皆
好之何如子曰未可也鄉人

皆惡之何如子曰未可也不如鄉人之善者好之其不善者惡之也孔安國曰善人善己惡人惡己是善〻明惡〻著也子曰君子易事而難悅也孔安國曰不責備於一人故易事也悅之

不以道不悦也及其使《ツカフ》人也

器《ウツハモノトシテ》之　孔安國曰度才而任官也　小人難事

而易悦也悦之雖不以道悦

也及其使人也求備《ツフサナラム》焉子曰

君子泰《ユタカ》而不驕小人驕而不

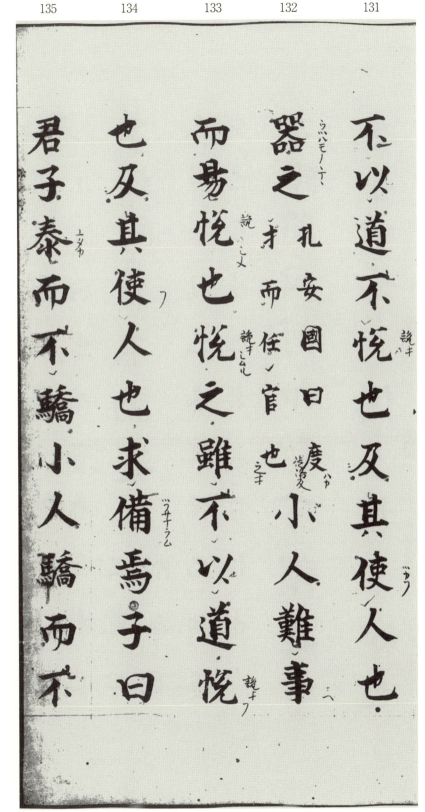

⑨

泰君子自縦泰似驕而不驕

小人拘忌而實自驕矜也

子曰剛毅木訥近仁王肅曰

剛無欲

也毅果敢也木質樸也訥遅

鈍也在此四者近於仁也

子路問曰何如斯可謂之士

矣子曰切切偲偲怡怡如也

可謂士矣朋友切切偲偲兄弟怡怡如也馬融曰切切偲偲相切責之貌也怡怡和順之貌也子曰善人教民七年亦可以即戎矣苞氏曰即戎就兵可以攻戰也子曰以不教民戰是謂

棄之 馬融曰言用不習之民使之戰必破敗是謂棄之也

論語憲問第十四　何晏集解　凡四十七章

疏曰憲者弟子原憲也問者問於孔子進仕之法也所以次前者顏路既允文允武則可優者宜仕故憲問以次子路也

憲問恥子曰邦有道穀 孔安國曰穀祿也邦有道當食其祿也 邦無道穀恥

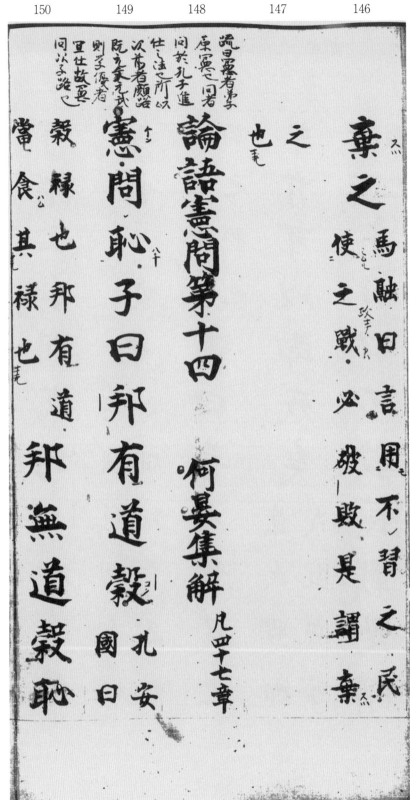

也　孔安國曰君無道而在其朝食其祿是恥辱也　剋伐怨欲不行焉可以爲仁矣　馬融曰剋好勝人也伐自伐其功也怨忌小怨也欲貪慾也　子曰可以爲難矣仁則吾不知也　苞氏曰此四者行之難者未足以爲仁也

子曰士而懷居不足以爲士矣士當志道不求安而懷其居非士也子曰邦有道危言危行苞氏曰危厲也邦有道可以厲言行也邦無道危行言遜遜順也厲行不隨俗順言以遠害也子曰有德者

必有言《コト》德不可以億中故必有言也有言者不必有德。仁者必有勇。勇者不必有仁。南宮适《クワツ》孔安國曰适南宮敬叔魯大夫也問於孔子曰羿善射奡盪舟孔安國曰羿有窮之君也篡夏后相之位其臣寒浞殺之因其室而生奡々多力能陸地行舟為夏后少康所殺也倶不得其死然孔安國曰此二子者皆不得以壽終也禹稷躬稼馬融曰禹盡力而有天下夫子不荅⑪於溝洫稷播殖百穀故曰躬稼也禹及其身稷及後世皆王也适意欲以禹稷比孔子

王也适意欲以禹稷比孔子孔子謙故不荅也南宮适出子曰君子哉若人尚德哉若人孔安國曰賤不義而貴有德故曰君子也

子曰君子而不仁者有矣夫未有小人而仁者也孔安國曰雖曰

君子猶未能備也

子曰愛之能勿勞乎忠焉能勿誨乎

孔安國曰言人有所愛必欲勞來之有所忠必欲教誨之也

子曰爲命卑諶草創之

孔安國曰卑諶鄭大夫名也諶謀於野則獲謀於國則否鄭國將有諸侯之事則使乘

車以適野而謀作盟會之辭也世叔討論之
行人子羽脩飾東里子產潤
色之馬融曰世叔鄭大夫游吉也討治也裨諶既造
謀世叔復治而論之詳而審之也行人掌使之官也子羽
公孫揮也子產居東里因以爲號也更此四賢而成故鮮

有敗事也

⑫ 或問子産。子曰惠人也。孔安國曰惠愛也子産古之遺愛也

問子西。曰彼哉。彼哉。馬融曰子西鄭大夫。彼哉彼哉言無足稱也或曰楚令尹子西也

問管仲。曰人也。猶詩言所謂伊人也

鄭本乍仁

奪伯氏駢邑三

薄田又入又薄草ス

百飯蔬食沒歯無怨言　孔安國曰伯氏齊大夫駢邑地名也歯年也伯氏食邑三百家管仲奪之使至蔬食而沒歯無怨言以當其理故也　子曰貧而無怨難富而無驕易　子曰孟公綽為趙魏老則優不

可以爲滕薛大夫也　孔安國曰公綽魯大夫也趙魏皆晉卿也家臣稱老公綽性寡欲趙魏貪賢家老無職故優滕薛小國大夫職煩故不可爲也

子路問成人曰若臧武仲之智　馬融曰魯大夫臧孫紇《コツ》也

公綽之不欲　馬融

曰魯大夫孟公綽也卞莊子之勇周生烈曰卞邑大夫也冉求之藝文之以禮

樂孔安國曰加以禮樂文成也亦可以為

⑬

成人矣曰今之成人何必然

見利思義馬融曰義然後取不苟得也見

危授命久要不忘平生之言亦可以爲成人矣　孔安國曰久要舊約也平生猶少時也　子問公叔文子於公明賈曰信《コトナル》乎《ヤ》夫子不言《ハ》不笑不取《ストム》乎　孔安國曰公叔文子衛大夫公孫拔

也文謚也公明賈對曰以告者過
也夫子時然後言人不厭其
言也樂然後笑人不厭其笑
也義然後取人不厭其取也
子曰其然豈其然乎馬融曰美其得

道。嫌其不能悉然也子曰臧武仲以防
求爲後於魯雖曰不要君吾
不信也孔安國曰防武仲故邑也爲後立後也魯
襄公二十三年武仲爲孟氏所譖出奔邾自邾如防使以
大蔡納請曰紇非敢害也智不足也非敢私請苟守先祀

⑭

無廢二勲敢不避邑乃立臧
爲紇致防而奔齊此所謂要
君也
子曰晉文公譎而不正
鄭玄
曰譎者詐也謂召天子而
使諸侯朝之仲尼曰以臣召
君不可以訓故書曰天王
狩于河陽是譎而不正也
齊桓公正而不譎
馬融曰伐楚
以公義責苞

茅之貢不入問昭王南征不還是正而不譎也子路曰桓公殺《コロス》公子糾《キウ》召忽死之管仲不死曰未仁乎孔安國曰齊襄公立無常鮑叔牙曰君使民慢亂將作矣奉公子小白出奔莒《キヨ》襄公從弟公孫無知殺襄公管夷吾召忽奉公子糾

出奔魯齊人殺無知魯伐齊
納子糾小白自莒先入是爲
桓公乃殺子糾召忽死也子曰桓公九合
諸侯不以兵車管仲之力也
如其仁如其仁孔安國曰誰如管仲之仁
矣子貢曰管仲非仁者與桓

公殺公子糾不能死又相之

子曰管仲相桓公霸諸侯一

⑮ 匡天下 馬融曰匡正也天子微弱桓公帥諸侯以

尊周室一正天下也 民到于今受其賜

受其賜者謂不被髮左衽之恵也 微管仲吾

其被髪左衽矣　馬融曰微無也無管仲則君不君臣不臣皆爲夷狄也　豈若《コトケムヤ》匹夫匹婦之爲諒也自經於溝瀆而莫之知也　王肅曰經死於溝瀆之中也管仲召忽之於公子糾君臣之義未正成故死之未足深嘉不

死未足多非死既難亦在於過厚故仲尼但美管仲之功亦不言召忽不當死也

公叔文子之臣

大夫僎與文子同升諸公

孔安國曰大夫僎本文子家臣也薦之使與己並為大夫同升在公朝也

子聞之曰可以為文矣

251 孔安國曰行如是可謚爲文也　子曰衛靈公
252 之無道也康子曰夫如是奚
253 而不喪孔子曰仲叔圉治賓
254 客祝鮀治宗廟王孫賈治軍
255 ⑯ 旅夫如是奚其喪　孔安國曰言君雖無

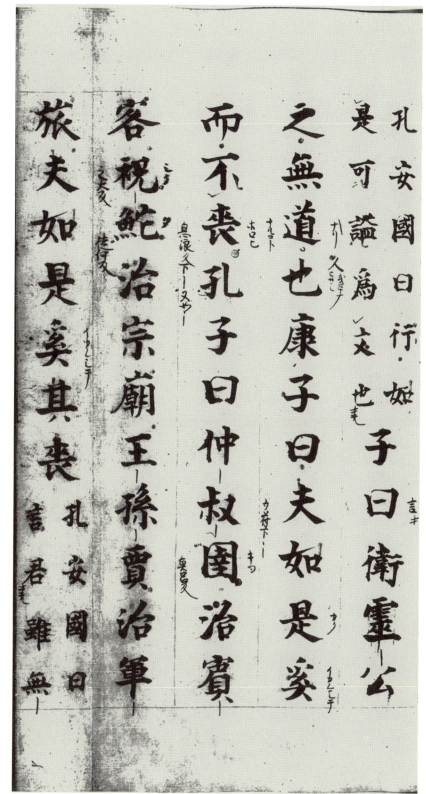

道所任者各當其才何爲當士乎也子曰其言

之不怍則其爲之難也馬融曰怍

慙也内有其實則言之不慙積其實者爲之難也陳

成子殺簡公孔子沐浴而朝

告於哀公曰陳恒殺其君請

討之　馬融曰陳成子齊大夫　陳恒也將告君故先齊

必沐　浴也　公曰告夫二三子　孔　安

國曰謂　三卿也　孔子曰以吾從大夫

之後不敢不告也君曰告夫

二三子者　馬融曰我於禮當　告君不當告二三

子君使我往故復往也之二三子告不
可孔子曰以吾從大夫之後
不敢不告也馬融曰孔子由君命之二三子告之
二三子告不可故復以此辭語之而止也子路問
事君子曰勿欺也而犯之孔安

⑰

國曰事君之道義不可
欺當能犯顔色諫爭也
子曰
君子上達小人下達
本爲上
末爲下
也
●子曰古之學者爲己今之
學者爲人也
孔安國曰爲己
履而行之爲人
徒能言
之也
●蘧伯玉使人於孔子

孔子與之坐而問焉孔安國曰伯玉衛大夫蘧瑗也曰夫子何爲對曰夫子欲寡其過而未能也言夫子欲寡其過而未能無過也使者出子曰使乎使乎陳羣曰再言使乎善之也言使得其人也

子曰不在其位不謀其政曾
子曰君子思不出其位〔孔安國曰不越其職〕子曰
君子恥其言之過其行也子
曰君子道者三我無能焉仁
者不憂智者不惑勇者不懼

子貢曰夫子自道也子貢方

人孔安國曰比方人也子曰賜也賢乎

我夫我則不暇孔安國曰不暇比方人也

⑱子曰不患人之不己知患己

無能也王肅曰徒患己之無能也子曰不

逆詐不億不信抑亦先覺者
是賢乎　孔安國曰先覺人情者是寧能爲賢乎或
時反怨人也　微生畝謂孔子曰丘
何爲是栖栖者與無乃爲佞
乎　包氏曰微生姓也畝名也　孔子對曰非

敢為佞也疾固也　苞氏曰疾世固陋欲行道以化人也　子曰驥不稱其力稱其德也　鄭玄曰德者調良之德也　或曰以德報怨何如　子曰何以報德　德恩惠之德也　以直報怨以德報德

子曰莫我知也夫《カナ》子貢曰何《ナンスレ》爲其莫知子也〔子貢怪《アヤシフ》夫子言《イフ》何爲莫知己故問也〕子曰不怨天不尤《トカメ》人〔馬融曰孔子不用於世而不怨天人不知己亦不尤《トカメ》人也〕下學而上達〔孔安國曰下學人事上知天命也〕

知我者其天乎聖人與天地合其德故曰唯天知己也公伯寮愬子路於季孫馬融曰愬譖也伯寮魯人弟子也子服景伯以告馬融曰魯大夫子服何忌也告〻孔子也曰夫子固有惑志孔安國曰季孫信讒

恚子路也於公伯寮也吾力猶能肆諸市朝鄭玄曰吾勢能辨子路之無罪於季孫使之誅伯寮而肆之也有罪既刑陳其尸曰肆也子曰道之將行也與命也道之將廢也與命也公伯寮其如

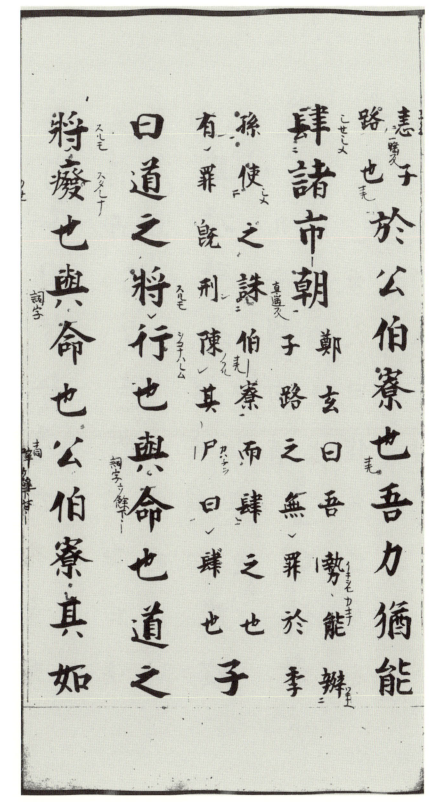

命何子曰賢者避世孔安國曰世主莫得而臣《スルコト》之也其次避地馬融曰去亂國適治邦也其次避色孔安國曰色斯舉也其次避言《コト》孔安國曰有惡言乃去也子曰作者七人矣苞氏曰作為也為之者《モノ》凡《スヘ》七人謂長沮桀

⑳

溺丈人、石門、荷蕢、儀封人、楚狂接輿也

子路宿於石門石門晨門曰奚自

晨門者閽人也

子路曰自孔氏曰是知其不可而為之者與

苞氏曰言孔子知世不可為而強為之也

子擊磬於衛有

荷簣而過孔氏之門者曰有心哉《カナ》撃磬乎

簣《キ》草器也有心謂契《ケイ》契然也

既而曰《イ》鄙《イヤシイ》哉硜《カウ》硜乎莫己知也斯己而已《ノム》矣

此硜硜徒信己而已言亦無益也

深《フカキ》則厲《レイ》淺《アサキ》則掲《ケイ》

苞氏曰以衣渉

水爲厲揭褰衣也言隨世以行己若遇《アフテ》水必以濟知其不
可則當不爲也子曰果哉末之難矣
末知己志而便《スナハチ》譏己所以爲果也末無也無以難者以其
不能解己道也子張曰書云高宗諒
陰三年不言何謂也孔安國曰高宗

336 殷之中興王武丁也　子曰何
諒信也陰猶默也
337 必高宗古之人皆然君薨百
338 官總己　馬融曰己百官也　以聽於冢
339 宰三年　孔安國曰冢宰天官佐王治者也三年喪
㉑ 畢然後王自聽政也
340 子曰上好禮則民

易使民莫敢不敬故易使之也子路問君子曰脩己以敬孔安國曰敬其身也曰如斯而已乎曰脩己以安人孔安國曰人謂朋友九族也曰如斯而已乎曰脩己以安百姓脩己

以安百姓堯舜其猶病諸孔安國曰病猶難也原壤夷俟馬融曰原壤魯人孔子故舊也夷踞也俟待也踞待孔子也子曰幼而不遜悌長而無述焉老而不死是爲賊賊爲賊害也以杖叩

其脛孔安國曰叩《コウ》繫也脛脚脛也闕《ケン》黨童子將命矣馬融曰闕黨之童子將命者傳賓主之語出入之也或問之曰益者與子曰吾見其居於位也童子隅坐無位成人乃有位也見其與先生並行也

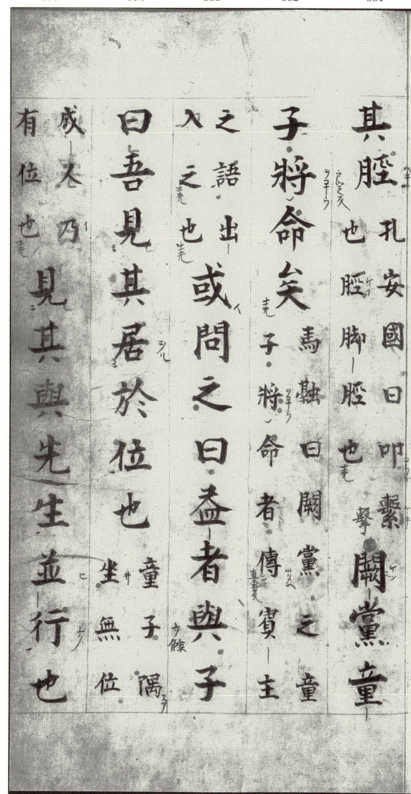

非求益者也欲速成者也

苞氏曰先生成人也並行不差在後也違禮欲速成者也則非求益者也

論語巻第七

經二千三百九十四字

注二千五百五十六字

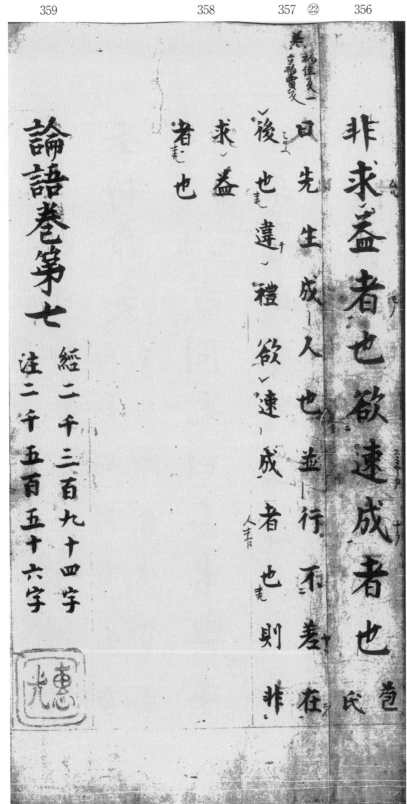

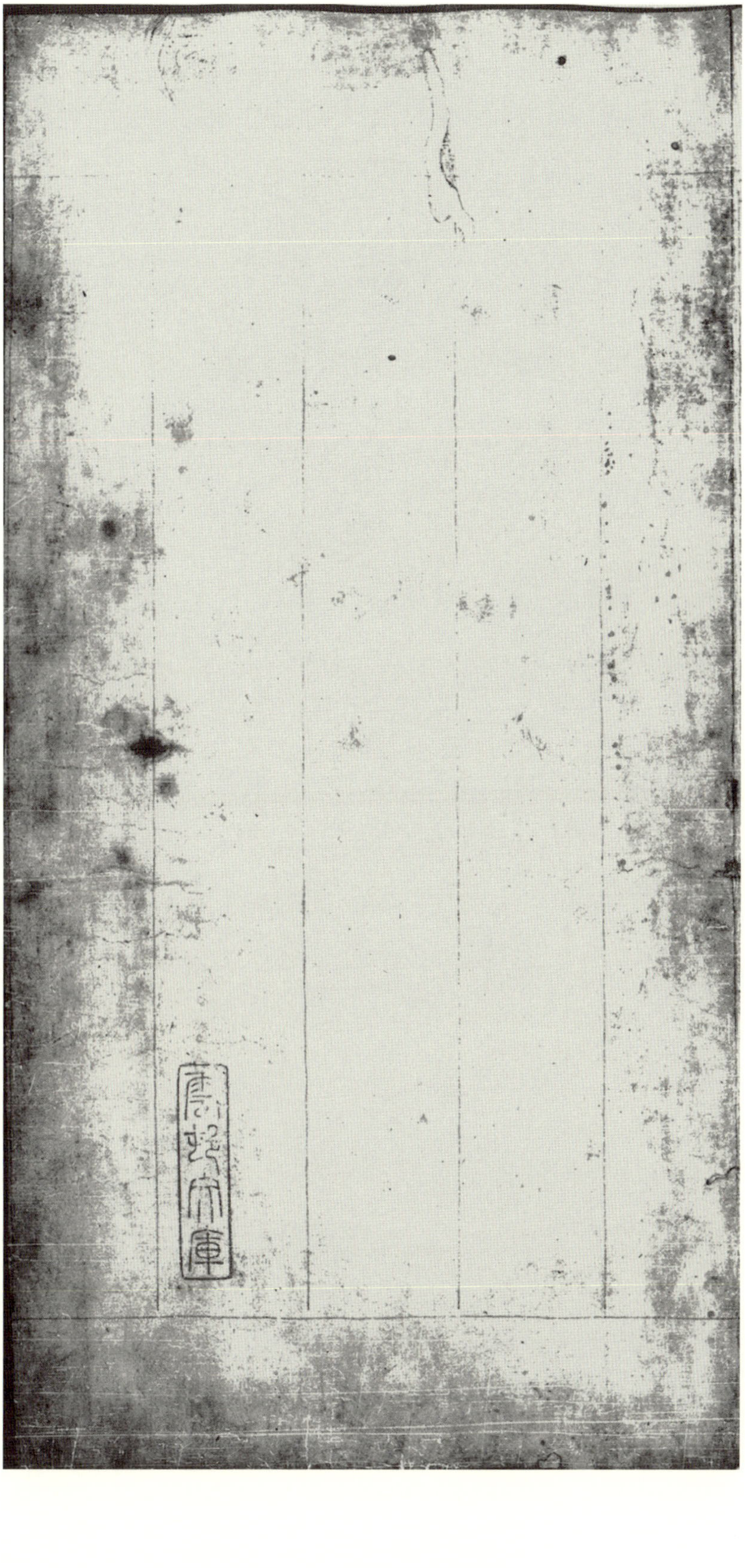

論語八

衛靈公　季氏

①

論語巻第八　才本有此題目而篇目上論語兩字无之

疏曰衛靈公者衛國無道之君也所以次前者憲既問仕故舉不可仕之君故以衛靈公次憲問也

論語衛靈公第十五　何晏集解　凡四十一章

衛靈公問陳於孔子　孔安國曰軍陳行列之法也　孔子對曰俎豆之事則嘗聞之矣　孔安國曰俎豆禮器也　軍

旅之事未之學也　鄭玄曰万二千五百人為軍五百人為旅軍旅末事本未立則不可教以末事也　明日遂行在陳絶糧從者病莫能興　孔安國曰從者弟子也興起也孔子去衛如曹〃不容又之宋遭匡人之難又之陳會呉伐陳

亂故乏食也　子路慍見曰君子亦
窮乎子曰君子固窮小人窮
斯濫矣　濫溢也君子固亦有窮時但不如小人窮
濫溢爲非也　子曰賜也汝以予爲
多學而識之者與對曰然　孔安

國曰然謂多學而識之也非與孔安國曰問今不然邪也曰非也予一以貫之善有元事有會天下殊塗而同歸百慮而一致知其元則衆善舉矣故不待多學一以知之也子曰由知德者鮮矣王肅曰君子固窮而子路慍見故謂之少於知

德者也

子曰無爲而治者其舜也與夫何爲哉恭己正南面而已矣

言任官得其人故無爲而治也

子張問行子曰言忠信行篤敬雖蠻貊之邦行矣言不忠信行

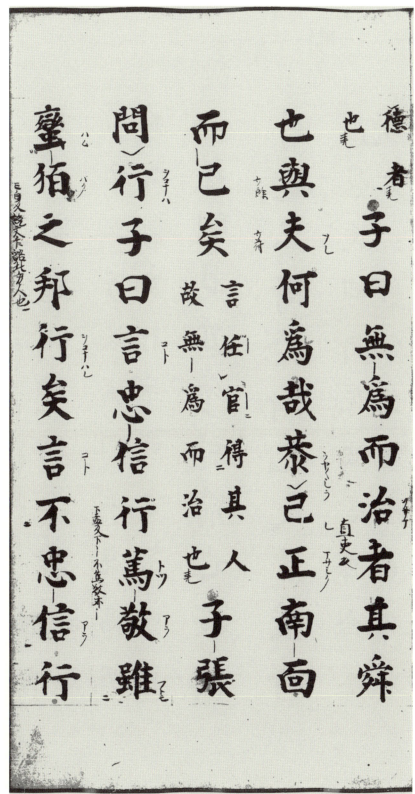

不篤敬雖州里行乎哉　鄭玄曰万
二千五百家為州五家為隣
五隣為里行乎哉言不可行
也
立則見其参於前也在輿
則見其倚於衡也夫然後行
也
苞氏曰衡軛也言思念忠
信立則常想見参然在前

在輿則若倚衡扼《ヤク》也　子張書諸紳《シン》　孔安國曰
紳大帶《ダイ》也　子曰直哉史魚　孔安國曰衛大
夫史鰌《シウ》也　邦有道如矢邦無道如
矢　孔安國曰有道無道行直如矢不曲也　君子
哉遽《キヨ》伯玉邦有道則仕邦無

道則可巻而懐也苞氏曰巻而懐謂不與時政柔順不忤於人也子曰可與言而不與言失人不可與言而與之言失言知者不失人亦不失言子曰志士仁人無求生

以害仁有殺身以成仁孔安國曰無求生而害仁死而後成仁則志士仁人不愛其身也

子貢問爲仁子曰工欲善其事必先利其器居是邦也事其大夫之賢者友其士之仁

者也孔安國曰言工以利器為用人以賢友為助也

顔淵問為邦子曰行夏之時

據見万物之生以為四時之始取其易知也乘殷

之輅馬融曰殷車曰大輅左傳曰大輅越席也照其

儉也服周之冕苞氏曰冕禮冠也周之禮文而

④

備也取其黈纊塞耳不任視聽也樂則韶舞
韶舞樂也盡善盡美故取之放鄭聲遠佞
人鄭聲淫佞人殆孔安國曰鄭聲佞人
亦俱能惑人心與雅樂賢人同而使人淫亂危殆故當放
遠也子曰人而無遠慮必有近

憂 王肅曰君子當思慮而預防也 子曰已矣乎吾未見好德如好《コノム》色者也 子曰臧文仲其竊位者與知《チ》柳下惠之賢而不與《トモ》立《タチラ》也 孔安國曰柳下惠展《テン》禽也知其賢而不舉為竊位也 子曰

躳自厚而薄責於人則遠怨矣 孔安國曰自責己厚責人薄所以遠怨咎也

子曰不曰如之何 孔安國曰不曰如之何者猶言不曰奈是何也 如之何如之何者吾末如之何也已矣 孔安國曰如之何者言禍難已

成吾亦無如之何也

子曰羣居終日言不及義好行小慧難矣哉

鄭玄曰小慧謂小小才知也難矣哉言終無成也

⑤

子曰君子義以爲質禮以行之遜以出之信以成之君子哉

鄭玄

曰義以爲質謂操行也遜以出之謂言語子曰君子病《ウレフ》無能焉不病人之不己知也苞氏曰君子之人但病無聖人之道不病人之不己知子曰君子疾《ヤム》沒世而名不稱焉疾猶病也子曰君子求諸

己小人求諸人君子責己小人責人也

子曰君子矜而不争苞氏曰矜々莊也

羣而不黨孔安國曰黨助也君子雖衆不相私助義之與比之也

子曰君子不以言舉人苞氏曰有言者不必有德故不可以言舉

人不以人廢言王肅曰不可以無德而廢善言也
子貢問曰有一言而可以終身行之者乎子曰其恕乎言己所
己所不欲勿施於人也之所
⑥
惡勿加施於人子曰吾之於人也誰

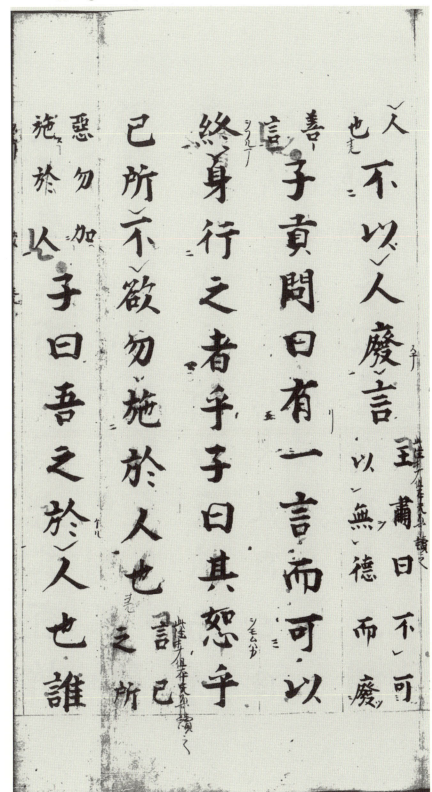

毀誰譽如有可譽者其有所試矣

苞氏曰所譽者輙試以事不空譽而已矣

斯民也三代之所以直道而行也

馬融曰三代夏殷周也用民如此無所阿私所以云直道而行也

子曰吾猶及史之闕

文也苞氏曰古之史於書字有疑則闕之以待知者
也
有馬者借人乘之今則亡
矣夫苞氏曰有馬不能調良則借人使乘習之孔子
自謂及見其人如此至今無有矣言此者以俗多穿鑿也
子曰巧言亂德小不忍亂大

謀　孔安國曰巧言利口則亂德義小不忍則亂大謀也

子曰衆惡之必察焉衆好之

必察焉　王肅曰或衆阿黨比周或其人特立不羣

故好惡不可不察也　子曰人能弘道非

道弘人也　王肅曰才大者道隨大才小者道隨

小故不能弘人也　子曰過而不改是
謂過矣　⑦子曰吾嘗終日不食
終夜不寢以思無益不如學
也子曰君子謀道不謀食耕
也餒在其中矣學也祿在其

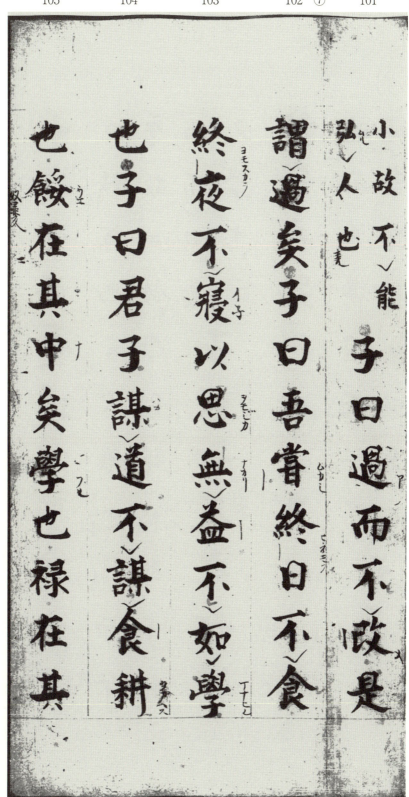

中矣君子憂道不憂貧也鄭玄
曰餒餓也言人雖念耕而不
學故飢餓學則得祿雖學不耕
而不飢勸人學也
子曰知及之仁不
能守之雖得之必失之苞氏曰知
能及治其官而仁不
能守雖得之必失之知及之

仁能守之不莊以莅之則民不敬苞氏曰不嚴以臨之則民不敬從其上也知及之仁能守之莊以莅之動之不以禮未善也王肅曰動必以禮然後善也子曰君子不可小知而

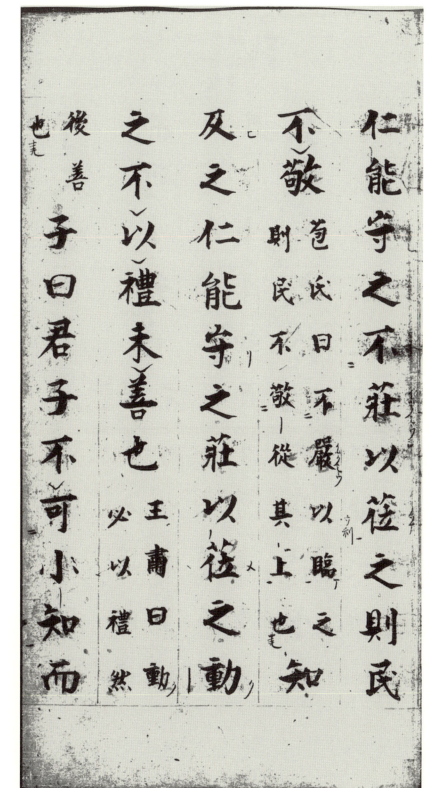

〔裏書16〕　⑧

此章有數巻爛脱說當家不讀之留在衆

可大受也小人不可大受也

而可小知也王肅曰君子之道深遠不可以小了知而可大受也小人之道淺近可以小了知而不可大受也

子曰民之於仁也甚於水火

馬融曰水火與仁皆民所仰而生者也仁最爲甚也

水

火吾見蹈而死者矣未見蹈仁而死者也 馬融曰蹈水火或時殺人蹈仁未嘗殺人也 子曰當仁不讓於師 孔安國曰當行仁之事不復讓於師行仁急也 子曰君子貞而不諒 孔安國曰貞正也諒信也

君子之人正其道耳言不必信也　子曰事君
敬其事而後其食　孔安國曰先盡力然
後食祿也　子曰有教無類　馬融曰言人在
見教無有種類也　子曰道不同不相
爲謀　子曰辭達而已矣　凡事莫過

於實足也辭達則足矣不煩文艷之辭也師冕見

孔安國曰師樂人盲者也名冕也及階子曰

階也及席也子曰席也皆坐

子告之曰某在斯某在斯孔安

國曰歷告以坐中人姓字及所在處也師冕出

子張問曰與師言之道與　子

曰然固相師之道也　馬融曰相導也

皇侃文注ニ馬云導也鄭云相扶也

疏曰季氏者魯國上卿豪族僭濫者也所以次前者明君若失政權臣凶故以季氏次衆重之也

論語季氏第十六　何晏集解　凡十四章

季氏將伐顓臾冉有季路見

於孔子曰季氏將有事於顓

史　孔安國曰顓臾宓羲之後風姓之國本魯之附庸當時臣屬魯季氏貪其地欲滅而有之冉有與季路為季氏臣來告孔子也

孔子曰求無乃尒是過與　孔安國曰冉求為季氏宰相其室為之聚斂故孔子獨疑求教也

夫顓臾昔者先王

以爲東蒙《モウ》主孔安國曰使主祭蒙山也且在邦域之中矣孔安國曰魯七百里之邦顓臾爲附庸在其域中也是社稷之臣也何以爲伐也孔安國曰已屬魯爲社稷之臣何用滅之爲也冉有曰夫子欲之吾

二臣者皆不欲也 孔安國曰歸咎於季

氏也 孔子曰求周任有言曰陳

⑩

力就烈不能者止 馬融曰周任古之良

史也言當陳才力度己所任以就其位不能則當止也

危而不持顛而不扶則將焉

用彼相矣苞氏曰言輔相人者當能持危扶顛若不能何用相爲也且余言過矣虎兕出於柙龜玉毀櫝中是誰之過與馬融曰柙檻也櫝匱也非典守者之過邪也冉有曰今夫顓臾固而近於

161 費 馬融曰固謂城郭完堅兵甲利也費季氏邑也

後世 二字本无 或作後世必爲子孫憂云〻

162 今不取後世必爲子孫憂孔

163 子曰求君子疾夫 孔安國曰疾如汝之

164 言也 舍曰欲之而必更爲之辭

165 孔安國曰舍其貪利之說更作他辭是所疾也 丘也

聞有國有家者不患寡《スクナイ》而患

不均《ヒトシカラ》孔安國曰國者諸侯家者卿大夫也不患土地

人民之寡少患政治之不均平也不患貧而

患不安孔安國曰憂不能安《ヤスシ》民耳民安則國富也

⑪

蓋均《ヒトシキ》無貧和無寡《スクナイ》安《ヤスシ》無傾苞氏

曰政教均平則不貧矣上下
和同不患寡矣小大安寧不
傾危
也夫如是故遠人不服則
修文德以來之既來之則安
之今由與求也相夫子遠人
不服而不能來也邦分崩離

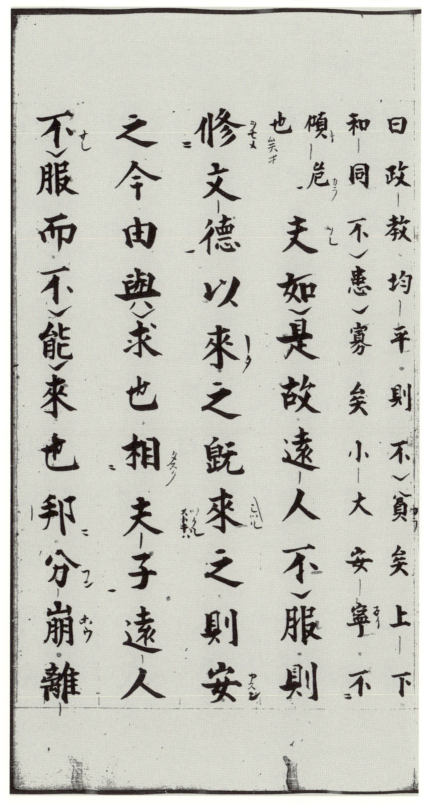

米 盾字又作楯食允反又旬

米 不在顓允

臾 米或作不在於顓臾

析而不能守也 孔安國曰民有異心曰分欲去曰崩不可會聚曰離析也 而謀動干戈於邦內 孔安國曰干楯也戈戟也 吾恐季孫之憂不在於顓臾而在蕭《セウ》牆《シヤウ》之內也 鄭玄曰蕭之言肅也蕭牆謂屏也君

臣相見之禮至屏而加肅敬焉是以謂之蕭牆後季氏之家臣陽虎果《ハタシテ》囚《トラフ》季桓子也孔子曰天下有道則禮樂征伐自天子出天下無道則禮樂征伐自諸侯出自諸侯出蓋十世希《スクナシ》不失

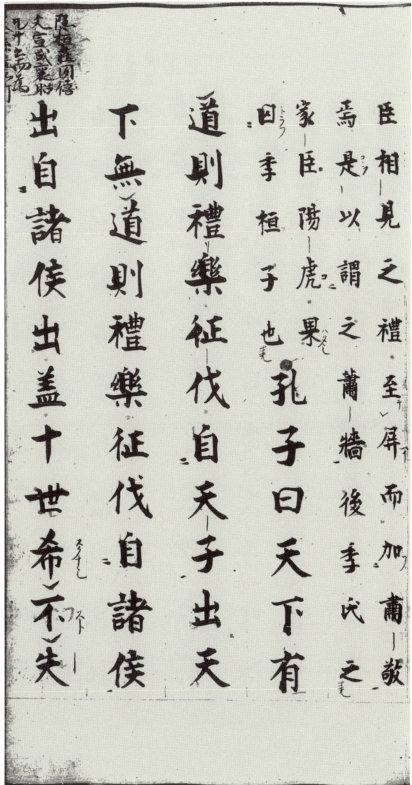

⑫

遂也

季文子行父　武子宿悼子　紀平子意　如桓子斯五　世而爲陽　虎所囚也

矣孔安國曰希少也周幽王
爲犬戎《シウ》所《ラレ》殺平王東遷周
始微弱諸侯自作禮樂專征
伐始於隱公至昭公十世失
政死於
乾《カン》侯也
自大夫出五世希不
失矣
孔安國曰季文子初得
政至桓子五世爲家臣
陽虎所
囚《トラハ》也
陪《ハイ》臣執國命三世希

不失矣馬融曰陪重也謂家臣也陽虎為季氏家臣至虎三世而出奔也天下有道則政不在大夫孔安國曰制之由君也天下有道則庶人不議孔安國曰無所非議也孔子曰祿之去公室五世

矣鄭玄曰言此之時魯定公之初也魯自東門襄仲殺
文公之子赤而立宣公於是政在大夫爵祿不從君出至
定公為五世也政逮大夫四世矣鄭玄
曰文子武子悼子平子也故夫三桓之子
孫微矣孔安國曰三桓者謂仲孫叔孫季孫也三

⑬

便辟　上婢綿反　下婢亦反　注及下皆同
便佞　上婢綿反　下乃定反

御皆出桓公故曰三桓也仲孫氏改其氏稱孟氏至哀公皆衰也孔子曰益者三友損者三友直友諒友多聞益矣友便辟馬融曰便巧辟人所忌以求容媚也友善柔馬融曰面柔也友便佞損矣鄭玄

曰便辨也謂佞而辨也
孔子曰益者三樂損者三樂節禮樂動得禮樂之節也
樂道人之善樂多賢友益矣樂驕樂孔安國曰恃尊貴以自恣也
樂佚遊王肅曰佚遊出入不知節也樂宴

樂《カウ》損矣孔安國曰宴樂沈荒淫瀆也三者自損之道也孔子曰侍《ハンヘル》於君子有三愆孔安國曰愆過也言未及之而言謂之躁《サウ》鄭玄曰躁不安靜也言及之不言謂之隱孔安國曰隱匿不盡情實也未見

顔色而言謂之瞽周生烈曰未見君子顔色所趣向《ムカフ》而便逆先意語者猶瞽也孔子曰君子有三戒少之時血氣未定戒之在色及其壯《サカムナル》也血氣方剛《コハシ》戒之在鬪《トウ》及其老也血

⑭

221 氣既衰戒之在得　孔安國曰得貪得也　本以下徳非也

222 孔子曰君子有三畏畏天命

223 順吉逆凶天之命也　畏大人　大人即聖人與天地

224 合其德者也　畏聖人之言　深遠不可易知

225 則聖人之言也　小人不知天命而不

大人　何云即聖人与天地合德者也　鄭云天子諸侯之政教者也

畏也恢疏故不知畏也狎大人直而不肆故狎之也侮聖人之言不可小知故侮之也孔子曰生而知之者上也學而知之者次也困而學之又其次也孔安國曰困謂有所不通之也困而

不學民斯爲下矣孔子曰君
子有九思視思明聽思聰色
思溫貌思恭言思忠事思敬
疑思問忿思難見得思義孔
子曰見善如不及見不善如

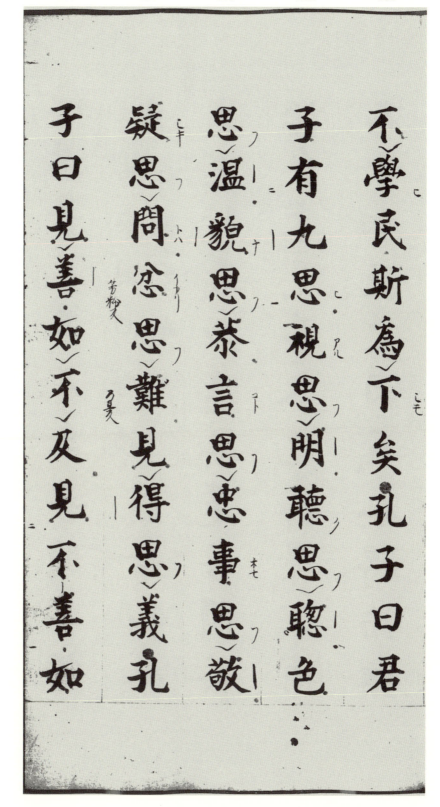

探《サクル》湯吾見其人矣吾聞其語《コト》
矣孔安國曰探湯喩去惡疾也隱居以求
⑮其志行義以達其道吾聞其
語《コト》矣未見其人也齊景公有
馬千駟死之日民無得而稱

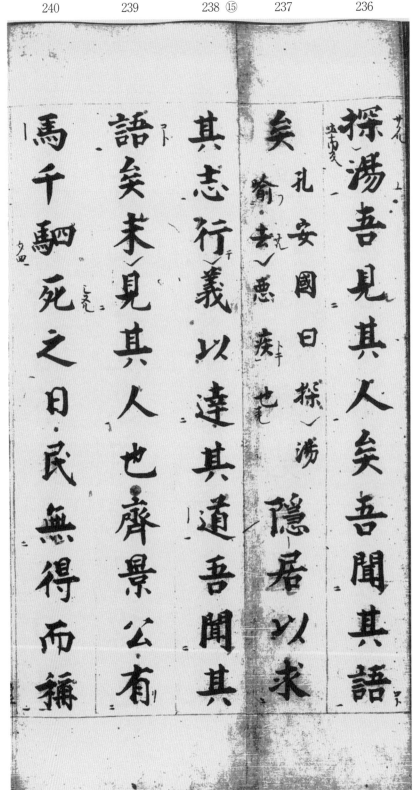

焉孔安國曰千駟四千疋也伯夷叔齊餓
于首陽之下馬融曰首陽山在河東蒲坂華
山之北河曲之中也民到于今稱之其
斯謂與王肅曰此所謂以德為稱者也陳亢
問於伯魚曰子亦有異聞乎

馬融曰以爲伯魚孔子之子所聞當有異也對曰
未也嘗獨立孔安國曰獨立謂孔子也鯉
趨而過庭曰學詩乎對曰未
也曰不學詩無以言也鯉退
而學詩他日又獨立鯉趨而

過庭曰學禮乎對曰未也不
學禮無以立也鯉退而學禮
聞斯二矣陳亢《カウ》退喜《ヨロコン》曰問一
得三聞詩聞禮又聞君子之
⑯
遠其子也邦君之妻君稱之

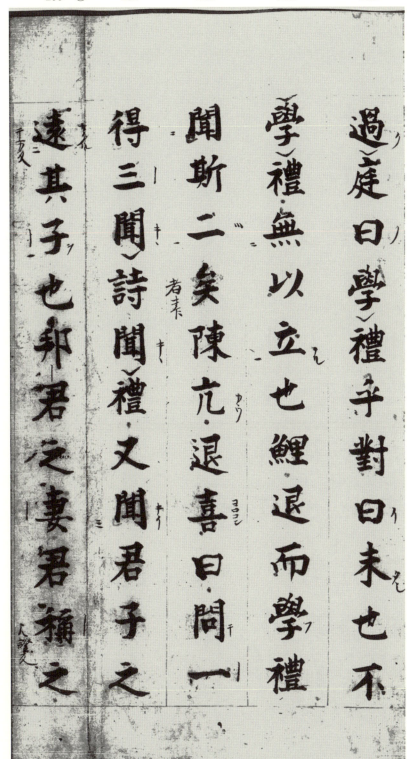

曰夫人々々自稱曰小童邦人稱之曰君夫人稱諸異邦曰寡小君異邦人稱之亦曰君夫人也

孔安國曰小君君夫人之稱也對《ムカフ》異邦謙故曰寡小君當《アタテ》此時諸侯嫡妾《セフ》不正稱号不審《アキラカ》故孔子

正言其禮也

論語巻第八

本奥云

此書先年一部十巻自書自點之而此巻爲
或人被借失仍又重凌六旬餘老眼自書自點

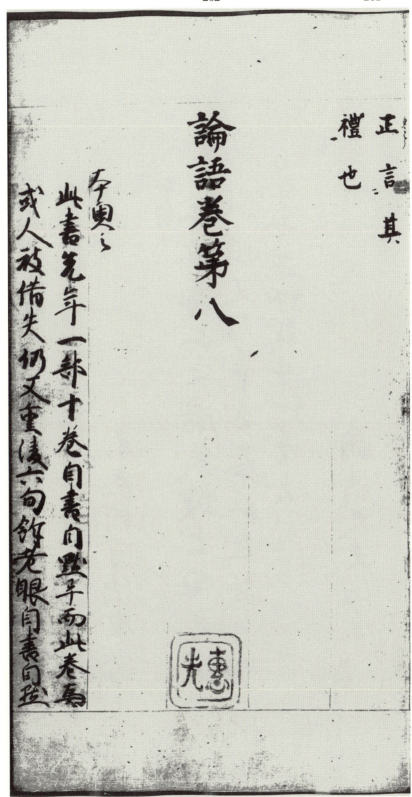

⑰

補闕子是耽道之宿抱而已于時正和三年三月
十五日
前参河守清原　在判
本奥ニ
云本第二之暦夾鍾上旬之候
以祖父自筆之本終點挍之功
子々細載朱本一々在之也
朝請大夫清原　在判

延慶四年三月十五日以南堂十代之
遺訓受授愚息繁隆了
隼人正盛直論册後分 在判
正慶二年同二月八日朱墨重挍了

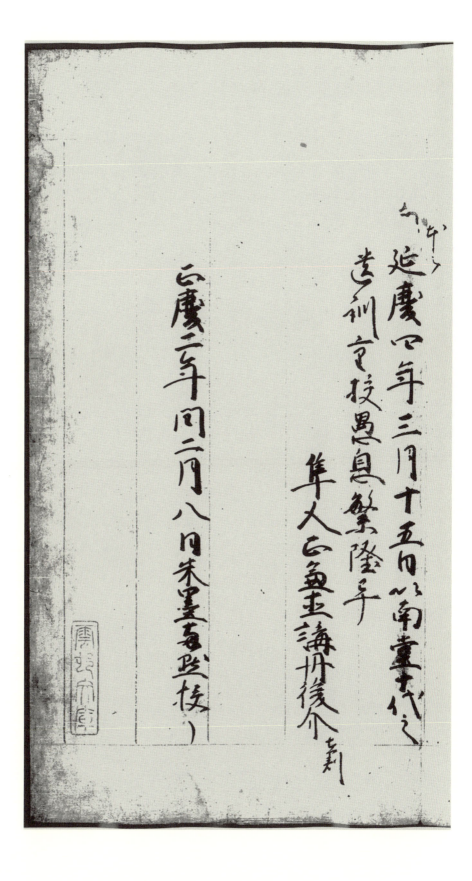

①

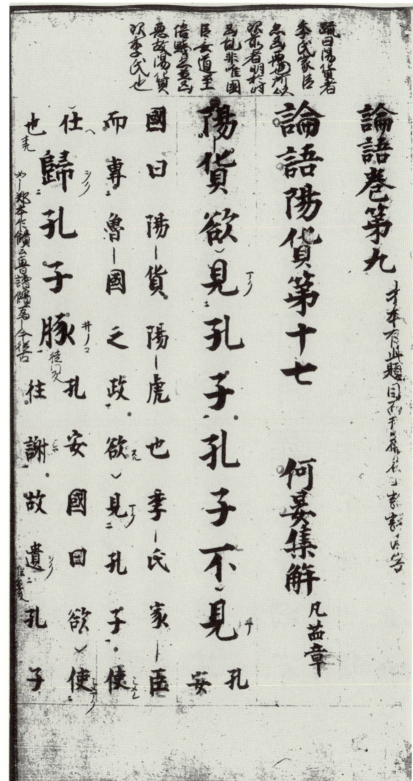

論語巻第九

論語陽貨第十七　何晏集解　凡廿四章

陽貨欲見孔子孔子不見孔安
國曰陽貨陽虎也季氏家臣
而專魯國之政欲見孔子使
仕
也
歸孔子豚
孔安國曰欲使
往謝故遺孔子

豚也
孔子時其亡也而往拜之
遇諸塗　孔安國曰塗道也　於道路與相逢也　謂
孔子曰來予與爾言曰懷其
寶而迷其邦可謂仁乎曰不
可　馬融曰言孔子不仕是懷　寶也知國不治而不爲政

是迷邦也好從事而亟失時可謂
智乎曰不可孔安國曰言孔子栖々好從事
而數不遇失時不爲有智也日月逝矣歳
不我與馬融曰年老歳月已往當急仕也孔
子曰諸吾將仕矣孔安國曰以順辭免

善

也

②

子曰性相近也習相遠也孔安國曰君子慎所習也子曰唯上智與下愚不移孔安國曰上智不可強使爲惡下愚不可使強賢也子游之武城聞絃歌之聲孔安國曰子游爲武城宰夫子莞爾

而笑莞爾小笑貌曰割鷄焉用牛刀孔安國曰言治小何須用大道子游對曰昔者偃也聞諸夫子曰君子學道則愛人小人學道則易使孔安國曰道謂禮樂也禮以和人人和則易使也

子曰二三子孔安國曰從行者也偃之
言是也前言戲之耳孔安國曰戲以
治小而用大道公山不擾以費畔召
子欲往孔安國曰不擾爲季氏宰與陽虎共執季
桓子而召孔子也子路不悅曰末之

也已何必公山氏之之也孔安國曰之適也無可之則止耳何必公山氏之適子曰夫召我者而豈徒哉如有用

③

我者吾其爲東周乎興周道於東方故曰東周子張問仁於孔子孔子

對曰能行五者於天下為仁矣請問之曰恭寬信敏惠恭則不侮孔安國曰不見侮慢也寬則得衆信則人任焉敏則有功孔安國曰應事疾則多成功也惠則足以使人

佛肸召子欲往　孔安國曰晉大夫趙簡子之邑宰
子路曰昔者由也聞諸
夫子曰親於其身爲不善者
君子不入也　孔安國曰不入其國　佛肸以中牟
叛子之往也如之何子曰然

〔裏書17〕

一本无焉能
二字

有是言曰不曰堅乎磨而不磷不曰白乎涅而不緇　孔安國曰磷薄也涅可以染皁者也言至堅者磨之而不薄至白者染之涅而不黑喻君子雖在濁亂濁亂不能汚也吾豈匏瓜也哉焉能繫而不食

匏瓠也言匏瓜得繫一處者
不食故也吾自食物當東西
南北不得如不食之物繫滞一處子曰由汝
聞六言六蔽矣乎六言六蔽者下六事
謂仁智信直勇剛也對曰未也居吾語
汝孔安國曰子路起對故使還坐也好仁不

好學其蔽也愚 孔安國曰仁者愛物不知所以裁之則愚 好智不好學其蔽也蕩《タウ》 孔安國曰蕩無所適守也 好信不好學其蔽也賊 孔安國曰父子不知相爲隱之輩《トモカラ》 好直不好學其蔽也絞《カウ》好勇

不好學其蔽也亂好剛不好學其蔽也狂

孔安國曰狂妄抵觸人

子曰小子何莫學夫詩

苞氏曰小子門人也

詩可以興

孔安國曰興引譬連類

可以觀

鄭玄曰觀風俗盛衰

可以羣

孔安

國曰羣居相切磋也可以怨孔安國曰怨刺上政

邇之事父遠之事君孔安國曰邇近

⑤

也多識於鳥獸草木之名子

謂伯魚曰女爲周南邵南矣

乎人而不爲周南邵南其猶

正牆面而立也與 馬融曰周南邵南國風之始淑女以配君子三綱之首王教之端故人而不爲如向牆而立

子曰禮云禮云玉帛云乎哉 鄭玄曰玉珪璋之屬帛束帛之屬言禮非但崇此玉帛而已所貴者乃貴其安上治民也

樂云

樂云鐘鼓云乎哉 馬融曰樂之所貴者移風易俗非謂鐘鼓而已也

子曰色厲而内荏 孔安國曰荏柔也謂外自矜厲而内自柔佞者

譬諸小人其猶穿窬之盜也與 孔安國曰爲人如此猶小人之有盜心穿々壁窬々

牆之也 子曰鄉原德之賊也 周生烈曰所至之鄉輒原其人情而為已意以待之是賊亂德者也一曰鄉向也古字同謂人不能剛毅而見人輒原其趣向容媚而合之言此所以賊德也 子曰道聽

⑥

而塗說德之棄也 馬融曰聞之於道路

事君也與哉　文餘乎哉　元武字

則傳而說之

子曰鄙夫可與事君哉（孔安國曰言不可與事君）

其未得之患得之（患得之者患不能得之楚俗言）

既得之患失之苟患失之無所不至矣

（邪 似嗟反　媚 武冀反）（鄭玄曰無所不至者言邪媚無所不爲也）

子曰古

者民有三疾今也或是之亡也苞氏曰言古者民疾與今時異也矣古之狂《キヤウ》也肆苞氏曰肆極意敢言也矣今之狂也蕩孔安國曰蕩無所據古之矜也廉馬融曰有廉隅也矣今之矜也忿《フン》戾《レイ》孔安國曰

魯讀廉為貶今從古

惡理

多怒古之愚也直今之愚也

詐而已矣

七一章 手 但本无不可續 子曰巧言令色鮮矣仁 王肅曰巧言無實 令色無質

子曰惡紫之奪朱也

烏路反注及下皆同

孔安國曰朱正色紫間色之

好者惡其邪好而奪正色

似嗟反

惡鄭聲之亂雅樂也

苞氏曰鄭

聲淫聲之

哀者惡其

奪雅樂也

惡利口之覆邦家者

芳服反注同

孔安國曰利口之人多言少
實苟能悦媚時君傾覆其國
⑦ 家也 子曰予欲無言子貢曰子
如不言則小子何述焉言之爲益
少故欲無言也 子曰天何言哉四時
晉讀天爲夫今從古
行焉百物生焉天何言哉

悲欲見孔子孔子辭之以疾將命者出戸取瑟而歌使之聞之孺悲魯人也孔子不欲見故辭以疾爲其將命者不知已故歌令將命者悟所以令孺悲思也宰我問三年之喪期已久矣君子

三年不爲禮〻必壊三年不爲樂〻必崩舊穀既没新穀既升鑚燧改火期可已矣

馬融日周書月令有更火春取榆柳之火夏取棗杏之火季夏取桑柘之火秋取柞楢之火冬取槐檀之火一年之中鑚

火各異木故曰改火也子曰食夫稻也衣夫錦也於女安乎曰安之汝安則爲之夫君子之居喪食旨不甘聞樂不樂居處不安故不爲也今汝安則爲之

孔安國曰旨美也責其無仁恩於親故再言《イフ》汝安《ヤスシ》則爲之
宰我出子曰予之不仁也子生三年然後免於父母之懷《フトコロ》馬融曰子生未三歳《サイ》爲父母所懷抱也夫三年之喪天下之通《トウ》喪《サウ》也孔安國曰自《ヨリ》天

子達於庶人

予也有三年之愛於其父母乎孔安國曰言子之於父母欲報之德昊《カウ》天罔極而予也有三年之愛也子曰飽食終日無所用心難矣哉不有博弈者乎為之猶賢乎已爲其

無所據樂
善生淫慾
子路曰君子尚勇
乎子曰君子義以爲上君子
有勇而無義爲亂小人有勇
而無義爲盜子貢問曰君子
亦有惡乎子曰有惡惡稱人

爲路文下文又注稱人之悪爲悪三字以外皆一

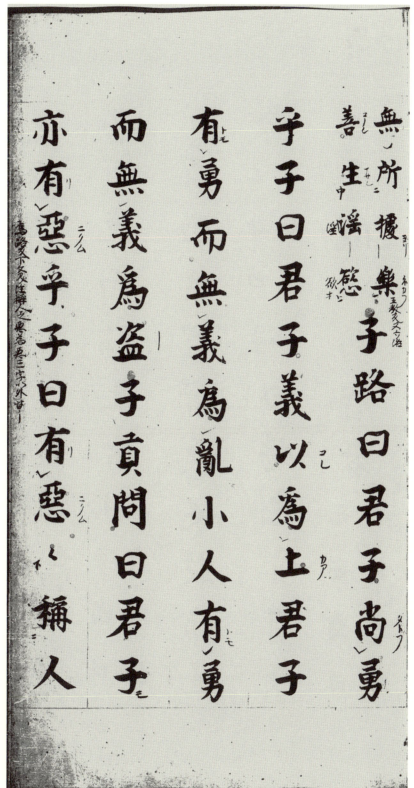

⑨

之惡者　苞氏曰好稱説人惡　惡所以爲惡也

居下流而訕上者　孔安國曰　訕謗毀也

惡勇而無禮者惡果敢而窒

者　馬融曰窒　塞也　曰賜也亦有惡

也惡徼以爲智者　孔安國曰　徼抄也抄

人之意以為已有悪不遜以為勇者
悪許以為直者苞氏曰許謂攻發人之陰
私
子曰唯女子與小人為難
養也近之則不遜遠之則怨
子曰年四十而見悪焉其終

也已　鄭玄曰年在不惑而爲人所惡終無善行也

下孟反

疏曰微子者殷紂庶兄也明其覩紂凶毒必喪天位故先去以存宗祀也所以次前者明天下並惡則賢宜遠避故以微子次陽貨也

論語微子第十八　　何晏集解　凡十一章

微子去之箕子爲之奴《ヤツコ》比干

諫而死　馬融曰微箕二國名子爵也微子紂之庶兄

箕子比干紂之諸父也微子見紂無道早去之箕子詳

狂為奴比干以諫而見殺也孔子曰殷有三仁焉仁者愛人三人行各異而同稱仁以其俱

⑩

在憂亂寧民也柳下惠為士師孔安國曰士師典獄之官三黜人曰子未可以去乎曰直道而事人焉往而

不三黜　孔安國曰苟直道以事人所至之國倶當復三黜　枉道而事人何必去父母之邦齊景公待孔子曰若季氏則吾不能以季孟之間待之　孔安國曰魯三卿季氏爲上卿最貴孟氏爲下

卿不用事言待之以二者之間曰吾老矣不能用也孔子行以聖道難成故云老矣不能用齊人歸女樂季桓子受之三日不朝孔子行孔安國曰桓子季孫斯也使定公受齊之女樂君臣相與觀之廢朝禮三日也

楚狂接輿歌而過孔子之門孔安國曰接輿楚人也詳狂而來歌欲以感切孔子曰鳳兮鳳兮何德之衰也孔安國曰比孔子於鳳鳥也鳳鳥待聖君而乃見非孔子周行求合

⑪

故曰衰之也往者不可諫也孔安國曰

已往所行不可復諫止來者猶可追也孔安國曰自今以來可追自止辟亂隱居已而已而今之從政者殆而孔安國曰已而者言世亂已甚不可復治再言之者傷之甚也孔子下欲與之言趨而避之不得

〔裏書18〕

與之言苞氏曰下車也長沮桀溺耦而耕孔子過之使子路問津焉鄭玄曰長沮桀溺隱者也耜廣五寸二耜為耦津濟渡處長沮曰夫執輿者為誰子路曰為孔丘曰是魯孔丘

與對曰是也曰是知津矣　馬融

曰言數周流自知津處也　問於桀溺桀溺

曰子爲誰曰爲仲由曰是魯

孔丘之徒《トモカラ》與對曰然曰滔滔

者《モノ》天下皆是也而誰以易之

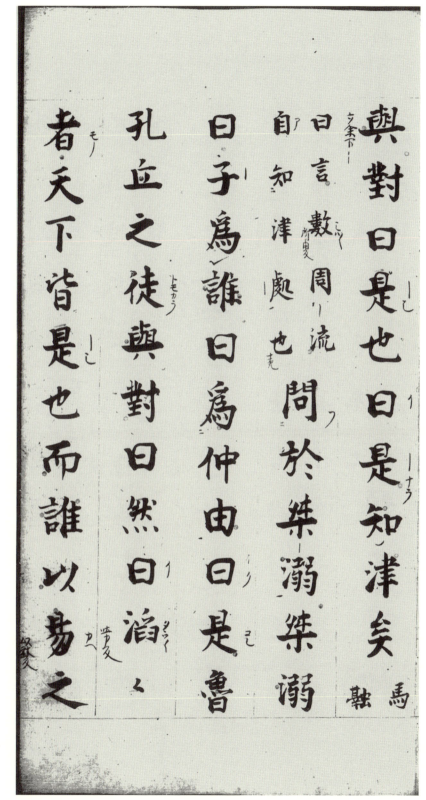

孔安國曰滔〻者周流之貌也言當今天下治亂同空舍此適彼故曰誰以易之

旦而與其從避人之士豈若從避世之士哉

士有避人之法有避世之法長沮桀溺謂孔子為士從避人之法也已為士則從避世之法也

耰而不輟

憮猶驚愕也

鄭玄曰耰覆種也輟止也覆種不止不以津處告也子

路行以告夫子憮然爲其不達己意

而便非己也曰鳥獸不可與同羣

與鳥獸

孔安國曰隱居於山林是與鳥獸同羣也吾非

斯人之徒與而誰與孔安國曰吾自

荷 何可反 又ナ何
篠 徒弔反

當與此天下人同羣安能去人從鳥獸居
天下有
道丘不與易也
孔安國曰言凡天下有道者丘皆不與易之也已大而人小故也
子路從而
後遇丈人以杖荷篠
苞氏曰丈人老者也篠竹器名也
子路問曰子見夫

子乎丈人曰四體不勤五穀

不分孰爲夫子苞氏曰丈人曰不勤勞四

體不分殖五穀誰爲夫子而索之耶植其杖而

⑬

芸孔安國曰植倚也除草曰芸子路拱而

立未知所以荅也止子路宿殺雞爲

黍而食之見其二子焉明日子路行以告子曰隱者也使子路反見之至則行矣孔安國曰子路反至其家丈人出行不在子路曰不仕無義鄭玄曰留言以語丈人之二子也長幼

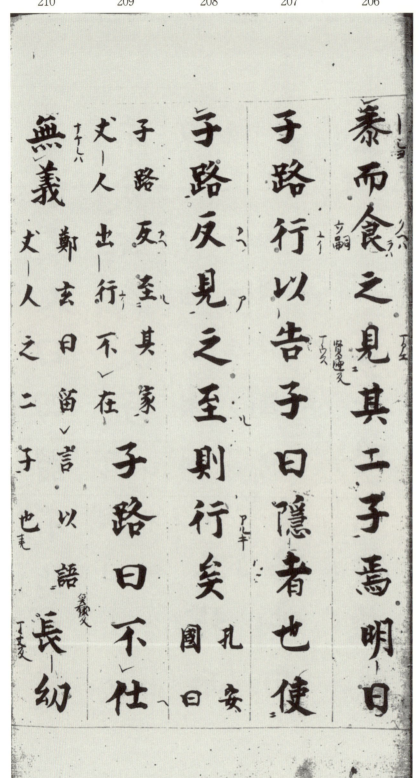

211 之節不可廢也君臣之義如

212 之何其可廢也孔安國曰言女知父子相

213 養不可廢反可廢君臣之義邪欲絜其身而

214 亂大倫苞氏曰倫道也理也君子之仕

215 也行其義也道之不行也已

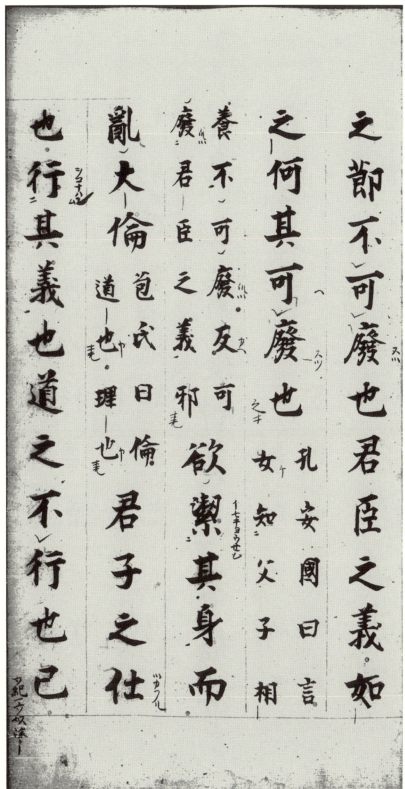

知之矣　苞氏曰言君子之仕所以行君臣之義也

不自必道得行孔子道不見用自已知之也　逸民

朱張字

伯夷叔齊虞仲夷逸朱張柳

下惠少連　逸民者節行超逸者苞氏曰此七人

皆逸民之賢者也　子曰不降其志不

⑭

辱其身者伯夷叔齊與鄭玄曰言其直已之心不入庸君之朝謂柳下恵少連降志辱身矣言中倫行中慮其斯而已矣孔安國曰但能言應倫理行應思慮若此而已謂虞仲夷逸隱居

放言苞氏曰放置也置不復言世務也身中

清廢中權馬融曰清純潔也遭世亂自廢棄以

免患合於權也我則異於是無可無

不可馬融曰亦不必進亦不必退唯義所在大

師摯適齊亞飯干適楚孔安國曰

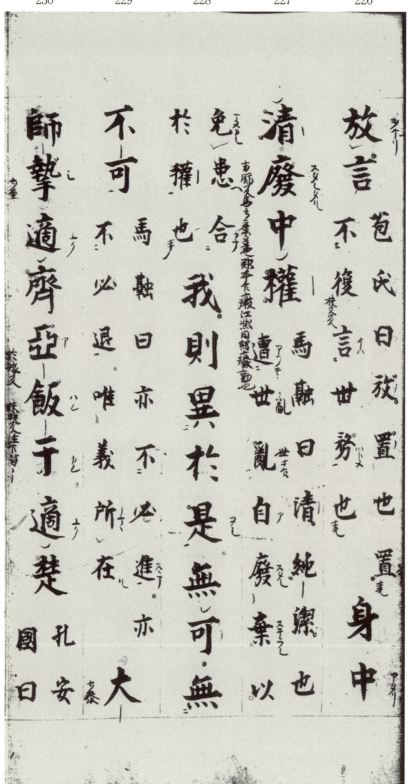

鞀　鞉　鼗

亞次也次飯樂師也摯干皆名三飯繚適蔡

四飯缺適秦苞氏曰三飯・四飯樂章名也各

異師繚缺皆名鼓方叔入于河苞氏曰鼓

撃鼓者方叔名也入謂居其河内也播鼗武入

于漢孔安國曰播猶搖也武名也少師陽・

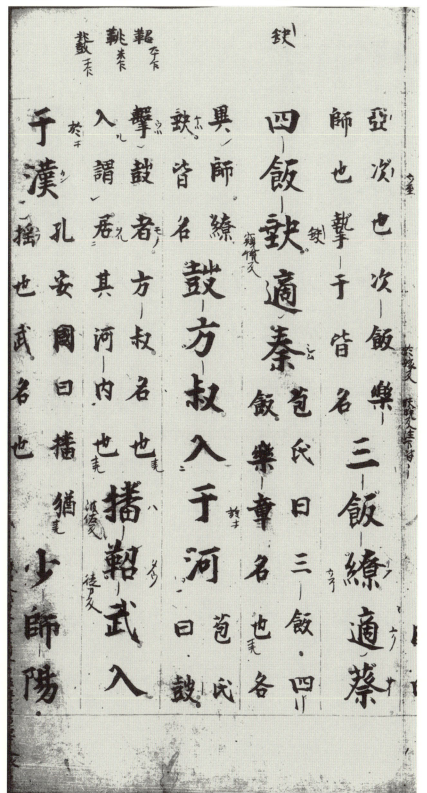

撃磬襄入于海　孔安國曰魯哀公時禮毀樂崩樂人皆去陽襄皆名　周公語魯公　孔安國曰魯公周公之子伯禽封於魯　曰君子不施其親　孔安國曰施易也不以他人之親易其親也　不使大臣怨乎不以　孔安國曰以用

〔裏書19〕

241 也。怨不見聽用。故舊無大故則不棄

242 也。毋求備於一人。孔安國曰大故謂惡

243 逆之事。周有八士。伯達。伯适。仲

244 突。仲忽。叔夜。叔夏。季隨。季騧。

245 包氏曰周時四乳得八子皆爲顯士故記也

論語巻第九

經一千六百五十字
注一千七百七十八字

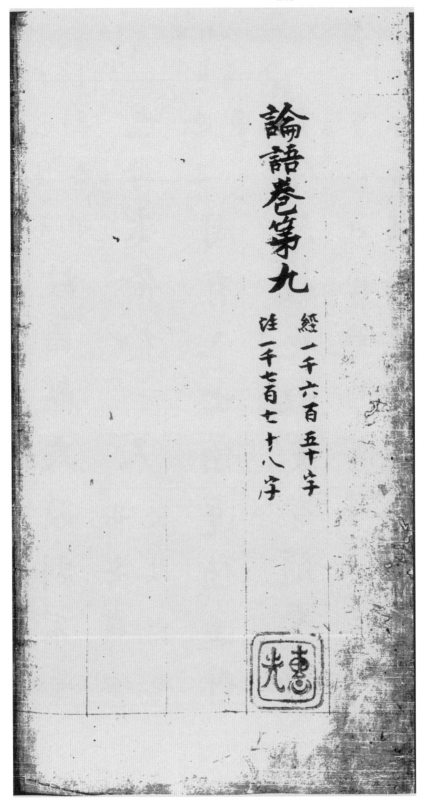

論語十　子張　堯曰

①

疏曰子張者弟子也明其君有難臣必致死也所以次前者明明君惡臣稱衣而去若人之有去則雖爲達輔故此明若未得去者必宜致身故子張次微子也

論語巻第十　二十五　不止是日而无所庸目上論語両字

論語子張第十九　何晏集解　凡廿五章　疏廿四章

子張曰士見危致命　孔安國曰致命不愛其身也　見得思義祭思敬喪思哀其可已矣　子張曰執徳

不弘信道不篤焉能爲有焉能爲亡孔安國曰言無所輕重也子夏之門人問交於子張孔安國曰問與人交接之道也子張曰子夏云何對曰子夏曰可者與之其不可者

距之子張曰異乎吾所聞也
君子尊賢而容衆嘉善而矜
不能我大賢與於人何所不
容我不賢與人將距我如之
何其距人也苞氏曰友交當如子夏汎交當

如子張也

子夏曰雖小道必有可觀者焉小道謂異端也致遠恐泥苞氏曰泥難不通也是以君子不為也子夏曰日知其所亡孔安國曰日知其所未聞也月無忘其所能可謂好

學也已矣子夏曰博學而篤
志孔安國曰博學而厚識也切問而近思
切問者切問於已所學而未悟之事也近思者近思已所
能及之事也汎問所未學遠思所未達則於所習者不精
於所思者不解之仁在其中矣子夏

曰百工居肆以成其事君子學以致其道 苞氏曰言百工處其肆則事成猶君子學以立其道也 子夏曰小人之過也必文 孔安國曰文飾其過不言其情實也 子夏曰君子有三變望之儼

然即之也温聽其言也厲　鄭玄

曰厲嚴正也　子夏曰君子信而後

勞其民未信則以爲厲已也

③

王肅曰厲病也　信而後諫未信則以

爲謗已矣　子夏曰大德不踰

閑孔安國曰閑猶法也小德出入可也
孔安國曰小德不能不踰法故曰出入可也子游
曰子夏之門人小子當《アタ》洒掃
應對進退則可矣抑末《スエ》也本《モ》
之則無如之何苞氏曰言子夏弟子於當

對賓客修威儀禮節之事則可然此但是人之末事耳不可無其本也故云本之則無如之何也子夏聞之曰噫孔安國曰噫心不平之聲也言游過矣君子之道孰先傳焉孰後倦焉苞氏曰言先傳大業者必厭倦故我門人

先教以小事後譬諸草木區
將教以大道也　馬融曰言大道與小
以別矣　道殊異譬如草木異
類區別言學　君子之道焉可
當以次也　馬融曰君子之道焉可
誣也　使誣言我門人但能洒
埽而　有始有卒者其唯聖人
已也

④

已也

乎　孔安國曰終始如一唯聖人耳也　子夏曰

仕而優則學　馬融曰行有餘力則以學文也

學而優則仕　子游曰喪致乎

哀而止　孔安國曰毀不傷性也　子游曰

吾友張也爲難能也　苞氏曰言子張

容儀之難及也然而未仁曾子曰堂々乎張也難與並為仁矣鄭玄曰言子張容儀盛而於仁道薄也曽子曰吾

疏云致極也

聞諸夫子人未有自致也者必也親喪乎馬融曰言人雖未能自致盡於

他事至於親喪必自致盡也

曾子曰吾聞諸夫子孟莊子之孝也其他可能也其不改父之臣與父之政是難也

馬融曰孟莊子魯大夫仲孫速也謂在諒闇之中父臣及父政雖不善者不忍改也

孟

⑤

氏使陽膚為士師苞氏曰陽膚曾子弟子也士師典獄官也問於曾子曾子曰上失其道民散久矣如得其情則哀矜而勿喜馬融曰民之離散為輕漂犯法乃上之所為也非民之過也當哀矜之勿自

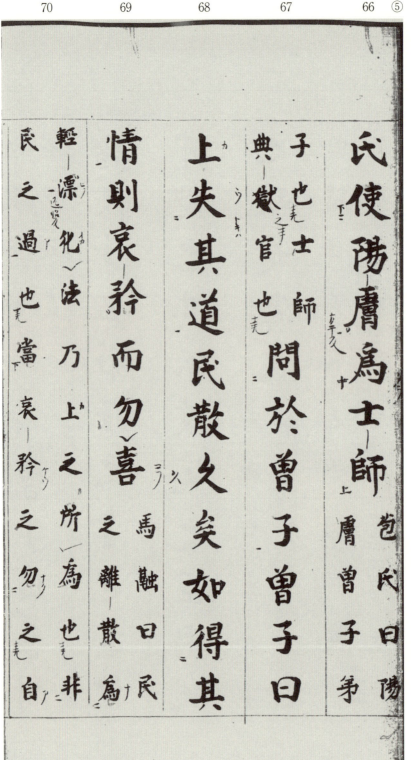

喜能得其情也子貢曰紂之不善也不如是之甚也是以君子惡居下流天下之惡皆歸焉孔安國曰紂爲不善以喪天下後世憎甚之皆以天下之惡歸於紂也子貢曰君子之過也如

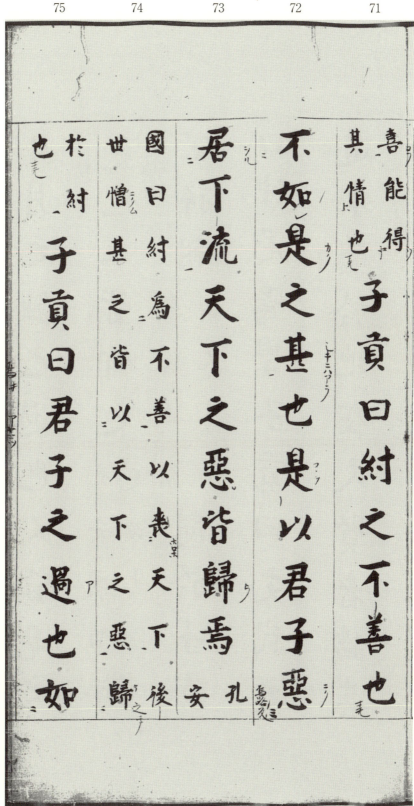

日月之蝕也過也人皆見之
更也人皆仰之〔孔安國曰更改也〕衛
公孫朝〔馬融曰朝衛大夫也〕問於子貢
曰仲尼焉學子貢曰文武之
道未墜於地在人賢者識其

⑥

大者不賢者識其小者莫不
有文武之道焉夫子焉不學
孔安國曰文武之道未墜落於地賢與不賢各有所識夫子無所不從學也
而亦何常師之有
孔安國曰無所不從學故無常師也
叔孫武叔

語大夫於朝馬融曰魯大夫叔孫州仇也武
諡也曰子貢賢於仲尼子服景
伯以告子貢子貢曰譬諸宮
牆也賜之牆也及肩闚見室
家之好夫子之牆也數仞不

得其門而入者不見宗廟之美百官之富得其門者或寡矣苞氏曰七尺曰仞也夫子之云不亦宜乎苞氏曰夫子謂武叔也叔孫武叔毀仲尼子貢曰無以爲也仲

尼不可毀也他人之賢者丘陵也猶可踰也仲尼如日月也無得而踰焉人雖欲自絶也其何傷於日月乎多見其不知量也言人雖自欲絶棄於日月其何能傷

之乎適自見不知量也陳子禽謂子貢
曰子爲恭也仲尼豈賢於子
乎子貢曰君子一言以爲智
一言以爲不智言不可不慎
也夫子之不可及猶天之不

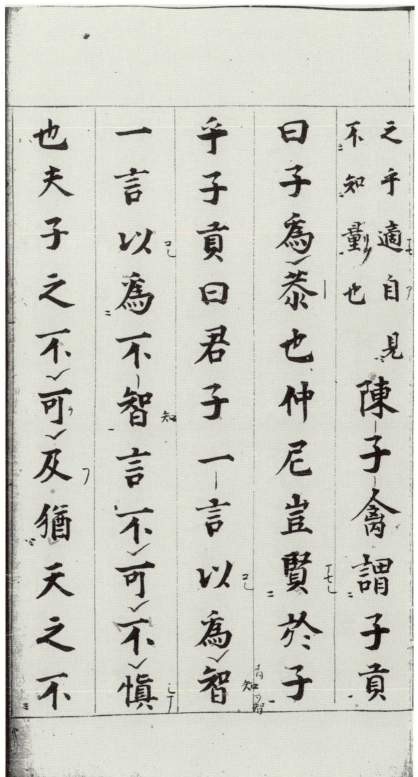

可階而升也夫子得邦家者

孔安國曰謂爲諸侯若卿大夫也所謂立之

斯立導之斯行綏之斯來動

之斯和其生也榮其死也哀

如之何其可及也孔安國曰綏安也言

⑧

疏曰堯曰者古聖天子所言也其言天下太平禅位与舜之事也所以次前者事君之道若宜去者拂衣

孔子爲政其立教則莫不立導之則莫不興行也安之則遠者来至動之則莫不和穆也故能生則見榮顯死則見哀痛矣也

論語堯曰第二十　何晏集解　凡三章

堯曰咨爾舜天之暦數在爾

何以次也郷子謂當録之巻也

宜留者致令去就當理事迹允歸則太平可觀猶讓以堯故堯曰爾舜後以次子張也

躬暦數謂列次也允執其中四海困窮天祿永終苞氏曰允信也困極也永長也言為政信執其中則能窮極四海天祿所以長終也舜亦以命禹孔安國曰舜亦以堯命己之辭命禹也曰予小子履敢用玄牡敢

孔云殷湯名

昭告于皇皇后帝孔安國曰履殷湯名也此伐桀告天文也殷家尚白未變夏禮故用玄牡也皇大也后君也大ゝ君帝謂天帝也墨子引湯誓其辭若此也

有罪不敢赦包氏曰順天奉法有罪者不敢擅赦也

帝臣不蔽簡在帝心

⑨

本ト以其簡在天心故也

言桀居帝臣之位也有罪過不可隱蔽已簡在天心也

朕躬有罪無以万方万方有罪在朕躬

孔安國曰無以万方万方不與也万方有罪我身之過也

周有大賚善人是富

周〻家也賚賜也言周家受天大賜富於善人也有

亂臣十人是也雖有周親不如仁人孔安國曰親而不賢不忠則誅管蔡是也仁人箕子微子來則用也百姓有過在予一人謹權量審《アキラカ》法度修廢官四方之政行焉苞氏曰權稱也量斗斛也興滅國

繼絶世擧逸民天下之民歸心焉所重民食喪《サウ》祭《セイ》孔安國曰重民國之命也重食民之命也重喪所以盡哀也重祭所以致敬也寛《クワム》則得衆敏則有功公則民説《ヨロコフ》孔安國曰政教公平則民説矣凡此二帝三

⑩

王

王所以治也故傳以示後世也子張問政於

孔子曰何如斯可以從政矣

子曰尊五美屛四惡斯可以

從政矣孔安國曰屛除也子張曰何

謂五美子曰君子惠而不費

勞而不怨欲而不貪泰而不
驕威而不猛子張曰何謂惠
而不費子曰因民之所利而
利之斯不亦惠而不費乎王肅
曰利民在政無費於財也擇其可勞而勞

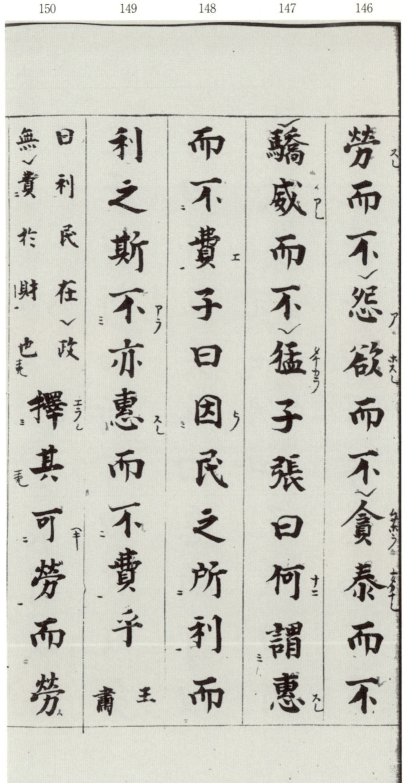

之又誰怨欲仁而得仁又焉

貪君子無衆寡無小大無敢

慢孔安國曰言君子不以寡小而慢也斯不亦

泰而不驕乎君子正其衣冠

尊其瞻視儼然人望而畏之

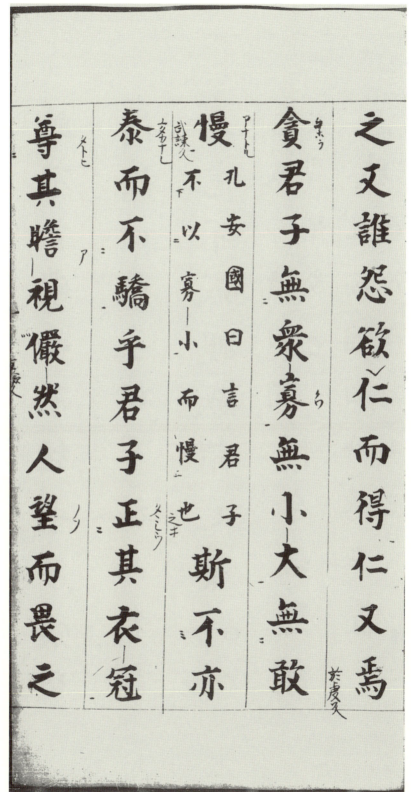

⑪

斯不亦威而不猛乎子張曰
何謂四悪子曰不教而殺謂
之虐不戒視成謂之暴　馬融曰不
宿戒而責目前成為視成也　慢《アナトリテ》令致期謂
之賊　孔安國曰與民無信而虚刻期也　猶之

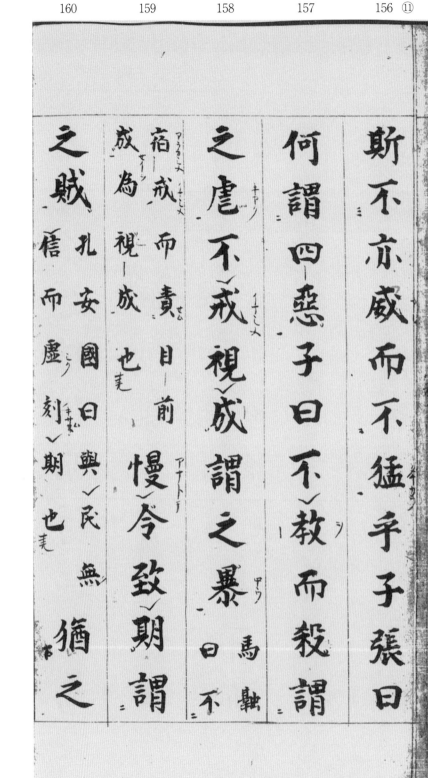

與人也出内之吝謂之有司
孔安國曰謂財物也俱當與人而吝嗇於出内惜難之此
有司之任耳非　孔子曰不知
命無以爲君子也　孔安國曰命謂窮達
之分也　不知禮無以立也不知

魯論无此章　今従古

言《コト》無以知人也　馬融曰聽言則別其是非也

論語巻第十　經一千二百二十三字
注一千一百七十五字

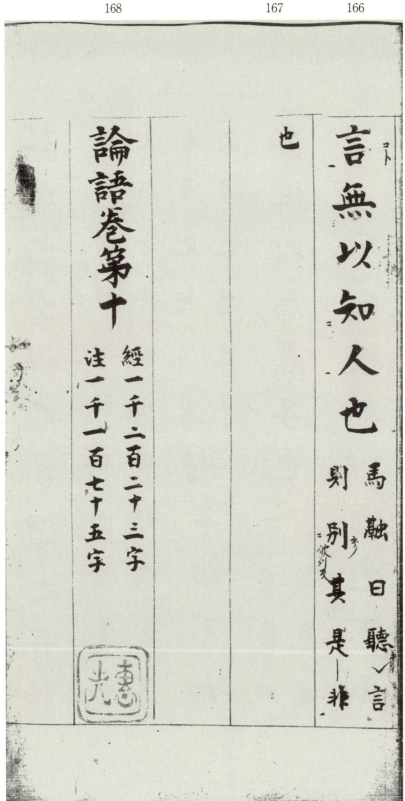

本奥云
仁治三年三月八日一部十巻終自功了
此書雖有先人奥書之本于幼学之間書點
不云不足為證本仍令為子孫殊所加点也
可秘〻〻矣
参河前刺史清原敎隆
同八月十八日加點了
前参河守清原 在判
本奥云

建長七年六月十五日以累葉訓説校畢
息直隆畢一部十巻今日既訖者也
前参河守 在判

本奥云
弘安三年二月廿七日午自書點了
凡此書終功三ヶ度也初幼学之本故
有先人之奥書用紙短劣之間難傳
来世仍校摺子教有了其後誂能筆

加自點之字句莫上化厥雄了令句備
子孫之證本十重遂書點之大功而已
先聖先師定有感應累祖累靈仍無
疑點之

朝議大夫清原　在判

〔裏書1〕（八頁20～九頁21）

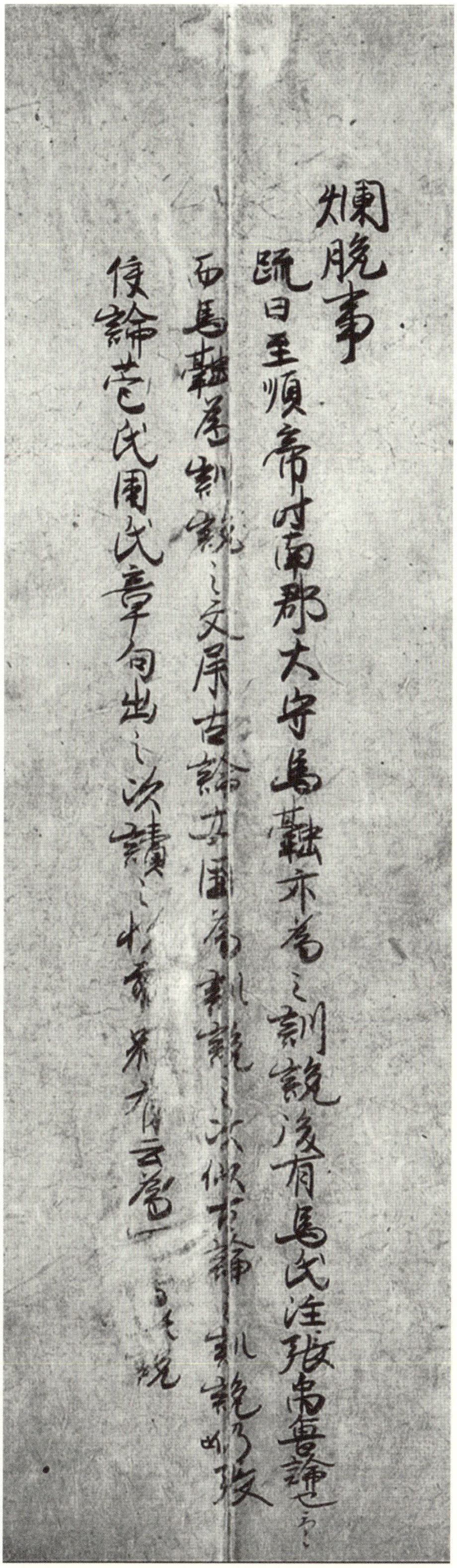
爛脫事
疏曰至順帝時南郡太守馬融亦爲之訓說後有馬氏注張禹論也云々
而馬融善訓說之文爲古論安國爲訓說之次似古論訓說明張
侯論苞氏周氏章句出之次讀之

〔裏書2〕（一一頁31～一二頁37）

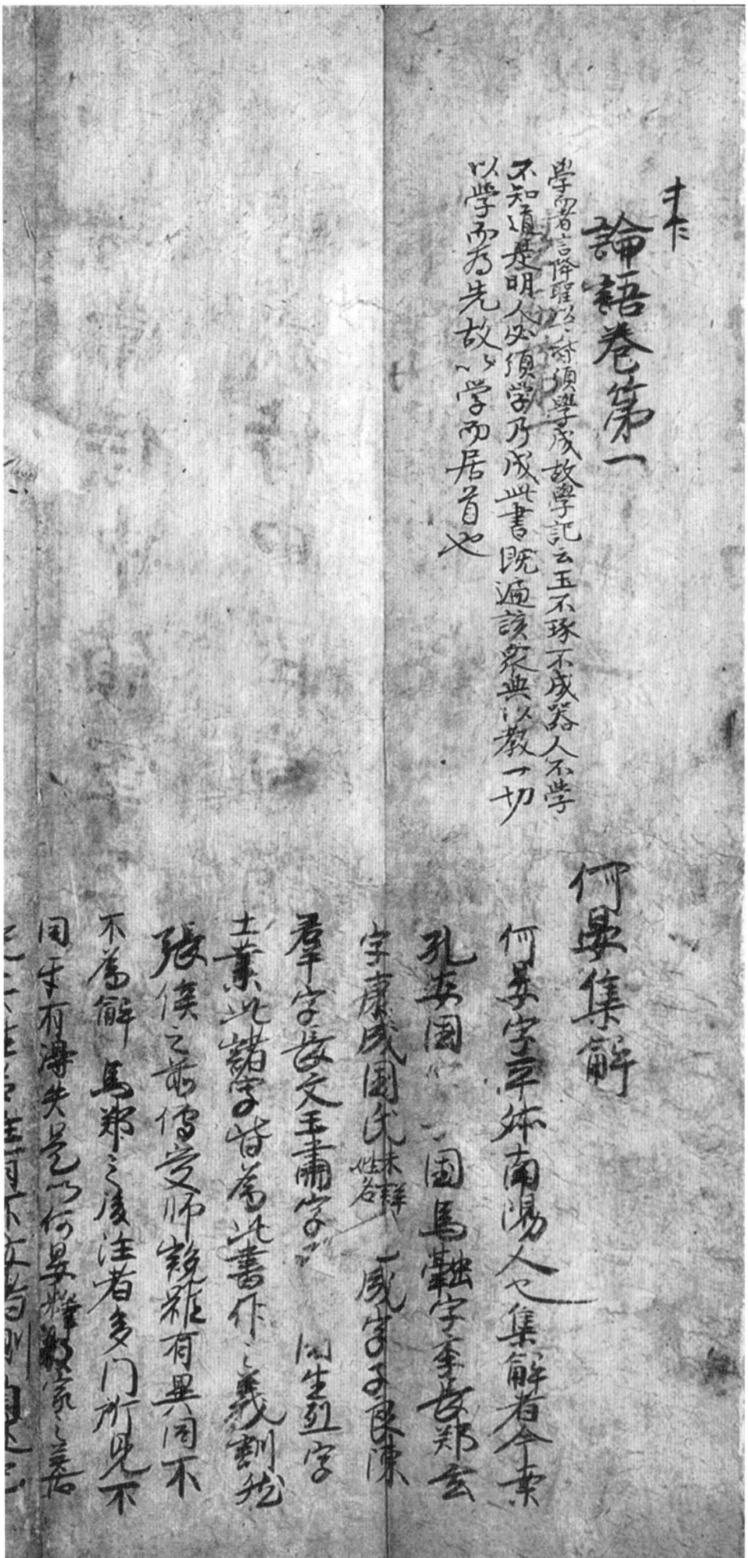
本
論語巻第一
学而者言降聖以下皆須学成故学記云玉不琢不成器人不学
不知道是明人必須学乃成此書既遍該衆典以教一切
以学而為先故以学而居首也
何晏集解
何晏字平叔南陽人也集解者今案
孔安国 一国 馬融字季長 鄭玄
字康成 国 咸字子良 陳
群字長文 王粛字 周生烈字
士業 此諸学皆為此書作之義 劉秘
張侯之論伝受師説雖有異同不
不為解 馬鄭之後注者多門所見不
同互有得失是乃何晏等

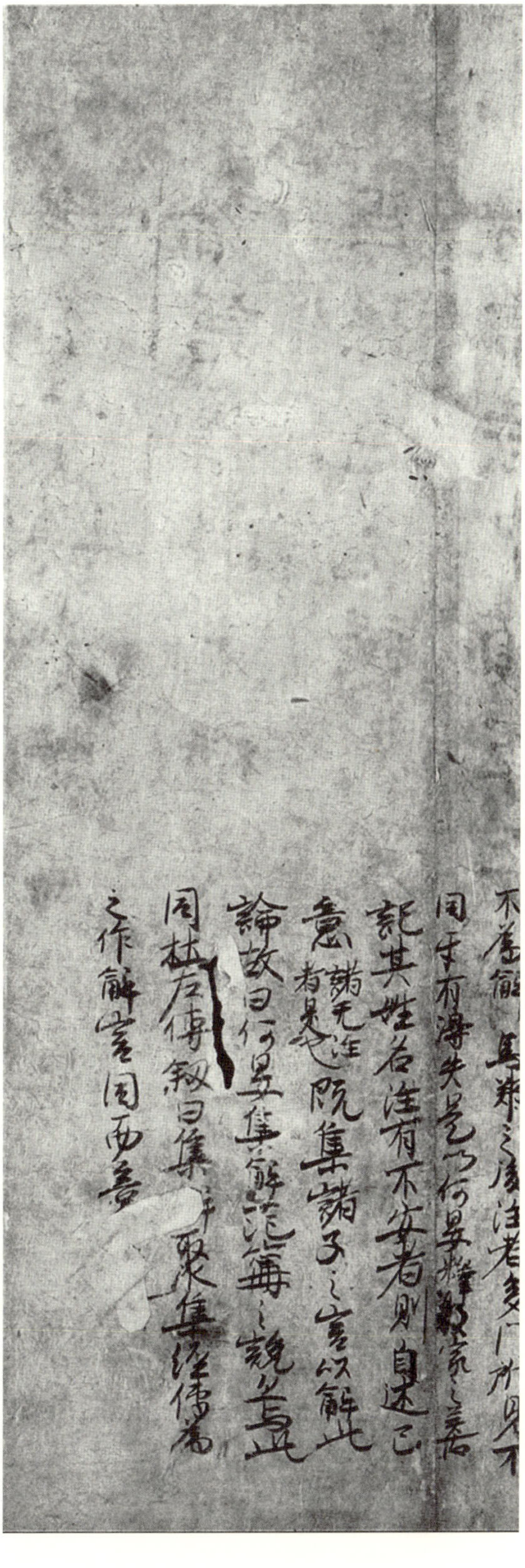
不善爲…集諸之廣注者多所見不
同乎有得失是乃何晏輯數家之善
記其姓名注有不安者則自述己
意諸无注者是也既集諸子之言以解此
論故曰何晏集解…每々親並注
同杜左傳敍曰集解聚集經傳爲
之作解言同西晉

〔裏書3〕（二二二頁87〜二二三頁92）

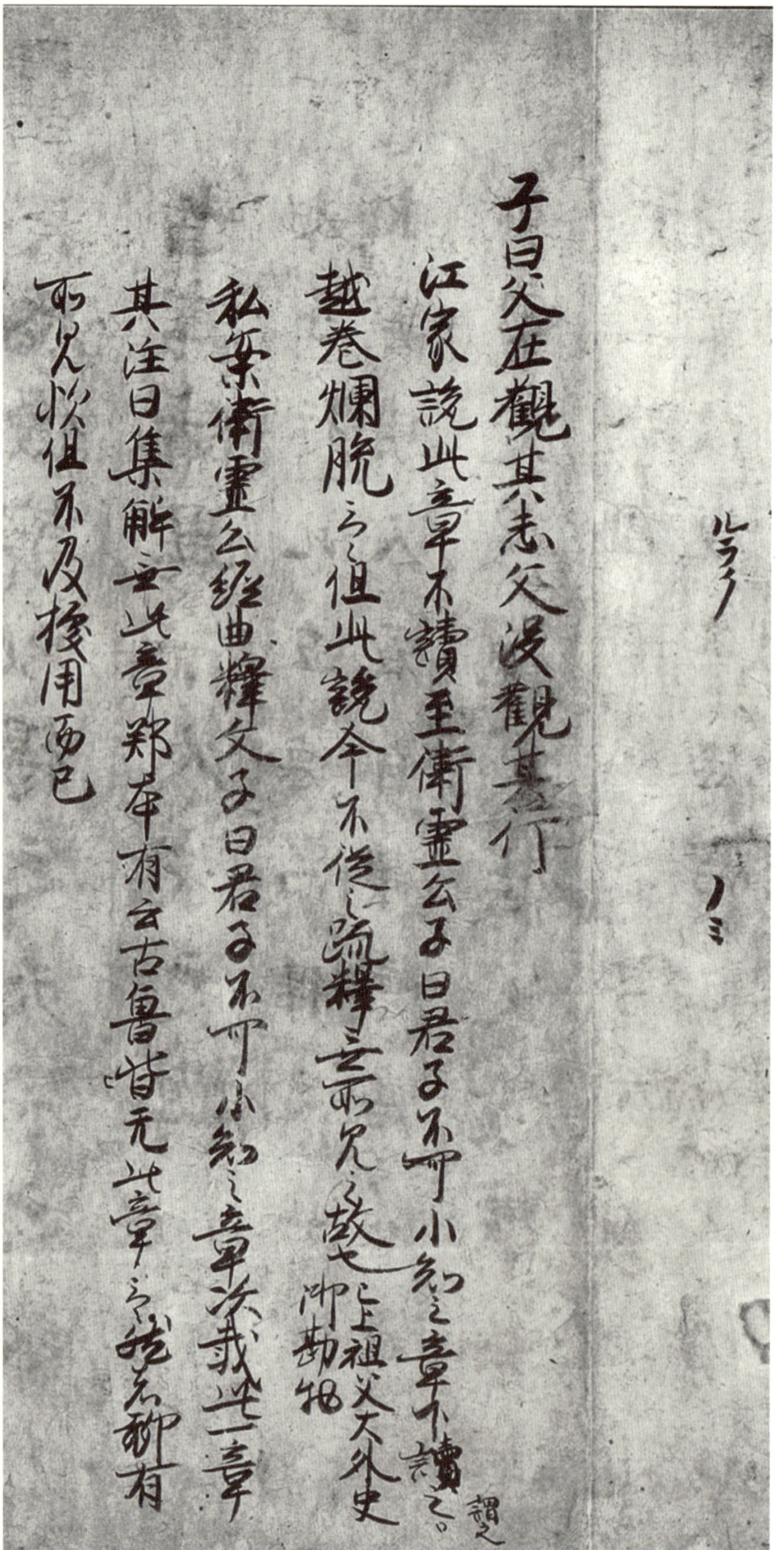
ルヿノ
ノミ
子曰父在觀其志父没觀其行
江家説此章不讀至衛靈公子曰君子不可小知之章不讀之。謂之
越巻爛脱云々但此説今不從之疏釋云亦見之歟也已上祖父大外史御勘物
私案衛靈公經曲釋文子曰君子不可小知之章決哉此一章
其注曰集解云此章鄭本有云古魯皆无此章云々邢有
所見然但不及撿用而已

〔裏書4〕（二八頁120～二九頁121）

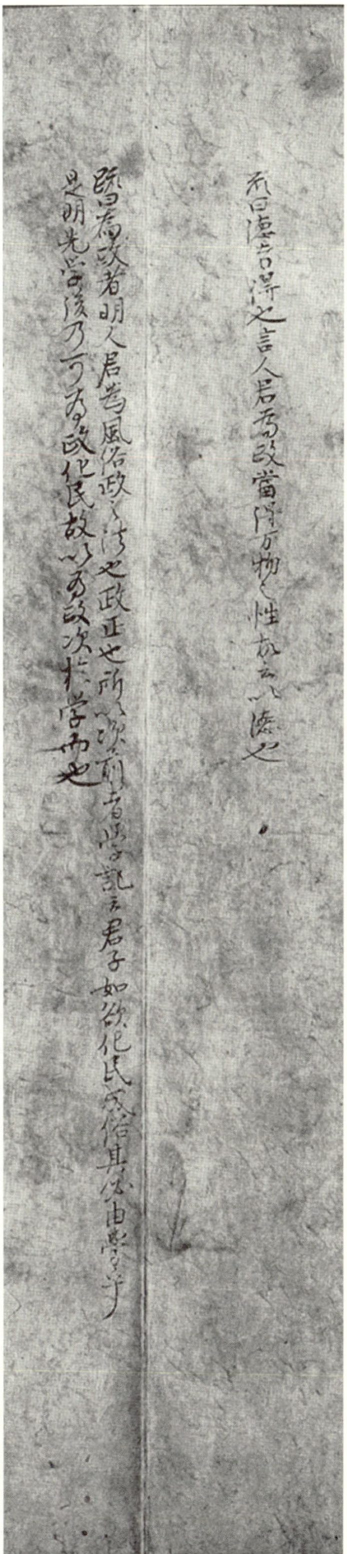

孔曰德者得也言人君爲政當得万物之性故云以德也
疏爲政者明人君爲風俗政之法也政正也所以次前者學記云君子如欲化民成俗其必由學乎
是明先學後乃可爲政化民故以爲政次於學而也

〔裏書5〕（三二頁136～137）

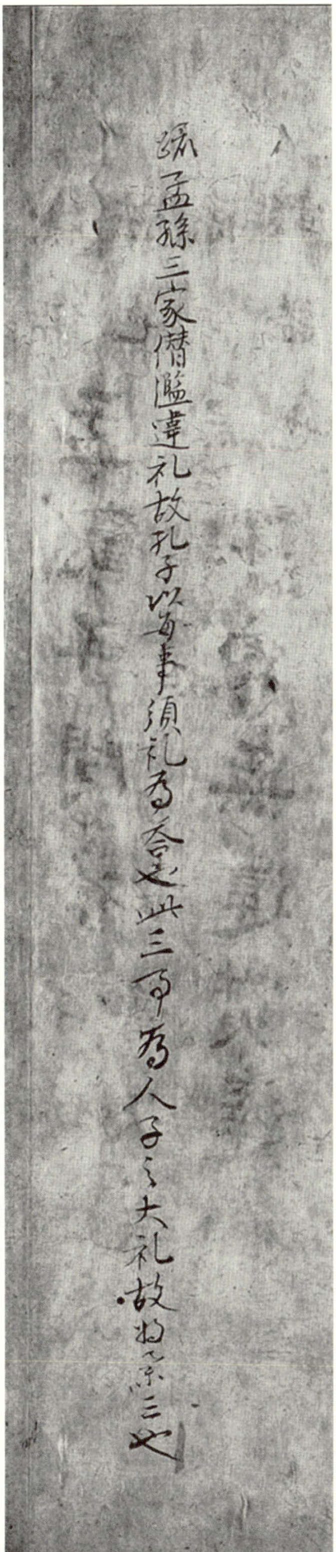

疏孟孫三家僭濫違礼故孔子以答事須礼爲答也此三事爲人子之大礼故特之示三也

〔裏書6〕（三九頁172）

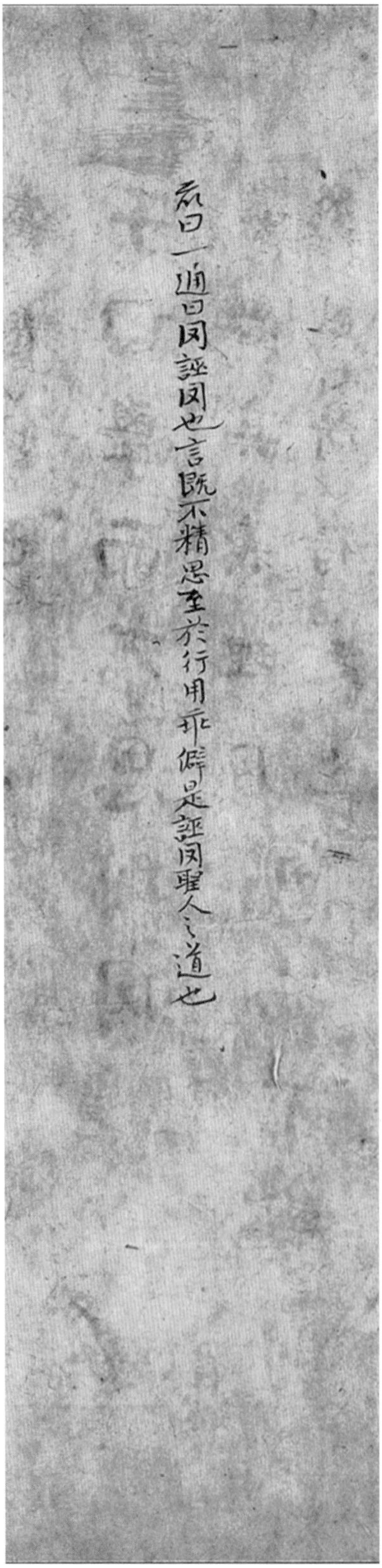

疏曰一通曰罔誣罔也言既不精思至於行用乖僻是誣罔聖人之道也

〔裏書7〕（一一七頁81～82）

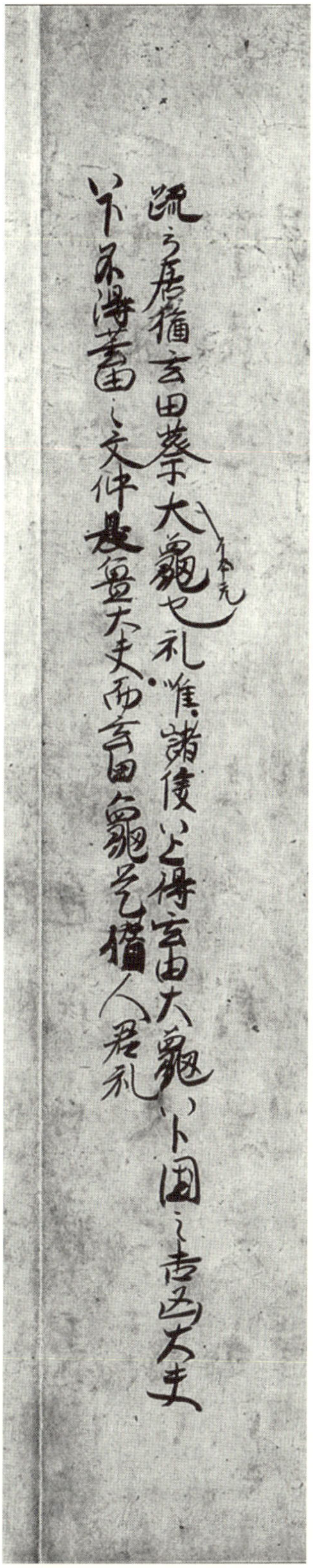
疏云居猶畜蔡大龜也礼唯諸侯以上得畜大龜以卜国之吉凶大夫以下不得畜〻〻文仲是魯大夫而畜龜是僭人君礼

〔裏書8〕（一一八頁86）

疏云楚人謂乳為穀謂虎為於菟此兒為虎所乳故名之曰穀於菟也

〔裏書9〕（一二七頁131～133）

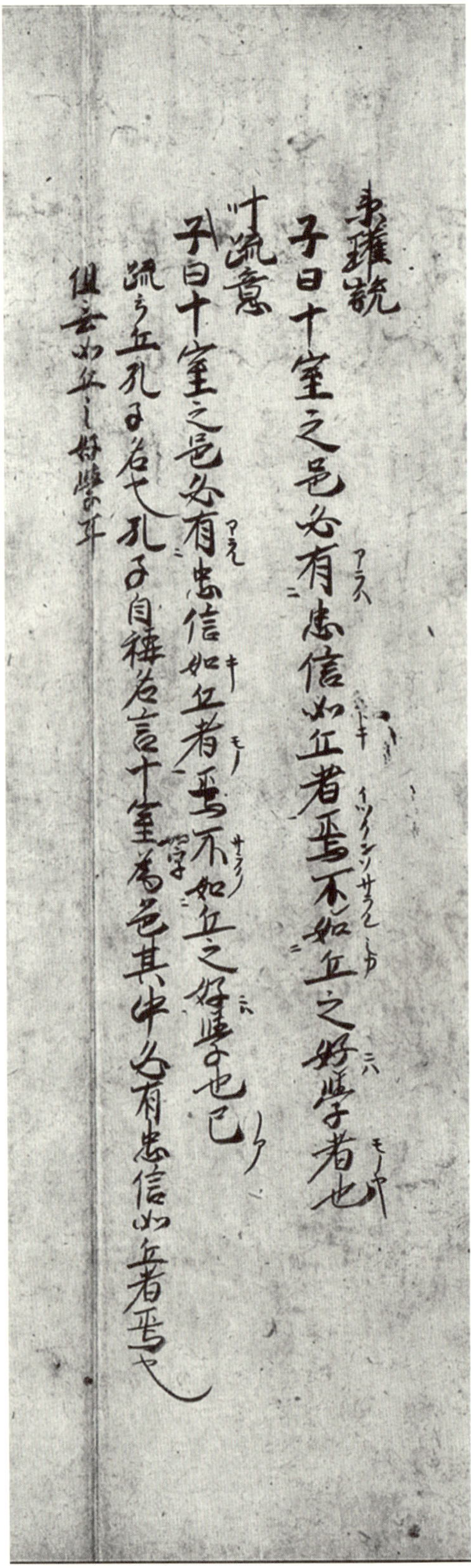

〔裏書10〕（一六四頁26）

子食於有喪者之側未嘗飽也

〔裏書11〕（一八五頁132～133）

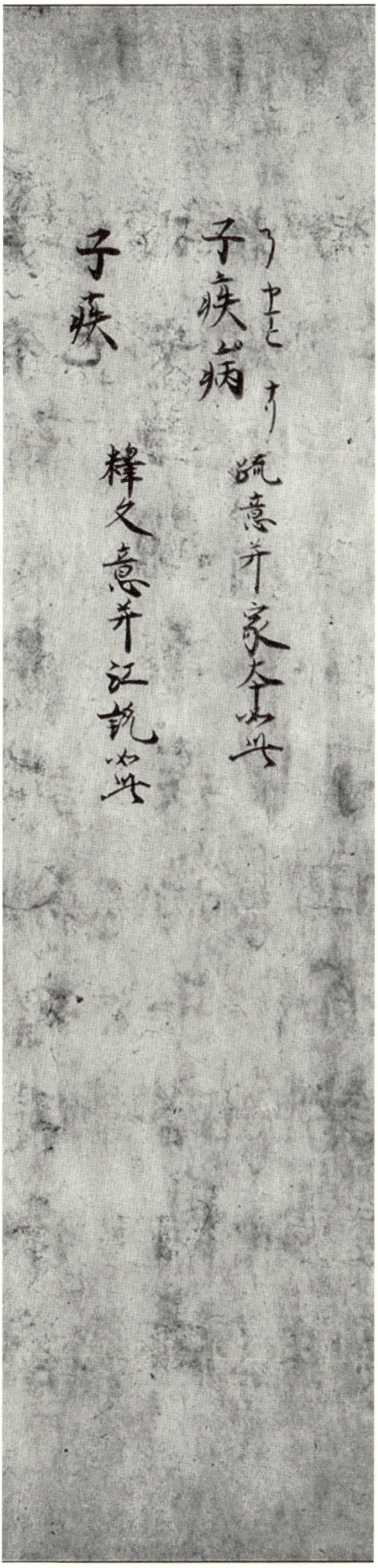

子疾病

子疾

論語集解　巻第五

〔裏書12〕（二一一頁5）

達巷党人
漢書董仲舒傳注云大項橐也然而注及疏無此釋

〔裏書13〕（二二六頁80～二二七頁81）

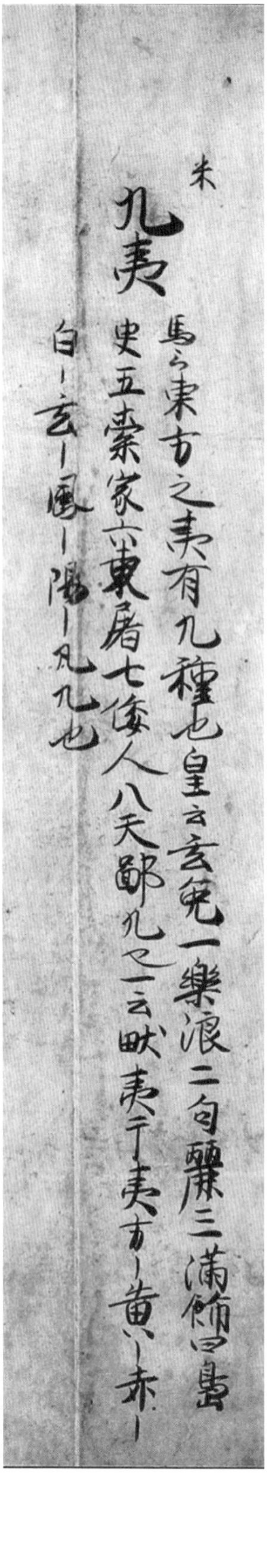

朱
九夷
馬云東方之夷有九種也皇云玄菟一楽浪二高麗三滿飾四鳧
臾五索家六東屠七倭人八天鄙九也一云畎夷于夷方丨黄丨赤丨
白丨玄丨風丨陽丨凡九也

〔裏書14〕（二四八頁186〜187）

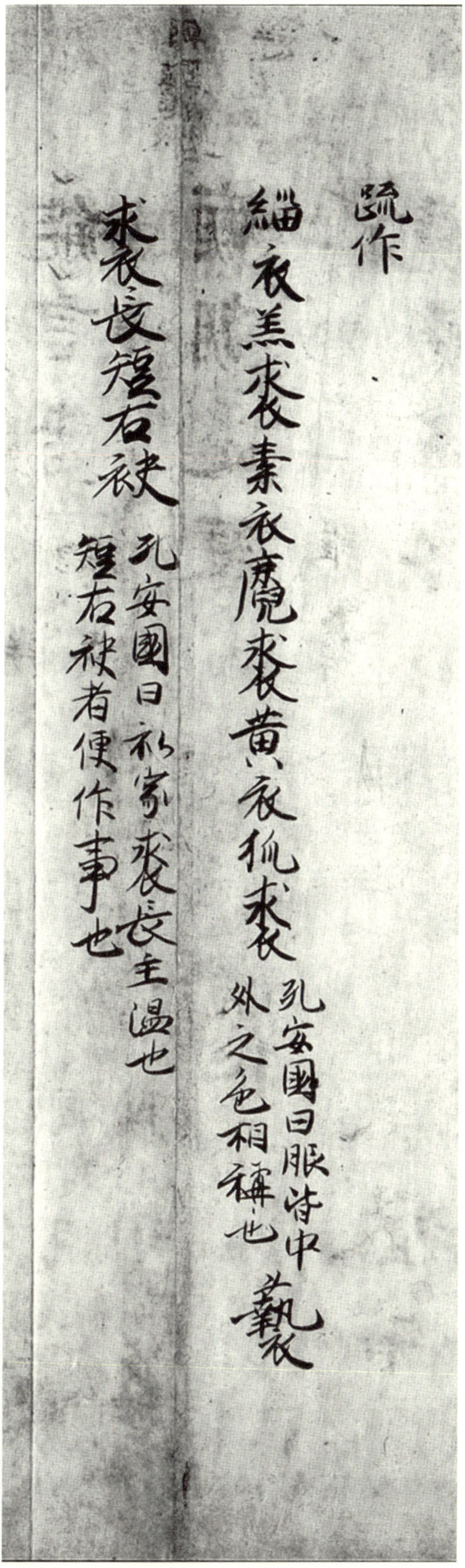
疏作
緇衣羔裘素衣麑裘黄衣狐裘　孔安國曰服皆中外之色相稱也　褻裘
長短右袂　孔安國曰私家裘長主温也短右袂者便作事也

〔裏書15〕（二五八頁236）

入太廟毎事問　此注本无不可讀但疏ナ

論語集解　巻第八

〔裏書16〕（四二六頁118～119）

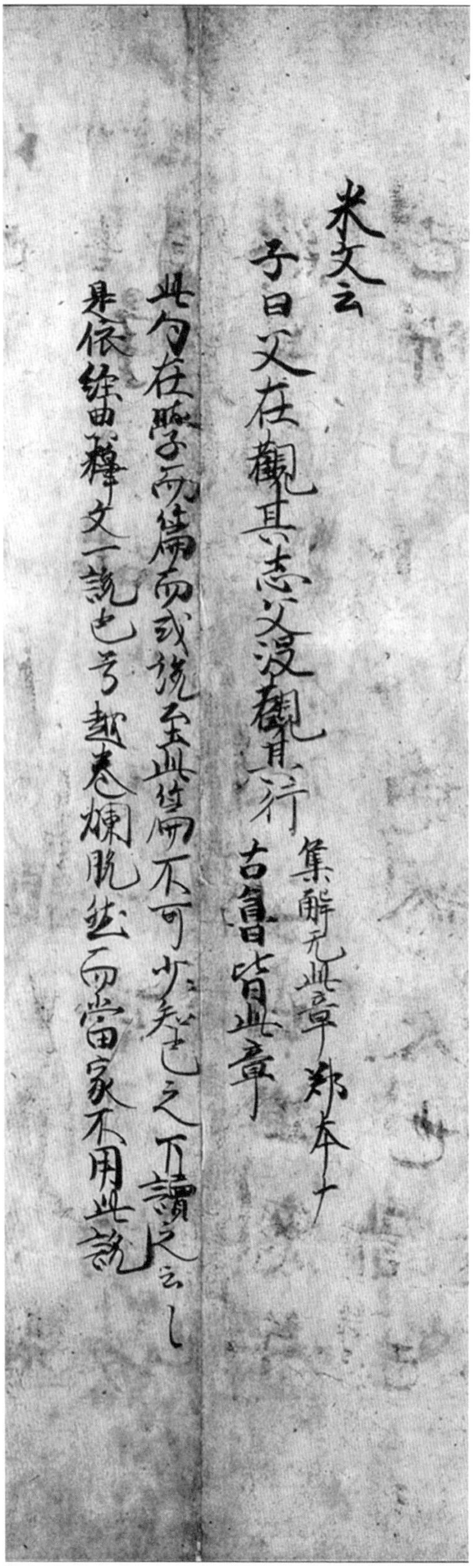
米文云
子曰父在観其志父没観其行　集解无此章
古論皆此章

論語集解　巻第九

〔裏書17〕（四六八頁50）

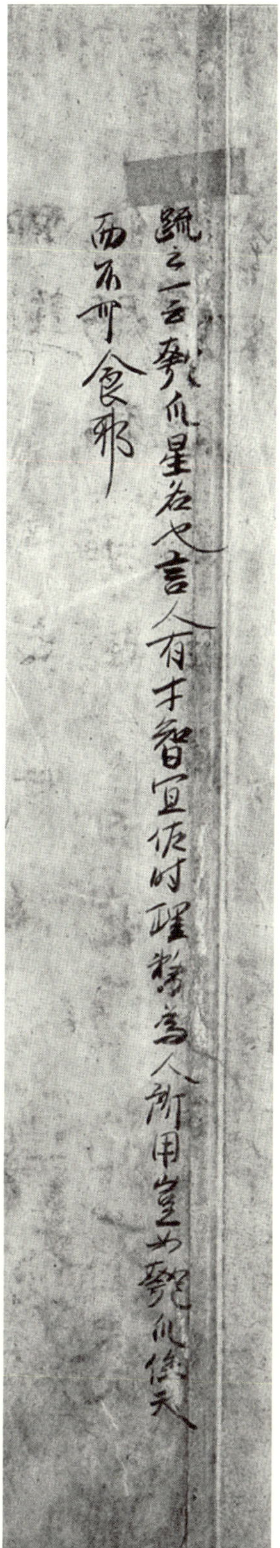
疏云一云匏瓜星名也言人有才智宜佐時理務為人所用豈如匏瓜係天
而不可食耶

〔裏書18〕（四九四頁179）

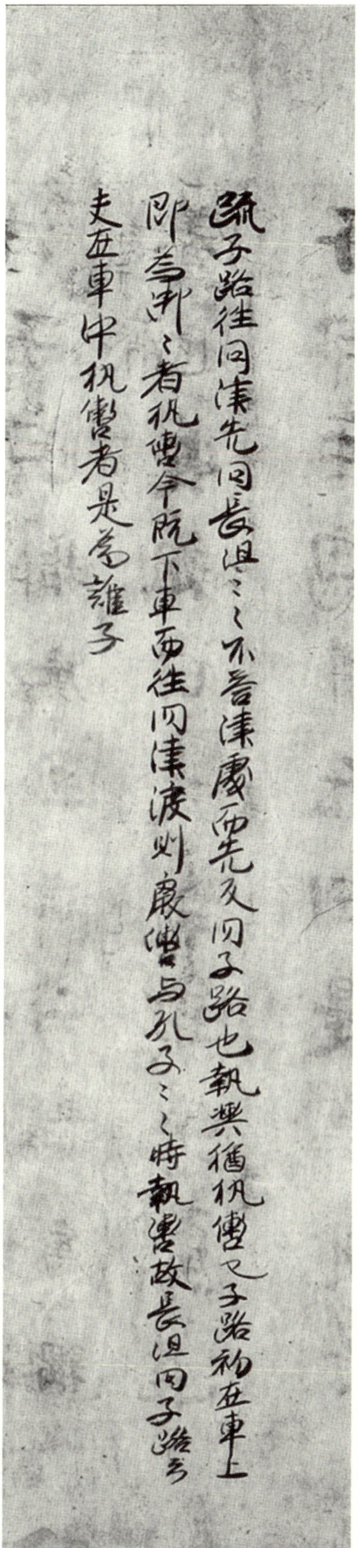
疏子路往問津先問長沮々々不答津處而先反問子路也執輿猶執轡也子路初在車上
即為御々者執轡今既下車而往問津渡則廢轡与孔子々々時執轡故長沮問子路云
夫在車中執轡者是為誰子

〔裏書19〕（五〇七頁242～243）

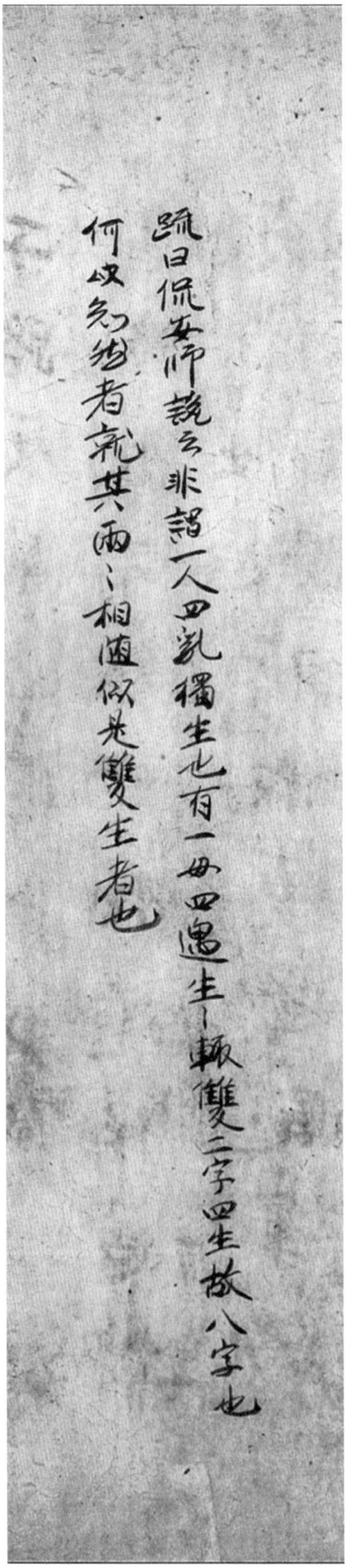
疏曰侃案師説云非謂一人四乳獨生也有一母四過生〃輒雙二字四生故八字也
何以知然者就其兩〃相随似是雙生者也

解題

書誌解題

髙橋　智

重要文化財
公益財團法人　東洋文庫所藏
論語十卷　魏何晏集解（鎌倉末南北朝）寫　清原教隆證本　十帖（一C36）

一、鎌倉末南北朝時代寫本『論語集解』概略

古鈔（寫）本『論語集解』調査の現狀

日本に於ける室町時代以前の漢籍古鈔本の現存、一千點に垂んとするその數からみるとき、『論語集解』の現存數が百點を超える現狀は、現存古鈔本の研究にとって、極めて重要な對象であることを意味する。

拙著『室町時代古鈔本『論語集解』の研究』（汲古書院　平成二十年）は、『論語集解』の日本に於ける古鈔本が南北朝時代以前と、それ以後、すなわち室町時代（十四世紀末から十六世紀半ばころ）のものとでは大きな隔たりがあることを前提にしていた。古鈔本に於ける鎌倉時代末南北朝時代とは、およそ十四世紀初頭からその後期にかけての書寫本を指し、その區分の要因が時代の流れとともに、『論語集解』をとりまく周邊環境の變化に求められることも論じた。しかしながら、その理念もさることながら、室町時代鈔本の整理を終えて鎌倉末南北朝時代鈔本を手にする時、南北朝時代鈔本の古色蒼然たる姿が、室町時代のものとは明らかに異なる印象を與える事實のほうが、より大きな意味を持つ。それはまた、幾つかしか現存しない鎌倉時代中期鈔本と、鎌倉末南北朝時代の鈔本との差異についてもいえることなのである。

『論語集解』の古鈔本は、平安時代のものに遺されているものがなく、その狀況は知れるところではない。鎌倉時代になってはじめて、明經博士、中原家・清原家が用いていた古鈔本の現存が確認され、集解本の古い讀習を窺うことができる。中原家本は、

醍醐寺・公益財團法人東洋文庫（これらはもと一具のもの）・高山寺などに存し、清原家本は宮內廳書陵部（嘉曆二・三年〈一三二七・八〉）・東洋文庫（正和四年〈一三一五〉）・公益財團法人五島美術館大東急記念文庫（建武四年〈一三三七〉手校）・公益財團法人武田科學振興財團杏雨書屋（存巻五～十）・愛知縣一宮市木村家（元德三年〈一三三一〉）に存する。

無論、これらの清家本は、鎌倉末から南北朝にかけてのものと總括される。思うに、南北朝期は、鎌倉期の嚴格な傳授を經て、それが諸家に擴散してゆく始まりの時期なのかもしれない。こうしたものに連なる他の傳存本として、徳治三年（一三〇八）の奥書を持つ巻三の零本（大谷大學圖書館）、元應二年（一三二〇）の奥書を持つもの（名古屋市蓬左文庫）が現存し、それからやや遅れた年代の奥書を持つ（またその頃の書寫年代と定められる）ものに、東洋文庫の貞和三年（一三四七）跋鈔本、臺灣臺北故宮博物院觀海堂の觀應元年（一三五〇）鈔本、猿投神社の康安二年（一三六二）鈔本、同藏南北朝期鈔本、同藏南北朝室町初期鈔本、村口書房藏南北朝期鈔本などが認められている。

博士家研究は武內義雄『論語之研究』（岩波書店　昭和十四年）の「本邦舊鈔本論語の二系統」（「正平版論語源流攷」〈大阪府立圖書館昭和八年〉から拔粹）に詳しい。南北朝時代は、確たる博士家のものは却って現存せず、博士家の證本と斷定はできない古鈔本が幾つかを存し、論語讀習の流布の一端を示すものとなっている。その後、古鈔本は十五世紀頃にあって傳本を幾つか見るに止め、やや降って室町時代十六世紀になると清原家の中興・足利學校の隆盛とも相俟って、古鈔本の現存は俄然多くなる。

その間、正平十九年（一三六四）には堺で『論語集解』の本邦初出版が行われ、現存するだけでも雙跋本二種、その後の、單跋本・明應覆刻版と、合計併せて四種の版が確認され、最古の『論語集解』古版、『正平版論語』として一世を風靡した。この流行と、室町時代前期の鈔本の存在が少ないこととは關連があるかも知れないが、その少ない室町時代前中期の古寫本は、この正平版に依據しているものが多いことは注目に値する。即ち、正平版を境界として、それ以前とそれ以後の古鈔本に明確な差が現れているのであって、室町時代の古鈔本に對する正平版の影響は、無視できないものとなっているのである。かえって、室町時代後期には足利學校本が一世を風靡し、正平版の影響は小さくなり、清家本もやや衰えを見せてくる。そこで、清家本の起死回生をかけたのが、慶長時代の古活字版であった。しかし、それも一時のものに終わり、世は新しい林家の學問へと移り變わっていくのである。こうした歴史を俯瞰するときに、鎌倉時代という、時代の古い寫本の存在は大きな意義を有していることを實感する。

拙論「南北朝時代古鈔本『論語集解』の研究――猿投神社所藏本の意義――」(『斯道文庫論集』第四十三輯　平成二十一年)、「南北朝時代古鈔本『論語集解』の研究――臺北故宮博物院所藏楊守敬觀海堂本について――」(『藝文研究』第百十一號　平成二十八年)をも參照。

なお、かつて網羅的に『論語集解』古鈔本を整理したものに、大正二年第七回釋奠を記念した『論語書目』(孔子祭典會)、昭和六年大阪府立圖書館『論語善本書影』、昭和十年斯文會『論語祕本影譜』、昭和初期の大橋圖書館『論語展覽會目錄』などがある。

鎌倉末南北朝時代寫本『論語集解』の現狀

以上を整理すると次の通りである。所藏・寫年またはそれに近い年代・冊數等の順に記す。

大谷大學圖書館(存卷三　德治三年〈一三〇八〉)一卷
東洋文庫(正和四年〈一三一五〉)十帖
宮內廳書陵部(嘉曆二・三年〈一三二七・八〉)十帖
大東急記念文庫(建武四年〈一三三七〉手校)十帖
武田科學振興財團杏雨書屋(存卷五～十)一帖
愛知縣一宮市木村家(元德三年〈一三三一〉)四軸
東洋文庫(貞和三年〈一三四七〉藤宗重跋)十册
臺灣臺北故宮博物院(觀應元年〈一三五〇〉)十册

猿投神社（康安二年〈一三六二〉）三軸
同（南北朝）一軸
同（南北朝室町初）一軸
村口書房（南北朝）十冊

このように、鎌倉末南北朝時代の書寫に係る『論語集解』傳本は十數本を數えるに過ぎないが、この時代は『論語集解』古鈔本が、テキスト上、最上の位置に達した時代であったといって過言ではないであろう。

因みに、觀應本は、もと巻子裝であったものを改裝して帖裝に仕立てたもので、五種類の手による寄り合い書きである。楊守敬が日本から持ち歸ったものである。

木村家本は、計四軸を存するが、巻五・六の第三軸目を缺いている。全巻一筆で、「江家」「家本」等多數の異本と校合する書き入れも本文同筆と思われる。清原家の點を傳え、その本奥書も具え、元徳二年の虎關師錬（一二七八〜一三四六）の奥書を存している。これらの傳存本の解說は別稿に讓る。

なお、以上、述べたもののなかで、現在、重要文化財に指定せられているものは、高山寺本、醍醐寺本（東洋文庫の僚巻）、大東急記念文庫本、蓬左文庫本、一宮木村家本、猿投神社本、そしてこの東洋文庫正和本となっている。

大まかなテキストの流れを圖式化すると、以下のようになる。

論語集解鎌倉鈔本 → 鎌倉末南北朝鈔本 → 正平版 → 室町時代鈔本

論語義疏（單疏本）→ 義疏竄入本論語集解 →（論語集解鎌倉鈔本 → 鎌倉末南北朝鈔本）

二、東洋文庫本書誌解説

収納・表紙

外蓋が縦三一・二横一八・七高さ九・五糎の桐箱に収納。下箱は縦二一・五糎の支え底を設ける。箱には、「國寶」（朱）「論語　拾冊　折本／古筆」（墨）と記す。「長」と墨書した貼り紙もある。

後補縹色表紙（縦二七・九横一四・五糎）に原装時の茶色緞子を貼付する。緞子には龜甲繋菱紋を織り出している。表紙の見返しに原題簽（茶の絹布）を貼る（第三・四・九册無し）。第一册の表紙に、厚手の斐紙の附箋を貼る。そこに古筆で墨書する。

「花園天皇御宇清原家か本ヲ以テ正和四年書寫也／正慶年中朱墨點付裏書も在之本奥書之通也」

装訂・書式・料紙

もともと巻子装であったものを折帖に仕立て直している。一折五行、幅約一四・五糎、墨界の高さ二一・八糎、幅三・〇糎。料紙は上質の楮系紙である。蟲損直しを施している。原装時の料紙を繼ぎ目から復元した配字寸法等は以下のようである。行數・一行の字數・一紙の幅（長さ）の順に記す。

第一帖、二十三折半

第一紙、十六行、各行十一字、小字雙行、幅四六・五糎。第二紙、十七行、幅四九・五糎、裏書きあり、第一紙にかぶせて貼り繋ぐ。第三紙、同、同、第四紙にかぶせて貼り繋ぐ（以下同じ）。第四紙、同、同。第五紙、同、同。第六紙、同、同。第七紙、同、同。第八紙、同、同。第九紙、同、同。第十紙、同、同。第十一紙、同、同。第十二紙、同、同。第十三紙、十五行、四三・八

糎。第十四紙、十六行、四七・〇糎。第十五紙、一行、二・一糎。

第二帖、二十三折半

第一紙、十六行、各行十一字、小字雙行、幅四六・二糎。第二紙、十七行、幅四九・五糎。第三紙、同、同。第四紙、同、同。第五紙、同、同。第六紙、同、同。第七紙、同、同。第八紙、同、同。第九紙、同、同。第十紙、同、同。第十一紙、同、同。第十二紙、同、同。第十三紙、十四行、四一・〇糎。第十四紙、十六行、四六・五糎。

第三帖、二十八折半

第一紙、十六行、各行十一字、小字雙行、幅四六・五糎。第二紙、十七行、幅四九・五糎。第三紙、同、同。第四紙、同、同。第五紙、同、同。第六紙、同、同。第七紙、同、同。第八紙、同、同。第九紙、同、同。第十紙、同、同。第十一紙、同、同。第十二紙、同、同。第十三紙、同、同。第十四紙、同、同。第十五紙、同、同。第十六紙、同、同。第十七紙、十四行、四一・〇糎。

第四帖、二十六折半

第一紙、十六行、各行十一字、小字雙行、幅四六・五糎。第二紙、十七行、幅四九・五糎。第三紙、同、同。第四紙、同、同。第五紙、同、同。第六紙、同、同。第七紙、同、同。第八紙、同、同。第九紙、同、同。第十紙、同、同。第十一紙、同、同。第十二紙、同、同。第十三紙、同、同。第十四紙、同、同。第十五紙、同、同。

第五帖、二十六折半

第一紙、十六行、各行十一字、小字雙行、幅四六・五糎。第二紙、十七行、幅四九・五糎。第三紙、同、同。第四紙、同、同。第五紙、同、同。第六紙、同、同。第七紙、同、同。第八紙、同、同。第九紙、同、同。第十紙、同、同。第十一紙、同、同。第十二紙、同、同。第十三紙、同、同。第十四紙、同、同。第十五紙、同、同。第十六紙、五行、一五・〇糎。第十七紙、六行、一七・三糎。

第六帖、三十折半

第一紙、十六行、各行十一字、小字雙行、幅四六・五糎。第二紙、十七行、幅四九・五糎。第三紙、同、同。第四紙、同、同。第五紙、同、同。第六紙、同、同。第七紙、同、同。第八紙、同、同。第九紙、同、同。第十紙、同、同。第十一紙、同、同。第十二紙、同、同。第十三紙、同、同。第十四紙、同、同。第十五紙、同、同。第十六紙、同、同。第十七紙、同、同。第十八紙、同、同。

第七帖、三十六折半

第一紙、十六行、各行十一字、小字雙行、幅四六・五糎。第二紙、十七行、幅四九・五糎。第三紙、同、同。第四紙、同、同。第五紙、同、同。第六紙、同、同。第七紙、同、同。第八紙、同、同。第九紙、同、同。第十紙、同、同。第十一紙、同、同。第十二紙、同、同。第十三紙、同、同。第十四紙、同、同。第十五紙、同、同。第十六紙、同、同。第十七紙、同、同。第十八紙、同、同。第十九紙、同、同。第二十紙、同、同。第二十一紙、同、同。第二十二紙、九行、二六・〇糎。

第八帖、二十七折半

第一紙、十六行、各行十一字、小字雙行、幅四六・五糎。第二紙、十七行、幅四九・五糎。第三紙、同、同。第四紙、同、同。第五紙、同、同。第六紙、同、同。第七紙、同、同。第八紙、同、同。第九紙、同、同。第十紙、同、同。第十一紙、同、同。第十二紙、同、同。第十三紙、同、同。第十四紙、同、同。第十五紙、同、同。第十六紙、十五行、四四・〇糎。第十七紙、六・五行、一七・五糎。

第九帖、二十五折半

第一紙、十六行、各行十一字、小字雙行、幅四六・五糎。第二紙、十七行、幅四九・五糎。第三紙、同、同。第四紙、同、同。第五紙、同、同。第六紙、同、同。第七紙、同、同。第八紙、同、同。第九紙、同、同。第十紙、同、同。第十一紙、同、同、裏書きあり。第十二紙、同、同。第十三紙、同、同。第十四紙、同、同。第十五紙、一四・五行、四二・五糎、裏書きあり。

第十帖、十八折半

第一紙、十六行、各行十一字、小字雙行、幅四六・五糎。第二紙、十七行、幅四九・五糎。第三紙、同、同。第四紙、十五行、四三・五糎。第五紙、同、同。第六紙、同、同。第七紙、同、同。第八紙、同、同。第九紙、同、同。第十紙、同、同。第十一紙、同、同。第十二紙、同、同。

訓點などの書き入れ

朱墨の訓點書き入れがある。朱はヲコト點であるが、少々語釋がある。欄外書き入れや行間書き入れもその訓點と同筆であろう。更にやや時代を降る薄墨の一筆がある。それは、首の序一行の書き入れと同じ筆跡であろう。欄外書き入れには「江家本」「家本」「疏曰」「釋文云」「本文」「或本」「何云」「鄭云」「一本」と見え、行間書き入れには「才本」「本」「一本」「疏」「鄭本」などと見える。

各章の始まりの欄外に、「疏曰」と書き入れてあるのは、皇侃（四八八〜五四五）の『論語義疏』の一節であるが、その章の梗概の數行のみ引用してあるのは、室町時代に後出の『義疏』の影響を受けたテキストと同様の様式である。この頃にすでに、『義疏』の一部が單疏本から『論語集解』に竄入した形が邦人の編纂を經て傳わっていたことを示すものと思われる。

尾　題

「論語卷第一」等としてその下に雙行で經注字數を記す。卷第四と第八には經注字數は無い。

奥　書

【卷一末】

本奥―

此書受家說事二ヶ度、雖有先君奥書本、爲幼學／書之間、字樣散々不足爲證本、仍爲傳子孫、重所／書寫也、加之朱點墨點手加自加了、卽累葉祕／說一事無脫、子々孫々傳得之者、深藏匱中、勿出閫／外矣、于時仁治三年（一二四二）八月六日／前參川守淸原　在判

建長五年（一二五三）二月一日、以家之祕說、／授愚息直隆了、前參河守　在判

文永三年（一二六六）四月十四日、手身書／點了、此書經營事旣三部也、始／受家君之說本、料帋尫弱之／間、相傳猶子敎有了、次課能書／令書寫之本、爲炎上紛失、仍爲傳／子孫、重所書寫也、子々孫々深藏／匱中、勿出閫外矣、／朝議大夫淸原在判

弘安六年（一二八三）三月廿四日、以九代之／祕說、授愚息敎元了、散位　在判

正和四年（一三一五）六月七日、書寫了、

正慶二年（一三三三）閏二月廿一日、朱墨校點了、

【卷二末】

爲子孫證本自書畢、／參州前刺史敎隆

此書受說之本、幼學之間、文字錯誤、料帋／尫劣、不足傳于後葉、是以課愚筆兮、書寫之／上、朱點墨點、手加身加、累家祕說一事不脫、／子々孫々可祕々々、深韞匱內、勿出閫外矣、／于時仁治三年（一二四二）南呂八日、／前參河守清原　在判

正安二年（一三〇〇）正月九日、以祖父自／筆之本、終點校之功了、子細／載第一卷而已、／朝請大夫清原　在判

延慶四年（一三一一）三月一日、以南堂十代／祕說、重授愚息外史二千石繁隆畢、／隼人正兼直講丹後介　清原　在判

正慶第二曆（一三三三）仲呂下旬候、朱墨校點了、

【卷二末】

本奥云

手自書寫畢、字樣既得其正、子孫可寶之、／參州刺史清原敎隆

此書受說之本、幼學之間、字畫殊（ママ・舛）錯、料帋尫劣也、／不足傳于後葉、因茲課拙手兮下筆之上、朱點墨點、／獨勵獨勉、累家祕說一事不脫、子々孫々可祕々々、／深韞匱內、勿出閫外也、于時仁治三年（一二四二）南呂九日／前參河守清原　在判

本云

弘安三年（一二八〇）七月一日、手身書點了、子細載第一／卷、子孫相傳之尤可祕而已、／朝議大夫清原　在判

正慶二年（一三三三）四月廿日、朱墨校點了、

【卷八末】

本奧云

此書先年一部十卷、自書自點畢、而此卷爲／或人被借失、仍又重凌六旬餘老眼、自書自點／補闕畢、是耽道之宿執而已、于

時正嘉三年（一二五九）三月／十五日、／前參河守清原　在判

本奧—

正安第二之曆（一三〇〇）夾鍾上旬之候、／以祖父自筆之本、終點校之功／畢、子細載第一卷者也、／朝請大夫清原　在判

本云

延慶四年（一三一一）三月十五日、以南堂十代之／遺訓、重授愚息繁隆畢、／隼人正兼直講丹後介　在判

正慶二年（一三三三）閏二月八日、朱墨兩點校了、

【卷十末】

本奧云

仁治三年（一二四二）三月八日、一部十卷終自功了、／此書雖有先人奧書之本、幼學之間、書點／不正、不足爲證本、仍今爲

子孫、殊所加意也、／可祕々々矣、／參河前刺史清原敎隆

／同八月十八日加點了、／前參河守清原　在判

本奥云

建長七年（一二五五）六月十五日、以累葉訓說、授累（ママ・愚）／息直隆畢、一部十卷、今日既訖者也、／前參河守　在判

本奥―

弘安三年（一二八〇）二月廿七日、手自書點畢、／凡此書終功三ヶ度也、初幼學之本、雖／有先人之奥書、用紙尩劣之間、難傳／來世、仍授猶子敎有了、其後誂能筆、／加自點之處、爲炎上化灰燼了、今爲備／子孫之證本、重遂書點之大功而已、／先聖先師、定有感應、累祖累靈、仍垂／哀愍矣、／朝議大夫清原　在判

奥書年號整理

＊仁治三年（一二四二）建長五年（一二五三）建長七年（一二五五）正嘉三年（一二五九）の年號あるものは、清原敎隆の奥書を傳えたもの。

＊文永三年（一二六六）弘安三年（一二八〇）弘安六（一二八三）の年號あるものは、清原直隆（敎隆の男）の奥書を傳えたもの。

＊正安二年（一三〇〇）の年號あるものは清原敎元（直隆の長男）の奥書を傳えたもの。

＊延慶四年（一三一一）の年號あるものは清原敎宗（直隆の次男）の奥書を傳えたもの。

以上いずれも書寫者は不明。

＊正和四年（一三一五）の年號あるものは、奥書者・書寫者不明。

＊正慶二年（一三三三）の年號あるものは、奥書者・書寫者不明。

略系圖は以下の通りである。

清原教隆─┬─有隆──教有
　　　　　└─直隆─┬─教元
　　　　　　　　　└─教宗──繁隆

印記

毎巻末に、「惠光」の雙枠印記がある。

余説

卑見によれば、本文・附訓・奥書等は、一部の書き入れを除き、皆ほぼ、一筆のように見える。書寫年代を〔鎌倉末南北朝〕と推定したのもこの判斷による。本奥書の內容（本奥云）から、清原教隆（一一九九～一二六五）の證本が子孫に傳えられ、書寫者は、それに據って書寫校點したものであることがわかるが、本書の書寫者について、それ以上のことはわからない。

この奥書については、前記武內論著がこれを詳細に分析し、以後の研究の基盤を爲した。今後、更に、本書も含め、鎌倉南北朝期の清家本經書の流傳が、新たな資料とともに解明されるものと思われる。

ここに、武內義雄の奥書解說の梗概を引用して參考に附する。

「建長中教隆が其子直隆に家の祕說を傳えたること、文永中直隆はこれを長兄有隆の子教有に與えて、更に一本を淨寫して弘安三年その子敎元に授けたること、延慶中敎元の弟敎宗がその息繁隆に傳えたることを記して、更に正和四年書寫、正慶二年校點の奥書を存すれば、此本が敎隆、直隆、敎元、繁隆と子々孫々に傳授せられたる清家の證本を正和年中に改寫して正慶中に加點せるものなるを證すべし。」

三、東洋文庫本の流傳

神田喜一郎の『墨林閒話』（岩波書店　昭和五十七年）に収載される「久原邸の古書展覽會」には、大正七年五月十二日、第三回の展覽會で、『四書』稀覯本が展覽された時に、和田維四郎氏藏の三種の『論語』古寫本が出された、と記されている。それは、この正和本、それに貞和本（宗重本、また鹽穴寺本とも呼ばれる）、建武本の三種であった。前二者は東洋文庫に現存するものであり、後者は大東急記念文庫に所藏されている。この時の出品は、ほかに、近衞家の慶長敕版『四書』、東福寺の宋版『中庸說』、醍醐寺藏・高山寺藏のそれぞれ鎌倉鈔本『論語』など、というから、今、文化財となっているもののそろいぶみであった。とりわけ和田氏のものは、「完帙であるのが珍しく……、和田氏の自慢のものだったらしい。」と神田喜一郎は記す。

すなわち、本書は、藏書家・和田維四郎の雲村文庫の蒐藏に係るものである（毎巻末に「雲邨文庫」の印記を捺している）。從って、それと前後して出版された『訪書餘錄』（和田氏自刊　大正七年）にも收められた。そこに「正和本論語集解」と著錄されるように、「正和本」という名は、本書の表紙に附される古筆の書簽にも記されていることとも併せ鑑みても、古くから用いられていた呼稱のようである。村口書房からの入手とされる。中世・近世を通じてどのような流傳を辿ってきたかの詳細はよくわからない。

和田氏の名は「つなしろう」と讀む。雲村はその號。安政三年（一八五六）福井小濱の生まれで、後に鑛物學の日本に於ける草分けとして、農商務省鑛山局長・地質局長・東京大學敎授を兼務し、また、八幡製鐵所開業にも盡力した。大正九年（一九二〇）沒。

その希有な和漢書蒐集コレクションは、鑛山王と呼ばれた久原房之介（一八六九～一九六五）、三菱財閥三代岩崎久彌（一八六五～一九五五）に受け繼がれ、現在では、大東急記念文庫・東洋文庫に分藏されている。

【附記】

本書の影印は、「東洋文庫善本叢書11」（勉誠出版　平成二十七年十二月）に収められており、石塚晴通・小助川貞次両氏による詳細な解説が掲載されている。

また、「古典研究會叢書」の本冊の本文解說は、同會會長・戸川芳郎東京大學名譽教授がご執筆される豫定であったが、僭越ながら、書誌解說を高橋が代行することとなった。調査不足から、種々の不備も免れないが、今後の日本漢籍古鈔本の研究に資すれば幸いである。

なお、鎌倉期清原家の經書相傳や奧書の翻刻について、佐藤道生氏のご教示をいただいたことを記しておく。

また、原本の閲覽を許された公益財團法人東洋文庫のご配慮には深甚の謝意を申し上げる。

訓點解題

石塚晴通
小助川貞次

1．概　　要

論語は古代から現代まで讀み繼がれてきた中國古典學の最高峰に位置する古典籍でありながら、時代によって標準的なテキスト（注釋書の在り方）が大きく變わる。本卷に收錄する重要文化財論語集解正和四年寫本は、三國時代魏の何晏（?～249）がまとめた集解（注釋）を割注にもつ古注テキストであるが、どの時代・地域においてもそれが一般的であったわけではない。前漢の書籍一覽である「漢書藝文志」には十二家が見え、隋の「隋書經籍志」では二十六家、唐代の「舊唐書經籍志」では三十六家、同「新唐書藝文志」では三十家が記載され、藤原佐世「日本國見在書目錄」でも十家が記載される。しかし實際の令制度（唐令、日本令）のもとで指定されたテキストは、後漢の鄭玄（127～200）による鄭玄注本と魏の何晏による集解本の二種類のみであって、しかも現存する古寫本は大半が何晏集解本であり、鄭玄注本は極めて少ない。例えば敦煌本では65本（スタイン本21、ペリオ本44）の論語古寫本を確認できるが、鄭玄注本はわずかにS.3339（八佾篇殘卷、8世紀中後期寫）、S.6121（雍也・述而篇斷片、8世紀前期寫）、S.7003B（雍也・述而篇斷片、9世紀後半寫）、P.2510（述而～鄉黨篇殘卷、卷末に「維龍紀二年〈890〉二月燉敦縣」の識語あり、9世紀中後期寫）の4本に過ぎず、無注本5本、疏1本を除く殘り55本はすべて何晏集解本である。この狀況は日本でも同樣で、鎌倉時代十四世紀までの古寫本12本はすべて何晏集解本である。60年代末に新疆ウイグル自治區トルファンから「景龍四年（710）三月一日私學生卜天壽□」と奧書のある鄭玄注本（爲政末～公冶長末）が發見され、卜天壽本としてセンセーションを引き起こしたが、加點という觀點から見ると墨點による僅かな科段と校勘のみしかなく、7世紀後期から8世紀中期の敦煌本に見られるような朱點による句讀、破音という高い學習內容を有するものとは質的に異なっている。

宋代に入って朱子の新注が登場し、それまでの何晏集解本を驅逐したかに見えるが（韓國やベトナムにおける現存狀況はこのことを如實に示している）、何晏集解本の古注としての價値は依然として高く、梁皇侃の論語義疏、宋邢昺の論語注疏、清劉寶楠の論語正義など、後世の注釋書に強い影響を與えているだけではなく、日本の訓點史上においても新注渡來以後も古注の影響は現れており、論語學問史を規定する力のあったことが窺える。

論語の本邦への傳來時期については明確には言い難く、應神記にある百濟の和仁が論語と千字文を貢上したとする記事（日本書紀では應神天皇16年〈285〉2月の條に相當）はもちろん史實ではなく、文獻上の確實な史料としては、天平年間の正倉院文書やそれ以前の藤原宮跡出土木簡に見える習書などが上限である。論語は8世紀初頭には下級官人にも學ばれていたとされ（東野治之「『論語』『千字文』と藤原宮木簡」）、また古代の大學寮においても「凡經。周易尙書周禮儀禮禮記毛詩春秋左氏傳。各爲一經。孝經論語。學者兼習之」（令義解・學令）と規定され、孝經とともに兼習すべき基本的典籍であった。しかし一方で、國內に現存する論語古寫本は以下に示す通り、本書を含めてすべて鎌倉時代以降のものであって、奈良・平安時代の寫本は一點も現存しない。

[清原家本]

高山寺本―鎌倉時代初期書寫加點、卷第七憲問、卷第八、高山寺藏

正和本―正和4年（1315）書寫（清原教隆本）、正慶2年（1333）朱墨校點、全10卷完存、本書

嘉曆本―嘉曆2年（1327）禪澄書寫加點（清原教隆本）、全10卷完存、宮內廳書陵部藏

建武本―卷第一～卷第六は建武4（1337）清原賴元、卷第七～卷第十は康永元年（1342）清原良兼奧書、全10卷完存、大東急記念文庫藏

[清原家本（部分）]

藤堂本―貞和2年（1346）釋深尊奧書、天保8年（1837）模刻本（明治43年〈1910〉豐住書店の復刻本による）、序、卷第一學而冒頭12行、卷第二八佾冒頭11行、卷第三卷末5行、卷第六卷末尾題1行、藤堂伯爵舊藏（震災消失）

群書治要卷第九所收本―正嘉元年（1257）清原教隆加點、宮內廳書陵部藏

金澤文庫本―文永6年（1269）寫、殘簡31葉、金澤文庫藏（『金澤文庫の研究』319頁）

[中原家本]

文永本―文永5年（1268）中原師秀書寫加點、卷第七、醍醐寺藏、卷第八、東洋文庫藏

高山寺本―嘉元元年（1303）大法師了尊書寫點校、卷第四、卷第八、高山寺藏

貞和本―貞和3年（1347）左中將宗重（藤原）奧書、全10卷完存、東洋文庫藏

[系統不明本]

猿投神社本―康安2年（1362）甚海書寫加點、卷第三卷第七卷第十、猿投神社藏
猿投神社本―南北朝初期頃點、卷第三、猿投神社藏
猿投神社本―南北朝末頃點、卷第四、猿投神社藏

もっとも、現存量が當時の狀況をそのまま反映するものではないことは、平安時代の古記錄に論語の講書・讀書の記事が見えることから理解される（御堂關白記寬弘6年〈1009〉12月1日條、中右記〈年月日未詳「釋奠次第」〉、後二條師通記應德2年〈1085〉11月26日・27日條、台記康治2年〈1143〉9月29日條）。さらに院政初期頃書寫の圖書寮本類聚名義抄には見出語48字に論語の古訓點が引用されていること（吳美寧「圖書寮本類聚名義抄における論語の和訓について」）、同樣に大東急記念文庫藏大日經義釋演密鈔（長承3年〈1134〉點）にも論語の古訓點が引用されていること（中田祝夫「古訓點閑談〈その二〉」）などから考えると、遲くとも11世紀初には論語の訓點資料が存在したことは間違い無い。

かつて武内義雄博士は岩波文庫論語（舊版）の「はしがき」に、このテキストの問題について「正當に論語を理解しようとすれば、先ず第一に種々の異本をあつめて校訂を試みなければならぬ筈である」と端的に述べられた。本卷に收める東洋文庫藏正和四年本論語集解は全十卷が揃う現存最古のテキストであることは言うまでも無く、さらに後述するごとく淸原家の證本を引き繼ぐ本書には宋版による夥しいまでの校合注記が存することを考えるならば、その價値は絕大である。一方、7世紀後期から9世紀後期までに書寫された敦煌本論語は六十數點現存し、そのすべてが複製本・デジタルアーカイブで閱覽できる現在の環境を考え合わせるならば、武內義雄博士が求めた正當な論語の理解が、この正和本を中核に据えることによって爲し得るとさえ言えるのである。本卷では學術的な論語本文を提供する立場から、本文影印に加えて卷末に論語諸本篇章對照表を附し、「正當に論語が理解」できるための基礎作業となるように意を用いた。

2．本　　文

本文の書寫樣式は各卷共通する。卷第二を例にすれば、第一紙1行目に摺本（宋版）に存する別題「論語卷第二」が、2行目に首題「論語八佾第三　何晏集解 凡廿六

章」があり、3行目から本文を配する（巻第一學而篇は論語序に續けて第三紙17行目から始まる）。巻内の偶數篇は空行を置かずに改行の後に「論語里仁第四　何晏集解 凡廿六章」のように續き、尾題は本文末尾に空行一行を置いて「論語巻第二 經一千二百一十二字 注一千九百三十一字」のように記される。尾題の後にさらに空行一行ほどを置いて奥書が存する（巻第一、二、三、八、十の各巻）。各章冒頭1字目にやや大きな朱點で科段が加えられるが、首題下の章數注記と實際に加點されている科段の數が合わない場合がある（**表1**）。

表1　章數と科段數一覧

	1		2		3		4		5		6		7		8		9		10	
	1	2	3	4	5	6	7	8	9	10	11	12	13	14	15	16	17	18	19	20
	學而	爲政	八佾	里仁	公冶長	雍也	述而	泰伯	子罕	鄉黨	先進	顔淵	子路	憲問	衞靈公	季氏	陽貨	微子	子張	堯曰
表示	16	24	26	26	29	30	舊39 今38	21	31 皇30	1	鄭23 皇24	24	30	47	41	14	24	11	25 疏24	3
科段（加點數）	16	24	26	26	29	30	39	21	31	1	24	24	29	47	41	14	25	10 (11)	24	2(3)

注）巻第九微子及び巻第十堯曰の各冒頭章には科段が無い。（　）内數値は冒頭の一章を含めた數値。

章數をどのように把握するかは、論語の構造理解において重要な問題である。例えば、巻第七子路では第21章「子曰不得中行」に科段が無いために表示章數と實際の科段數とが合わない。これを巻第九微子及び巻第十堯曰冒頭章と同様に、單なる加點ミスと見なすことは可能である。しかし巻第九陽貨にあっては、注疏本で第2章とする「子曰性相近也」（16行目）と「子曰唯上知與」（17行目）、第8章とする「子曰小子何莫」（62行目）及び「子謂伯魚曰女」（68行目）にそれぞれ科段を加えて分章し、さらに注疏本で第15章とする「子曰巧言令色」（97行目）の章は、補入注記され（「此一章扌有但本无不可讀／子曰巧言令色鮮矣仁 王肅曰巧言無實令色無質」）、科段は加えられない。章數の設定が諸本の系統とどのように關係するのか、見極めなければならない問題である。

本書が清原家傳來の古本を清原頼業・教隆の間に宋版によって校合して變じたとするのは武内義雄博士が早くに論じられたところである（『論語之研究』335頁）。巻末の經注字數注記の記載、本文中の夥しいまでの「扌本」（摺本）注記などはその證左である。一方で、本文の體裁は經文、注文（集解）ともに謹嚴な楷書體・宋版字體で一行十一字詰に整然と書寫され、一見して宋版そのもののようにも見える。しかし子細に見て行くと、巻末の經注字數注記と實際の經注字數とは、經文ではほぼ一致するのに對して注文（集解）では増減が激しく、文末助字の有無といった寫本と版本の異同の程度を超えて集解本文そのものに違いがあったことを示唆している（**表2**）。

表2　卷末經注字數表示と實際の經注字數

卷		1	2	3	4	5	6	7	8	9	10
卷末表示	經	1470	1212	1711	(1505)	1462	2062	2394	(1794)	1650	1223
	注	1515	1931	2820	(2284)	2297	1946	2556	(1827)	1778	1175
調整値	經	1465	1213	1714	1505	1466	2089	2394	1795	1664	1229
	注	1645	2053	2290	2228	2493	2245	2764	1961	2027	1070

注）調整値は實際の字數から摺本有無の注記と補入數に從って加減したものである。卷第四と卷第八は卷末字數注記が存しないので、卷第四は建武本、卷第八は嘉暦本の數値を用いた。

さらに漢字字體の觀點から見ると、全體としては宋版字體に從って字種内部には字體の「搖れ」が無いように見えながら、實際には少なからぬ異體字が存在する。例えば、「國」「所」「與」「能」「德」「從」「惡」のように使用頻度が高い字であっても宋版字體で統一されているものがある一方で、「於」「爲」では、古寫本特有の異體字や宋版字體から崩れてしまった字體が頻出する（表3、4）。この「搖れ」の狀態は、本書と祖を一にする宮内廳書陵部所藏の嘉暦本ではさらに激しい。仁治三年（教隆奥書本）から正和四年（本書）に至るまでのどの段階でそうなったのか、また卷毎の違いはあるのかなど、異體字レベルで比較することが求められる。

表3　正和本で字體が統一されているもの

		國		所		與		能		德		從		惡	

正和本	經文	11	0	52	0	145	0	69	0	39	0	43	0	37	0
	注文	519	0	168	1	68	0	118	0	43	0	37	0	36	2
	總用例數	530		221		213		187		82		80		75	
嘉暦本	經文	11	0	39	13	143	2	69	0	33	6	43	1	17	22
	注文	481	38	129	40	60	7	112	6	28	15	36	0	22	18
	總用例數	530		221		212		187		82		80		79	

注）正和本に用例の無い字體（國〈右欄〉・与・能・德・從）は嘉暦本の字體である。

表4　正和本で字體に搖れがあるもの（下段は嘉暦本）

		於		爲		
正和本						
	經文	168	5	138	41	0
	注文	140	29	122	120	18
	總用例數	342		439		
嘉暦本						
	經文	161	11	175	2	2
	注文	73	95	117	96	46
	總用例數	340		438		

なお、巻末尾題下に記載される經注字數注記について、武內義雄博士は「刻工に勞銀を支拂ふ必要より起れるものにして、いづれも宋版本より移寫せられたるものなるが如し」（『論語之研究』349頁）と述べられているが、巻末の字數注記そのものは、宋版本以前の敦煌本（S.1722毛詩・9世紀寫、P.2486春秋穀梁傳・龍朔3年〈663〉書寫奥書、P.2536春秋穀梁傳・龍朔3年〈663〉書寫奥書、P.2548論語・9世紀中期〜後期寫）や佛書にも見られるものであって、刻工に對する勞銀のほかに、本文と注文の字數を表示することによってテキストの品質を保證する役割を果たしていたと考えることもできる。

3．書寫・加點者

本書が淸原敎隆（正治元年〈1199〉〜文永2年〈1265〉）の仁治三年〈1242〉の書寫加點本に基づくものであることは明らかであるが、現狀の正和四年（1315）書寫・正慶二年（1333）朱墨校點が、一體誰の作業によるものなのか、また敎隆から曾孫繁隆に至るまでのどの段階のテキストに基づくものなのか、實は判然としない。武內義雄も「此本が敎隆寫定本に出でしものなるを知る」「此本が敎隆、直隆、敎元、繁隆と子々孫々に傳授せられたる淸家の證本を正和年中に改寫して正慶中に加點せるものなるを證すべし」（『論語之研究』323頁）と述べるが、具體的な書寫者については言及していない。本書の奥書（巻第一、二、三、八、十）に整理番號を附して以下に示す。

◯巻第一

［1①］本奥

此書受家說事二ヶ度雖有先君奥書本爲幼學
書之間字樣散々不足爲證本仍爲傳子孫重所
書寫也加之朱點墨點手加自加了卽累葉祕
說一事無脫子々孫々傳得之者深藏匱中勿出閫
外矣于時仁治三年（1242）八月六日

前參川守淸原在判

［1②］建長五年（1253）二月一日以家之祕說
授愚息直隆了　前參河守在判

[1③] 文永三年（1266）四月十四日手身書
點了此書經營事既三部也始
受家君之說本料紙尩弱之
間相傳猶子敎有了　次課能書
令書寫之本爲炎上紛失仍爲傳
子孫重所書寫也子々孫々深藏
匱中勿出閫外矣
朝議大夫清原在判

[1④] 弘安六年（1283）三月廿四日以九代之
祕說授愚息敎元了　　　　散位在判

[1⑤] 正和四年（1315）六月七日書寫了

[1⑥] 正慶二年（1333）閏二月廿一日朱墨校點了

○卷第二

[2①] 爲子孫證本自書畢
參州前剌史敎隆

[2②] 此書受說之本幼學之間文字錯誤料紙
尩劣不足傳于後葉是以課愚筆兮書寫之
上朱點墨點手加身加累家祕說一事不脫
子々孫々可祕々々深韞匵內勿出閫外矣
于時仁治三年（1242）南呂八日
前參河守清原在判

[2③] 正安二年（1300）正月九日以祖父自
筆之本終點校之功了子細
載第一卷而已
朝請大夫清原在判

[2④] 延慶四年（1311）三月一日以南堂十代
祕說重授愚息外史二千石繁隆畢
隼人正兼直講丹後介清原
在判

[2⑤] 正慶第二（1333）曆仲呂下旬候朱墨校點了

○巻第三

[3①] 本奥云

手自書寫畢字樣既得其正子孫可寶之

參州刺史清原教隆

[3②] 此書受說之本幼學之間字畫殊錯料紙尫劣也

不足傳于後葉因茲課拙手兮下筆之上朱點墨點

獨勵獨勉累家祕說一事不脫子々孫々可祕々々

深韞匵內勿出闔外也于時仁治三年（1242）南呂九日

前參河守清原在判

[3③] 本云

弘安三年（1280）七月一日手身書點了子細載第一

爲子孫相傳之尤可祕而已

朝議大夫清原在判

[3④] 正慶二年（1333）四月廿日朱墨校點了

○巻第八

[8①] 本奥云

此書先年一部十巻自書自點畢而此巻爲

或人被借失仍又重凌復六旬餘老眼自書自點

補闕畢是耽道之宿執而已于時正嘉三年（1259）三月

十五日

前參河守清原在判

[8②] 本奥云

正安第二（1300）之曆夾鐘上旬之候

以祖父自筆之本終點校之功

畢子細載第一巻者也

朝請大夫清原在判

[8 ③] 本云

延慶四年（1311）三月十五日以南堂十代之

遺訓重授愚息繁隆畢

隼人正兼直講丹後介在判

[8 ④] 正慶二年（1333）閏二月八日朱墨兩點校了

○巻第十

[10 ①] 本奥云

仁治三年（1242）三月八日一部十巻終自功了

此書雖有先人奥書之本幼學之間書點

不正不足爲證本仍今爲子孫殊所加意也

可祕々々矣

參河前刺史清原教隆

[10 ②] 同八月十八日加點了

前參河守清原在判

[10 ③] 本奥云

建長七年（1255）六月十五日以累葉訓說授累《(愚)》

息直隆畢一部十巻今日既訖者也

前參河守在判

[10 ④] 本奥云

弘安三年（1280）二月廿七日手自書點畢

凡此書終功三ヶ度也初幼學之本雖

有先人之奥書用紙尩劣之間難傳

來世仍授猶子敎有了其後誂能筆

加自點之處爲炎上化灰燼了今爲備

子孫之證本重遂書點之大功而已

先聖先師定有感應累祖累靈仍垂

哀愍矣

朝議大夫清原在判

それぞれの奥書には、書誌的な面で問題となるところがあって、例えば巻第一では本文第十三紙の15行目に尾題があって、ここで裁斷され十四紙の奥書に接續する(本書は冒頭第一紙を除けば一紙17行が基本)。尾題の後に2行の缺落があることになり、十三紙と十四紙は連續していないと見ることもできる。また十四紙も16行目の正和四年の書寫奥書（1⑤）で終わり、十五紙1行目に正慶二年の加點奥書があり、ここでも一行不足する。また、巻第二においても尾題は十三紙13行目にあり、一行空行をおいて裁斷され十四紙につながり、奥書は十四紙の1行目から始まる。十三紙は3行分不足する（巻第十は後半が一紙15行取りなので裁斷は無いと見做す)。巻第三、巻第八の奥書を見ると、同一紙内の中で尾題の直後から奥書が始まっていて、この點でやはり巻第一、巻第二における奥書の位置は問題となる。さらに巻第二の奥書2①、3①、巻第十の奥書10①の「敎隆」の後に「在判」がないのも不審である。正和四年の書寫に至るまでの間に、いくつかの書き落とし（もしくは裁斷）があったことが想像される。

本書の直接の書寫にかかる奥書「正和四年（1315）書寫了」（奥書1⑤）にもっとも近いのは、巻第二と巻第八に見える敎宗から繁隆へ傳えられた延慶四年（1311）の「祕說」（奥書2④）「遺訓」（奥書8③）に關する奥書である。さらに「正慶二年（1333）朱墨校點了」の奥書が、これらの奥書（2④、8③）の直後に位置していることからするならば、本書が直接據ったものが繁隆のテキストであったと考えることは可能である。しかし、繁隆へ祕說・遺訓を傳授した敎宗に關しては、「南堂十代祕說」（奥書2④）と記すだけであり、兄の敎元が父直隆（敎隆の三男）から直接「祕說」を傳授されたとするような奥書（1④）は見えない。一方の敎元は、父直隆から祕說を傳授されただけではなく（奥書1④)、正安二年（1300）には祖父すなわち敎隆の自筆本をもって「點校」まで行っている（奥書2③、8②)。本書が直接據ったものが繁隆のテキストであったと假定しても、敎隆までの繫がりがよく見えないのである。

なお、巻第八に關して、正嘉三年（1259）に補寫したことになっていて（奥書8①)、武內義雄は「正和本は正嘉補寫本に本づけるもの」とするのであるが（『論語之研究』324頁)、巻第十の奥書（10③）によれば正嘉三年（1259）を遡る建長七年（1255）に「一部十巻」の「累葉訓說」を直隆に傳授したことになっていて、奥書の內容が矛盾する。

本書の奥書（巻第一、二、三、八、十）の內容をもとに仁治三年本の傳流推定圖を示す。

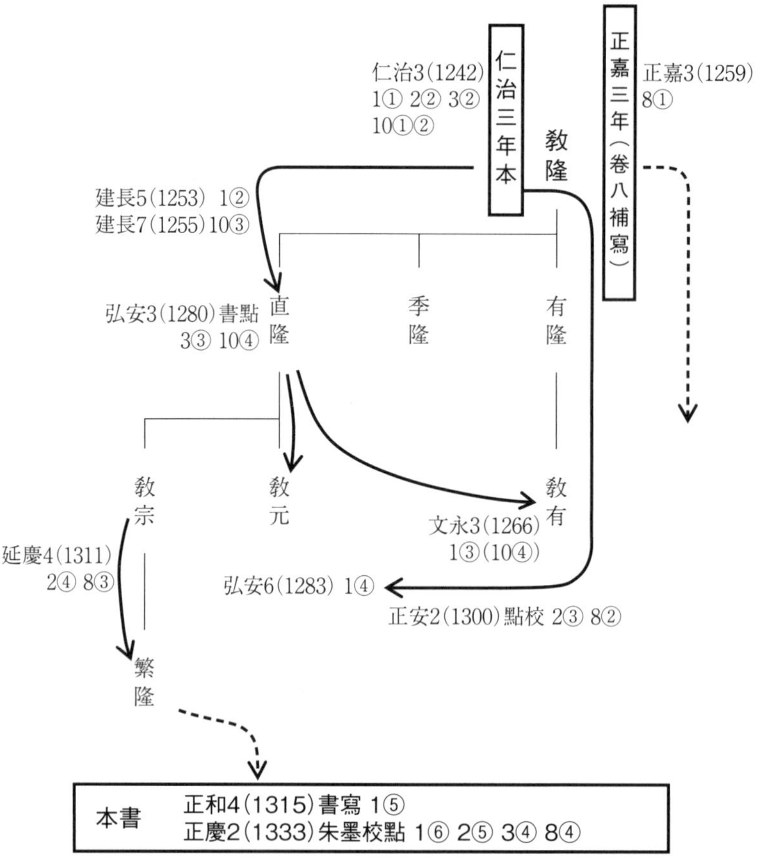

奥書に基づく仁治三年本の傳流推定圖

4．本文校勘

校勘作業の內容は、行間・欄外の書込諸注記から分かる。對校本として用いられたのは、摺本（宋版）等のテキスト類と注釋書の二種類であり、テキスト類には扌・扌本（摺本＝宋版）、或・或本、一本、江家本、家本、注釋書には疏（論語義疏）、米（經典釋文）が確認できる（表5）。

校勘總數は全巻で2125箇所に上り、このうち摺本（宋版）との校勘が全體の9割を占め（表6）、中でも注文「也」に關する「扌无」（「摺本に無し」を示す）が全體の半數（1006箇所）を占める。「也」は注文中で1564回使われているので、三分の二は摺本に無いことになる（表7）。また、巻毎の校勘數を見ると序を例外とすれば巻第一がもっとも多く、巻の後半ほど少なくなる（表6「一行當の比率 b/a」）。校勘作業の精度に、強（前半）弱（後半）があったと考えられる。

表５　對校本一覽

	總數	經文	經文補入	注文	注文補入
扌・扌本	1918	266	42	1478	132
或・或本	34	13	3	12	6
一本	16	9	2	5	0
江家本・家本	1	1	0	0	0
疏	93	29	3	51	0
米（經典釋文）	26	17	0	9	0

注）江家本・家本、序17行目上欄「爛脫事見江家本又家本同注之然而師說不讀之」

表６　校勘箇所比率

卷	行數 a	全校勘箇所 b	摺本注記 c	摺本注記の比率 c / b	一行當の比率 b /a	一行當の比率 c /a
序	35	10	8	0.80	0.29	0.23
1	131	156	147	0.94	1.19	1.12
2	215	192	183	0.95	0.89	0.85
3	273	273	229	0.84	1.00	0.84
4	252	257	221	0.86	1.02	0.88
5	258	216	207	0.96	0.84	0.80
6	303	251	232	0.92	0.83	0.77
7	359	293	265	0.90	0.82	0.74
8	262	187	167	0.89	0.71	0.64
9	246	181	157	0.87	0.74	0.64
10	168	108	101	0.94	0.64	0.60
全體	2502	2125	1918	0.90	0.85	0.77

注）行數 a は卷末尾題の一行も含む。

表７　「也」校勘內容

	總數	扌无	扌有	某字扌乍	某字扌	他	校勘小計
經文	582	58	1	2	4	4	69
注文	1564	1006	0	5	20	6	1037
合計	2146	1064	1	7	24	10	1106

注）他４：本无、乎疏乍、疏有、者　他６：は之扌幷疏、焉扌疏、米扌同、之乍、疏无、之

これに對して注釋書との校勘作業は、摺本（宋版）等のテキスト類の場合と比べるとはるかに少ない。經典釋文は全文テキストではなく、音釋の對象となる本文を掲出語で示す「卷音義」形式であるので、校勘箇所は當然少なくなる。一方の論語義疏は、經文、注文の兩者に對して本文校勘に利用されているので、義疏のみから構成される單疏本ではなく、本書と對校できる論語集解の本文を伴ったテキストであったことが分かる。それにも拘わらず、校勘箇所は摺本（宋版）に比べて論語義疏が桁違いに少ない（**表５**）。例えば注文「也」に關して「扌无」は1006箇所あるのに

對して「疏无」も一致するのは6箇所しかない（巻第三公冶長72行目、巻第四述而16行目、18行目、同泰伯174行目、190行目、196行目）。これは、利用された論語義疏に含まれる論語集解本文が、本書と大きく異なっていなかったと考えることもできるが、一方で校勘材料として十分に活用できていなかったと考えることもできる。次節で述べるように、論語義疏からの書込條數は校勘箇所を除くと全十巻で50條ほどしかない。本叢書第5巻に收録された論語集解（文永本）では論語義疏の引用書込は、行間・上下欄外だけではなく紙背にも及び、相當の條數になる。この違いを文永五年と正和四年との時間差と見るか、或いは中原家と清原家という博士家の違いと見るか、訓點に反映された論語義疏の內容から詳細に檢討する必要がある。

一方、經典釋文は、次節で述べるように掲出項目の大半が引用されているので、校勘箇所は25條と少ないものの論語義疏とは扱い方に違いのあったことが分かる。經典釋文は掲出字を示すとともに音釋の中にテキストの異同に關する情報を含んでいるからであろう。例えば、巻第一學而冒頭37行目の首題下「何晏集解」に對して「經典釋文無何晏二字但扌本幷疏有」という書込があるが、經典釋文には「［集解］一本作何晏集解」とあって判斷の典據が示されている。ただし、經典釋文の掲出字と本書の本文との關係が、「說」「悅」、「知」「智」、「孫」「遜」、「辟」「避」になっていて字音注が直音である場合、本書本文がそのまま字音注と重複するという現象が起こる。例えば、巻第一學而冒頭38行目「悅」に對して書込注は「扌同說音悅注同」、經典釋文（通志堂本）「［亦說］音悅注同」、巻第七憲問199行目「智」に對して書込注「知音智」、經典釋文（通志堂本）「［之知］音智」のように。これは機械的な引用書込（或いは轉寫）が行われたためである。

また、書き込む場所を誤ったと考えられる例もある。巻第七憲問198行目注文末尾「也」の左傍には「米扌同」とあるが、經典釋文にはこの前後に「也」を含む掲出字はない。これは例えば巻第九微子179行目「者」左傍の書込「古曠反」が、前行178行目注文「廣」に對する注記であるのと同樣の誤寫である。

これらの校勘注記と後述する經典釋文が、經文、割注とも一行11字詰で整然と書寫された漢文本文の狹い行間の中で、相互に（特に本文と）紛れることなく共存するためには、その書込配置に一定の方針があったようである。巻第一を例に整理してみる。

［校勘注記］166 條（左右 1 條を含む）

・左傍・左下（120 條）

扌（114 條）

不讀（4 條）：學而 5「諸」、學而 88「諸」、學而 88「與」、爲政 188「諸」

釋文（1 條）：爲政 122 割「譬」

疏（1 條）：爲政 149 割「乃」

・右傍・右下（36 條）

扌（34 條）

補入（出典名無し）（2 條）：爲政 164 割「安」、爲政 196 割「勉」

・上欄外（8 條）

・下欄外（1 條）：學而 85 割「字子貢也」

・字間（2 條）：爲政 201 割「也」、爲政 215「也」

［經典釋文］110 條

・基本的に漢文本文の左傍・左下に置かれる（91 條）

・長文になるときは上欄外に置かれる（17 條）

・右下（2 條）：學而 79 割「難」、爲政 126「導」

校勘注記は前述したように、注文「也」に關する「扌无」（「摺本に無し」を示す）が全體の半數（1006 箇所）を占め（前掲**表 7**）、この「也扌无」が左傍・左下に置かれている。一方、右傍・右下に置かれるのは、「某字扌有」「某字扌乍」「某字扌」のように摺本の本文そのものを示す必要がある場合と、「扌无」が割注の右行・右行末尾に置かれる場合が多い（115「也」、161「也」、194「也」、204「也」）。上欄外は長い引用がある場合である。これに對して經典釋文は、基本的に漢字本文の左傍・左下に置かれていることは校勘注記よりも明瞭である。例外的に右下に配置される學而 79 割「難」は、經文「曾」字直上の注末右行という環境で左側にスペースが乏しいためであり、爲政 126「導」は本文「導」の右傍にある校勘注記「扌同道」に續けて經典釋文「音導下同」の書込をしたためであると考えられる。

5. 注釋と讀解

注釋書として陸德明經典釋文と皇侃論語義疏が利用されていることは武内義雄『論語之研究』に說かれていることであって、前節でもすでに述べた。經典釋文の揭出項目數は通行本（通志堂本）で1534條あり、このうち實際に書き込まれているものは1361條ある（字體注、「下同」「注同」によって指定されているものを含む。表8）。約9割が書き込まれていることになり、基本的に經典釋文は全採する方針だったと言える。

表8　經典釋文の掲出字數と書込數

	揭出項目數	書込數	經典釋文不見
序	24	21	0
1	100	98	0
2	119	113	0
3	193	172	1
4	166	149	7
5	203	161	5
6	172	149	3
7	194	172	9
8	128	110	4
9	172	159	16
10	63	57	7
合計	1534	1361	52

注）書込數は「下同」「注同」で指定されるものを含む。

一方、通行本（通志堂本）に見えない書込が52條あり、また通行本との異同も多く、實際に使用された經典釋文の系統や經典釋文以外の出典などについても考えてみなければならない。このことに關して、卷第七憲問170行目注文「洫」の上欄外の書込「呼域反　此反音／無摺本／泰伯篇／有此反／音於此／篇者／不可付歟」は手掛かりになるかもしれない。ここに言う「摺本」が宋版論語集解のことなのか、それとも宋版經典釋文のことなのか判然としないが、通志堂本には反切上字は異なるものの「況域反」とあるので（泰伯篇では卷第四249行目「洫」左傍に「呼域反」、通志堂本同じ）、この「摺本」は宋版論語集解と考えることができる。とするならば、この反切「呼域反」（卷第七170行目）に限って「摺本」に無いということを注記するのは、他の音注は摺本にあると讀み取ることができる。經典釋文はテキストの出現順に「揭出字＋音釋」

を記載する「巻音義」であり、求める掲出字を探し出すことはそれほど簡單ではない。これに對して通行の十三行注疏本のように本文に經典釋文が夾み込んであるテキストであれば、その範圍で「掲出字＋音釋」を確實に探し出すことができる。本書において、經典釋文からの音釋がほぼ全採されている理由も説明しやすい。

これに對して論語義疏は、大阪懷德堂版で2719條の疏があり、本書に書き込まれているのはその内50條ほどに過ぎない（校勘だけのものを除く。表9）。書込は行間・上下欄外の他、紙背にも及ぶが、經典釋文と比べて書込條數が少ない。義疏は本文の内容を敷延するものであって、經典釋文のように數文字程度で記される音釋とは異なるという理由も考えられるが、本叢書第5巻所收の論語集解（文永本）と比べてもはるかに少ない。また實際の書込内容を見ると、各篇冒頭上欄（序では首題下。また巻第四述而では引用されない）に篇内の概略についての疏文を引用書込する以外、まとまって引用することが少ない。文永本が中原家本であるのに對して本書が清原家本であるという學統の違いを反映するものなのか、本文の内容理解に、經典釋文と論語義疏がどのように利用されたのか、加點内容との詳細な突き合わせが必要である。なお、義疏自體が訓讀の對象になっていたことは、巻第三公冶長及び雍也冒頭の上欄書込に加點（朱ヲコト點、墨假名點・返點、朱引）があることから分かり、本叢書第5巻所收の論語集解（文永本）でも同樣である。

表9　論語義疏の書込數

	大阪懷德堂版條數	表面書込數	紙背書込數	書込小計
序	27	2	1	3
1	234	9	5	14
2	230	2	0	2
3	296	3	3	6
4	240	8	1	9
5	269	4	1	5
6	312	3	0	3
7	390	2	0	2
8	282	4	0	4
9	257	2	2	4
10	182	4	0	4
合計	2719	43	13	56

注）條數には巻末經注字數注記も1條として含む。

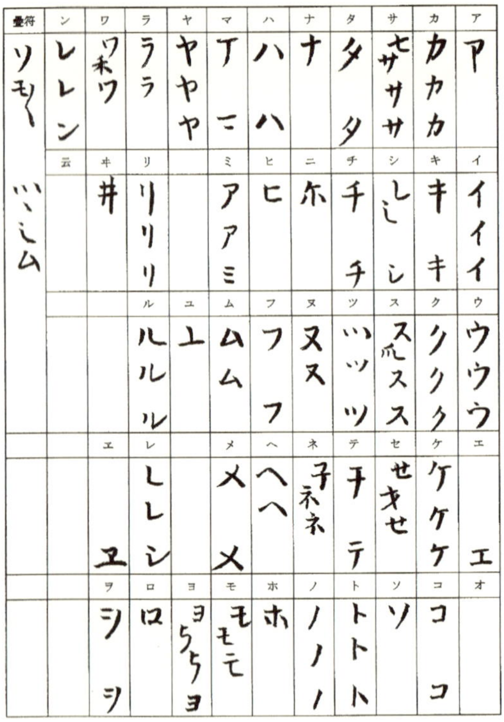

論語集解 正和四年寫・正慶二年點 假名字體表

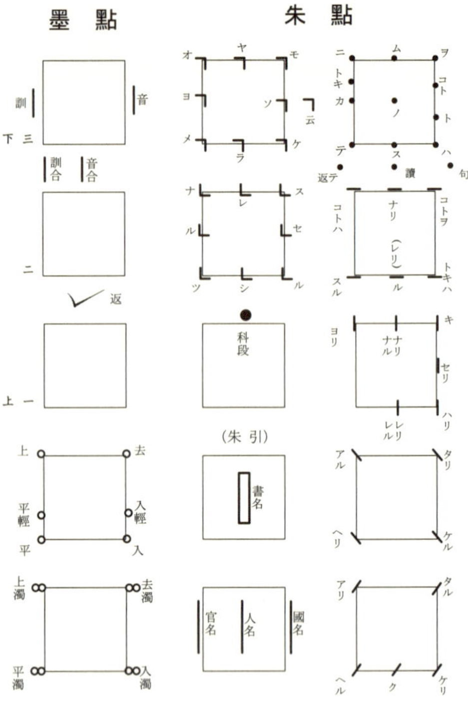

論語集解 正和四年寫・正慶二年點 ヲコト點圖

本書には、別掲の假名字體表・ヲコト點圖（明經點）に示した通り、正慶二年（1333）の「朱墨校點」奥書（1⑥、2⑤、3④、8④）に對應する詳細な加點があり、これによって全文を日本語として讀み下すことができる。この內、假名點には數筆が區別でき、細くやや大振りな假名、薄い假名、小さく濃い假名がある。前二者についてはそれぞれの機能や加點意圖などをもとに、典據となった先行點本の違いを究明することが求められるが、假名字體、加點時期は同じと見做される。これに對して小さく濃い假名は室町後期の加點と見なされるもので、例えば、「善」（巻第一 71 行目割）右傍の「ヨケン」は、先行する「□ケ」に室町後期點が「ヨ」を重書し、さらに「ン」を追記したことが分かる。室町後期點を除いて、これらは敎隆の仁治三年寫定から本書に至るまで、百年近くの間に傳授・累積された「祕說」「訓說」が集大成されていると考えるべきで、國內に現存する淸原家本だけではなく、中原家本の訓點とも詳細な比較を行うことが求められる。例えば、巻第八衞靈公 77 行目の「子曰君子矜而不爭」の「矜」に對して、本書は「ヲコソカにして」（「コ」は「ロ」を擦消して重書、「に」「し」「て」はヲコト點）と加點するが、中原家本だけではなく、同じ淸原家本內部でも異同がある。

[清原家本]（「は合點）

正和本：ヲコソカにして

嘉暦本：ヲコソカにして

高山寺本（清）：「ヲコリテ／ヲロカニシテ／「ヲロソカニシテ

建武本：オコソカニシて／（左訓）ヲコツテ

[中原家本]（「は合點）

文永本：オコリとも／（左訓）「オコソカニシテ

高山寺本（中）□ソカニシテ／も

貞和本：ヲコソカにして

「矜」に關しては「おごそか（嚴）」系と「おごる（驕）」系の二つの解釋が行われている。集解には「苞氏曰矜々莊也」とあり、「矜莊」からは「おごそか」系の解釋しか出てこない。一方、義疏には「矜矜莊也。君子自矜莊己身。而已與人爭也。故江熙云。君子不使其身俛焉若不終日。自敬而已。非與人爭勝之也」（大阪懷德堂版による）とあり、後半の江熙の解釋「自敬而已」によれば「おごる」系が導き出される。「おごる」系を採用しないのは、清原家本では本書と嘉暦本、中原家本では高山寺本（中）と貞和本である。高山寺本（清）は鎌倉時代初期頃の加點資料であり、論語加點資料の中ではもっとも古い。教隆（仁治三年本）が「おごる」系を採用しなかったことは、本書と嘉暦本の加點內容から分かる。教隆が「おごる」系を積極的な理由があって排除したのか、それとも論語義疏の利用方法の問題であったのか、同様の例を集めて檢討して行く必要がある。

これらの訓（和訓）の加點位置を見ると、單一の解釋を示す場合は漢文本文の右傍・右下（所謂「正訓」）に置かれ、別訓や異なる解釋がある場合は左傍（「左訓」）に置かれる。前節で觸れたように、ほぼ全項目が引用書込される經典釋文が漢文本文の左傍・左下に置かれることと構造的な對をなしており、清原家證本としての完成度を示していると言える。ただし、墨書による假名點と朱書によるヲコト點とは、それぞれが相補う關係にあるとは限らず、例えば巻第一學而冒頭の「悅」（38行目）の加點のように墨書假名點「ヨロコハシカラ」に對して朱筆ヲコト點は星點「か」と鉤點「ら」を加點して語尾「カラ」「から」が重複するような加點が多い。またこの時期の加點本に共通する特徴として、漢文本文を解釋する日本語の全訓を加點してい

る場合が多いことも擧げられる。しかもこれらの和訓の中には、巻第一學而冒頭の「學」の「マナフ」や「習」の「ナラフ」のように、敢えて加點する必要の無いような平易な內容のものがある。どのような場合（意味用法）に加點され、どのような場合には加點されないのか、全例調査をして解明する必要があって、漢文本文と和訓との關係はそれほど易しい問題ではない。

なお、本書には訓點の一種として「朱引」（しゅびき）が使われているが、從來、日本の漢文訓讀の場において中世以降使われ始めたとされてきたが（大漢和辭典、言語學大辭典、國語學大辭典）、これは朱引という術語の使用例が日葡辭書（1603）あたりまでしか遡れないためであって、朱點や朱線を使って特定の名詞を識別する方法自體は漢字文化圈では廣く行われていたものである（太宰春台倭讀要領には「中華」においても人名、地名、書名に使われていることが指摘されている）。早い例では7世紀の敦煌本漢籍の朱の讀點（句末・文末の句點とは區別される）から確認でき、降っては19世紀・20世紀のベトナム漢文文獻では大量に使われている。本書における朱引は、和漢三才圖會に記載される「管（クダ）朱引」と「丨（コン）朱引」に當たり、ヲコト點圖に示したように書名、國名、人名、官名が使われる。また加點は經文だけではなく何晏集解にも及び、本文理解に益するところが大きい（本書と祖を一にする宮內廳書陵部藏嘉曆本では、朱の音合符を加點することはあるが、朱引は全く使われていない）。ただし、各巻冒頭の篇題に對する朱引は、書名とするもの（學而、八佾、里仁、雍也、述而、泰伯、子罕、鄕黨、顏淵）、人名とするもの（公冶長）、加點しないもの（爲政、先進、巻第七以降）とがあり、統一が取れていないところがあり、利用する場合に注意を要する。なお巻第七以降では篇題だけではなく、本文においても朱引は一切使われていない。

6．書　　誌

（舊）國寶保存法により昭和15年（1940）5月3日、國寶に指定（文部省告示第448號）。現在は文化財保護法による重要文化財に指定。外函（縦31.3糎×横19.0糎×高11.8糎）の中に折本十帖が一包みで保存される。原装巻子改裝折本。淡縹色地茶色龜甲繋三階菱文織出緞子表紙（高27.8糎×幅14.8糎）。第一帖表紙中央に「花園天皇御宇淸原家の本ヲ以テ正和四年書寫也／正慶年中朱墨點付裏書も在之本奥書之通也」と書かれた紙片（高26.3糎×幅4.4糎）が夾み込まれる。また第三、四、九帖を除く七帖の見返

中央上端寄には紙片（元來外題題簽か）が貼付され、「論語一　學而　爲政」（第一帖）の如く巻篇が記される。仁治三年（1242）清原敎隆奥書本を祖本とし、正和四年（1315）書寫、正慶二年（1333）加點。朱點（科段・句讀點・ヲコト點・朱引＝正慶二年）、墨點（四聲點・假名點・返點＝正慶二年）。室町後期の墨筆假名が混じる（假名字體表・ヲコト點圖參照）。

料紙は楮紙打紙で、一紙高 28.0 糎×幅 50.0 糎、17 行 11 字詰。上下 3.0 糎ほどを空けて墨界を施す。界高 21.6 糎。一折 5 行。各帖とも基本は第一紙 16 行、第二紙以降 17 行を保つが、帖毎に紙數と行數が異なる。第一帖 15 紙（第 1 紙 16 行、第 2 紙～第 12 紙 17 行、第 13 紙 15 行、第 14 紙 16 行、第 15 紙 1 行）、第二帖 14 紙（第 1 紙 16 行、第 2 紙～第 12 紙 17 行、第 13 紙 14 行、第 14 紙 16 行）、第三帖 17 紙（第 1 紙 16 行、第 2 紙～第 16 紙 17 行、第 17 紙 14 行）、第四帖 15 紙（第 1 紙 16 行、第 2 紙～第 15 紙 17 行）、第五帖 17 紙（第 1 紙 16 行、第 2 紙～第 15 紙 17 行、第 16 紙 5 行、第 17 紙 6 行）、第六帖 18 紙（第 1 紙 16 行、第 2 紙～第 18 紙 17 行）、第七帖 22 紙（第 1 紙 16 行、第 2 紙～第 21 紙 17 行、第 22 紙 9 行）、第八帖 17 紙（第 1 紙 16 行、第 2 紙～第 15 紙 17 行、第 16 紙 15 行、第 17 紙 6.5 行）、第九帖 15 紙（第 1 紙 16 行、第 2 紙～第 14 紙 17 行、第 15 紙 14.5 行）、第十帖 12 紙（第 1 紙 16 行、第 2 紙～第 3 紙 17 行、第 4 紙～第 12 紙 15 行）。

各巻末に「惠光」と「雲邨文庫」の朱印が存する。「惠光」は 2.6 糎の雙郭の印で、各巻尾題下方の界線に寄せて捺されている。「惠光」はかつて鶴岡二十五坊の一つとして存した文惠坊（惠光院）かと推測される。「雲邨文庫」は高 4.1 糎×幅 1.0 糎の單郭の印で、巻第六を除く各巻末最終紙末尾の下界線に寄せて捺されている（巻第一のみ上欄外に捺印）。巻第六の最終第十八紙は一紙分 17 行を持ち、16 行目に尾題が置かれ、一行空行を置いて裏表紙へ續く。これとまったく同じ體裁を持つ巻第四では、最終第十五紙の末尾 17 行目に「雲邨文庫」の朱印があるのに、巻第六にそれが無いのは不審である。

なお、紙背書込に關して、紙背側から見て本來の表面でない狀態が寫っている箇所があるが（巻第五鄉黨 187 行目「緇衣」紙背書込箇所に 147 行目から 149 行目前後、巻第八衞靈公 118 行目から 119 行目にかけての紙背書込箇所に 82 行目から 84 行目前後、巻第九陽貨 50 行目「匏瓜」紙背箇所に 12 行目から 15 行目前後、同 17 行目「長沮」紙背書込箇所に 142 行目～146 行目前後、微子 243 行目「八士」紙背書込箇所に 207 行目から 209 行目前後）、これは「間剝（あいはぎ）」した紙背料紙を別の箇所に裏打したためであり注意を要する。

本書は武内義雄『論語之研究』(323頁)によれば、往年和田雲村(維四郎)が村口書房主人(村口半次郎)の周旋により、銀座榛原(はいばら)氏より購入し、後に東洋文庫に収められたものとされる。銀座榛原氏は日本橋の紙商・榛原直次郎(三代目、本名中村平三郎〈1846-1910〉)のことであるとすれば、和田維四郎『訪書餘錄』(大正7〈1918〉)にはすでに「雲村文庫藏」として紹介されているから、明治末年頃には和田維四郎のもとにあったことになる。それ以前の來歷については未詳である。

【参考文獻】

林泰輔『論語年譜』(大倉書店、1916年)

武內義雄「本邦舊鈔本論語の二系統」(『論語之研究』所收、岩波書店、1939年。もと「正平版論語源流攷」〈『正平版論語集解』所收、正平版論語集解刋行會、1932年〉)

中田祝夫「古訓點閑談(その二)——日本最古の論語・孝經の訓點」(『漢文教室』32號、1957年)

小林芳規『平安鎌倉時代に於ける漢籍訓讀の國語史的研究』(東京大學出版會、1967年)

石塚晴通「『唐抄本鄭氏注論語集成』に寄せて——邊境文化論の試み」(『月刊百科』139、1974年)

東野治之「『論語』『千字文』と藤原宮木簡——萬葉人の漢籍利用に關連して」(『萬葉集研究』第5集、1976年 →『正倉院文書と木簡の研究』再錄)

東野治之「美努岡萬墓誌の述作——『古文孝經』と『論語』の利用をめぐって——」(『萬葉』第99號、1978年12月 →『日本古代木簡の研究』再錄)

高山寺典籍文書綜合調査團編『高山寺古訓點資料第一』(東京大學出版會、1980年)

小林芳規「高山寺藏論語 清原本卷第七・卷第八中原本卷第四・卷第八 解題」(『高山寺古訓點資料第一』、東京大學出版會、1980年)

石塚晴通「高山寺本論語と諸古寫本との本文上の校異一覽」(『高山寺古訓點資料第一』、東京大學出版會、1980年)

石塚晴通「高山寺本論語の本文史上の位置」(『高山寺典籍文書の研究』、東京大學出版會、1980年)

小林芳規・柳田征司「慶應義塾大學附屬研究所斯道文庫藏(高山寺舊藏中原本)論語集解卷第四零簡及卷第八奧書一卷」(『高山寺典籍文書の研究』、東京大學出版會、1980年)

石塚晴通「岩崎文庫貴重書書誌解題稿(二)」(『東洋文庫書報』第17號、1986年)

東洋文庫日本研究委員會『岩崎文庫貴重書書誌解題Ⅰ』(東洋文庫、1990年)

吳美寧「圖書寮本類聚名義抄における論語の和訓について」(『國語國文研究』第116號、2000年)

吳美寧「室町末期・江戸初期の論語集注本における古注の影響——元龜本・寬永本・寬文本を對

象として」（『訓點語と訓點資料』第107輯、2001年）
吳美寧「16世紀韓日兩國の論語理解」（『日本學・敦煌學・漢文訓讀の新展開』、汲古書院、2005年）
小助川貞次「漢字字體から見た論語古寫本の位置」（『古典語研究の焦點』、武藏野書院、2010年）
小助川貞次「敦煌漢文文獻（漢籍）の性格とその漢字字體」（石塚晴通編『漢字字體史研究』、勉誠出版、2012年）
石塚晴通・小助川貞次「論語集解文永五年寫卷第八解題」（『東洋文庫善本叢書』第7卷、勉誠出版、2015年）
石塚晴通・小助川貞次「論語集解正和四年寫解題」（『東洋文庫善本叢書』第11卷、勉誠出版、2015年）
小林芳規・石塚晴通・小助川貞次解題『論語集解（二）』（古典研究會叢書漢籍之部5、汲古書院、2015年）

【附記】

本解題は先に刋行された『東洋文庫善本叢書』第11卷（勉誠出版、2015年）所收の解題（石塚晴通・小助川貞次）をほぼそのまま踏襲したが、數値の再調查や圖表の追加・補正など、手を加えたところが少なくない。また本卷所收の髙橋智氏による詳細な書誌解題と一部重複する部分があるが、二つの解題はそれぞれの觀點から論じたものであって、これに調整を加えれば却って論點が傳わらない虞があるので、敢えて調整の手を加えることをしなかった。

論語諸本篇章對照表　凡例

1. この對照表は日本國内現存の鎌倉時代・南北朝時代までに書寫された論語古寫本と中國西域出土論語古寫本及び傳統的古注釋（皇侃義疏、邢昺注疏）について、各篇章を對照できるようにしたものである。
2. 篇章分類は岩波文庫『論語』（金谷治譯注、1963年初版1979年第22刷）に據る。舊版（武内義雄譯註、1943年）及び注疏本の分章との異同については凡例末尾の篇章一覽を參照されたい。
3. 對照方法は岩波文庫『論語』の各篇章の一字目が諸本のどこにあるかを、頁數、行數、丁數等で示す。
4. 對照諸本に當該篇章そのものが存在しない場合は「-」で示し、對照諸本に缺損があって各篇章の一字目が確認できない場合、國内現存寫本は當該篇章に對應する一字目の位置を、中國西域出土寫本は「0」もしくは推定される位置を（　）に括って示す。また當該篇章が諸本で補入になっている場合は所在情報に「+」を付けて示す。なお中國西域出土寫本で最末尾の篇章が複數行に渡る場合はその範圍を「所在行數-所在行數」のように示す。

5. 對照諸本

5.1 底本

岩波文庫『論語』（金谷治譯注、1963年初版1979年第22刷）。卷篇章に加え最初の六文字を示す。

5.2 日本國内現存本

【清原家本】

・高山寺本［高（清）］：鎌倉時代初期書寫加點、卷第七、八、高山寺藏。高山寺古訓點資料第一（東京大學出版會、1980）に據る。所在數値は行數。

・正和本［正］：正和4年（1315）書寫（清原教隆本）、正慶2年（1333）朱墨校點、十帖、東洋文庫藏。本叢書に據る。所在數値は行數。

・嘉曆本［嘉］：嘉曆2年（1327）禪澄書寫加點本（清原教隆本）、十帖、宮内廳書陵部藏。マイクロフィルム及び宮内廳書陵部收藏漢籍集覽——書誌書影・全文影像データベースに據る。所在數値は行數と同データベースの頁數。

・建武本［建］：卷第一～卷第六は建武4年（1337）清原賴元、卷第七～卷第十は康永元年（1342）清原良兼奧書、十帖、大東急記念文庫藏。昭和14年複製本に據る。所在數値は丁數表裏（ab）。なお、卷第4子罕首題は2丁表とする。

・縮臨古本［縮］：貞和2年（1346）釋深尊奧書、天保8年（1837）縮臨、舊津藩有造館藏。富山大學附屬圖書館藏本に據る。所在數値は丁數表裏（ab）。

【中原家本】

・文永本［文］：文永5年（1264）中原師秀書寫加點、卷第七、醍醐寺藏、卷第八、東洋文庫藏。本叢書第5卷に據る。所在數値は行數。

・高山寺本［高（中）］：嘉元元年（1303）大法師了尊書寫點校、卷第四、八、高山寺藏、卷第四卷末、慶應義塾大學斯道文庫藏。高山寺古訓點資料第一及び高山寺典籍文書の研究（東京大學出版會、1980）に據る。所在數値は行數。

・貞和本［貞］：貞和 3 年（1347）左中將宗重（藤原）奥書、十帖。マイクロフィルムに據る。所在數値は行數。

5.3 古注釋

・論語義疏［義疏］：懷德堂記念會本（大正 13 年）に據る。所在數値は丁數表裏（ab）。

・十三經注疏［疏 2］：二册本（中華書局、1980 年第 1 版）。所在數値は頁數と上中下（abc）段。

・十三經注疏［疏 8］：八册本（藝文印書館、1993 年第 12 刷）。所在數値は頁數と上段右左（ab）下段右左（cd）。

5.4 中國西域出土本

【敦煌本（ペリオ本）】

8 世紀前期から 9 世紀後期書寫の 43 本。* は加點本（科段、句讀、破音）。すべて法國國家圖書館藏敦煌西域文獻（上海古籍出版社）及び Gallica（http://gallica.bnf.fr/）で確認できる。ペリオ番號 4 桁に續けて行數を示す。

・集解本 39 本：*2496、2597、2604、2601、2618、*2620、*2628、*2663、2664、2676、*2677、*2681、*2687、2699、*2716、2766、*2904、*3192、3193、*3194、*3254、3271、3305、3359、3402、3433、3441、*3467、3474、3534、3606、*3607、*3643、3705、3745、3962、3972、4643、4732

・白文 2 本：2548、*3783

・鄭注本 1 本：2510（對照表では Pxxxx として鄭注本の欄に記載）

・義疏 1 本：*3573

【敦煌本（スタイン本）】

7 世紀後期から 9 世紀後期書寫の 21 本。* は加點本（科段、句讀、破音）。すべて英藏敦煌文獻（四川人民出版社）で確認でき、一部（@）は IDP（http://idp.bl.uk/）でも確認できる。スタイン番號 4 桁に續けて行數を示す。ただし 7003B は斷片なので行數は示さない。

・集解本 15 本：*0618、*0747、@0782、0800、1586、*@3011A、*@3011B、@3992、@4696、*5726、5781、5789、*@5792A、6079、*7003A

・白文 3 本：*@0966、*5756（0966 と僚卷）、*@6023

・鄭注本 3 本：@3339、*6121（武田本と僚卷）、*7003B（斷片）

【鄭注本】

・卜天壽本［卜］：唐景龍 4 年（710）寫本、卷第一爲政篇末尾から卷第三卷末まで 176 行存。奥書「景龍四年三月一日私學生卜天壽□」。科段の加點あり。唐卜天壽抄寫鄭氏注論語（平凡社、1972）に據る。所在數値は行數。

・書道博物館本［書］：8 世紀初寫本、卷第六顏淵から卷第七子路冒頭まで 33 行存。無點本。唐抄本鄭氏注論語集成（平凡社、1978）に據る。所在數値は行數。

・龍谷大學藏本［龍］：卷第七子路末尾から憲問冒頭まで 11 行存。唐抄本鄭氏注論語集成（平凡社、1978）に據る。所在數値は行數。

・武田科學振興財團杏雨書屋藏本（羽 014 ノ一）［武］：8 世紀前期寫本、卷第三雍也後半 15 行存。科段の加點あり。S.6121 と僚卷。敦煌祕笈（武田科學振興財團杏雨書屋）に據る。所在數値は行數。

6. 篇章一覧

巻	篇	篇名	章數	分章異同
1	01	學而	16	
	02	爲政	24	
2	03	八佾	26	
	04	里仁	26	
3	05	公冶長	28	舊版第 19 章を分割し 29 章
	06	雍也	30	
4	07	述而	37	注疏第 9 章を分割し 38 章、舊版第 25 章を分割し 38 章
	08	泰伯	21	
5	09	子罕	32	注疏第 27 章第 28 章、第 31 章第 32 章を分割せず 30 章、舊版第 31 章第 32 章を分割せず 31 章
	10	鄉黨	23	注疏第 1 章第 2 章、第 7 章第 8 章、第 14 章第 15 章を分割せず、また第 23 章を分割し 21 章、舊版第 1 章から第 5 章まで、第 6 章から第 11 章まで分割せず 14 章
6	11	先進	26	注疏第 18 章第 19 章、第 20 章第 21 章を分割せず 24 章
	12	顏淵	24	
7	13	子路	30	
	14	憲問	46	注疏第 1 章第 2 章、第 27 章第 28 章を分割せず 44 章、舊版第 39 章を分割し 47 章
8	15	衛靈公	42	注疏第 1 章末尾を第 2 章に繰入
	16	季氏	14	
9	17	陽貨	26	注疏第 2 章第 3 章、第 9 章第 10 章を分割せず 24 章
	18	微子	11	
10	19	子張	25	
	20	堯曰	5	注疏第 1 章から第 3 章まで分割せず 3 章、舊版第 1 章を四分割し 8 章

卷	篇章	本文	清原家本					中原家本			注釋書			
			高(清)	正	嘉	建	縮	文	高(中)	貞	義疏	注疏 2	注疏 8	加點本
序	00.00	敍曰漢中壘校	-	存	存	存	存	-	-	存	存	存	存	2681:2
1	01.01	子曰學而時之	-	038	037_4/15	04a	02a	-	-	030	01a	2457a	005a	3573 疏:0, 2681:21
1	01.02	有子曰其爲人	-	043	042_5/15	04b	02a	-	-	034	03b	2457b	005d	3573 疏:-, 2681:23
1	01.03	子曰巧言令色	-	050	049_5/15	05a	02b	-	-	040	04b	2457b	005d	3573 疏:-
1	01.04	曾子曰吾日三	-	052	051_5/15	05a	02b	-	-	041	05a	2457b	006a	3573 疏:-
1	01.05	子曰道千乘之	-	056	055_5/15	05b	02b	-	-	044	05b	2457b	006a	3573 疏:36
1	01.06	子曰弟子入則	-	067	066_6/15	06b	03a	-	-	053	08a	2458a	007b	3573 疏:69
1	01.07	子夏曰賢賢易	-	070	069_6/15	06b	03a	-	-	055	08b	2458a	007b	3573 疏:79
1	01.08	子曰君子不重	-	075	074_6/15	07a	03b	-	-	059	09a	2458a	007c	(3573 疏:84)
1	01.09	曾子曰愼終追	-	079	078_6/15	07b	03b	-	-	062	10a	2458b	007d	3573 疏:99
1	01.10	子禽問於子貢	-	081	080_7/15	07b	03b	-	-	064	10b	2458b	007d	3573 疏:111
1	01.11	子曰父在觀其	-	090	089_7/15	08b	04a	-	-	071	11b	2458b	008a	3573 疏:132
1	01.12	有子曰禮之用	-	094	093_7/15	08b	04a	-	-	074	12b	2458b	008b	3573 疏:-
1	01.13	有子曰信近於	-	098	097_7/15	09a	04a	-	-	078	13a	2458b	008b	3573 疏:146
1	01.14	子曰君子食無	-	104	103_8/15	09b	04b	-	-	082	13b	2458c	008c	3573 疏:-
1	01.15	子貢曰貧而無	-	108	107_8/15	10a	04b	-	-	086	14a	2458c	008d	3573 疏:161
1	01.16	子曰不患人之	-	118	117_8/15	10b	05a	-	-	094	15b	2458c	009a	3573 疏:-
1	02.01	子曰爲政以德	-	121	120_9/15	11a	05a	-	-	097	16a	2461c	016a	3573 疏:187
1	02.02	子曰詩三百一	-	123	122_9/15	11a	05a	-	-	099	16b	2461c	016b	3573 疏:-
1	02.03	子曰道之以政	-	125	124_9/15	11b	05a	-	-	100	17a	2461c	016b	3573 疏:195
1	02.04	子曰吾十有五	-	130	129_9/15	11b	05a	-	-	104	17b	2461c	016c	3573 疏:209
1	02.05	孟懿子問孝子	-	136	135_9/15	12a	05b	-	-	108	19a	2462a	016c	3573 疏:233
1	02.06	孟武伯問孝子	-	142	141_10/15	13a	05b	-	-	113	20a	2462a	017a	3573 疏:-
1	02.07	子游問孝子曰	-	145	144_10/15	13a	05b	-	-	116	20a	2462a	017a	3573 疏:243
1	02.08	子夏問孝子曰	-	150	149_10/15	13b	06a	-	-	120	21a	2462b	017b	3573 疏:253
1	02.09	子曰吾與回言	-	156	155_10/15	14a	06a	-	-	124	22a	2462b	017c	3573 疏:-
1	02.10	子曰視其所以	-	161	160_11/15	14b	06b	-	-	128	22b	2462b	017d	3573 疏:270
1	02.11	子曰溫故而知	-	164	163_11/15	14b	06b	-	-	131	23a	2462b	017d	3573 疏:-
1	02.12	子曰君子不器	-	166	165_11/15	15a	06b	-	-	133	23b	2462b	018a	3573 疏:-
1	02.13	子貢問君子子	-	168	167_11/15	15a	06b	-	-	134	24a	2462b	018a	3573 疏:-
1	02.14	子曰君子周而	-	170	169_11/15	15a	06b	-	-	135	24a	2462c	018a	3573 疏:-
1	02.15	子曰學而不思	-	172	171_11/15	15b	06b	-	-	137	24b	2462c	018a	3573 疏:-
1	02.16	子曰攻乎異端	-	174	173_11/15	15b	06b	-	-	139	24b	2462c	018b	3573 疏:-
1	02.17	子曰由誨女知	-	176	175_11/15	15b	07a	-	-	140	25a	2462c	018b	3573 疏:-
1	02.18	子張學干祿子	-	179	178_11/15	16a	07a	-	-	142	25b	2462c	018c	3573 疏:-

ペリオ本	スタイン本		鄭注本	
無點本	加點本	無點本	加點本	無點本
3193:1, 2766:1		5781:1		
2618:0, 3193:20, 2766:17		5781:6		
2618:1, 3193:22, 2766:(20)-23		5781:9-10		
2618:4, 3193:25, 3962:1				
2618:5, 3193:26, 3962:1				
2618:6, 3193:28, 3962:3				
2618:10, 3193:31, 3962:7				
2618:12, 3193:33, 3962:8				
2618:14, 3193:35, 3962:10				
2618:16, 3193:37, 3962:(12)				
2618:17, 3193:39, 3962:(13)-14				
2618:21, 3193:42				
2618:22, 3193:44				
2618:24, 3193:46				
2618:26, 3193:48				
2618:28, 3193:50, 2601:0, 2604:0		4696:0		
2618:33, 3193:54, 2601:4, 2604:3		4696:2		
2618:34, 3193:(56)-57, 2601:6, 2604:4		4696:4		
2618:35, 2601:7, 2604:5		4696:5		
2618:36, 2601:8, 2604:6		4696:(5)		
2618:38, 2601:10, 2604:8, 2677:0		4696:7		
2618:40, 2601:13, 2604:10, 2677:0		4696:9-12		
2618:42, 2601:16, 2604:14, 2677:(5)				
2618:44, 2601:(17), 2604:15, 2677:(6)				
2618:46, 2601:(20), 2604:18, 2677:(8)				
2618:48, 2601:23, 2604:20, 2677:(11)				
2618:50, 2601:25, 2604:22, 2677:(13)				
2618:52, 2601:(25), 2604:24, 2677:(14)				
2618:52, 2601:-, 2604:24, 2677:(15)				
2618:53, 2601:26, 2604:25, 2677:15				
2618:54, 2601:27, 2604:26, 2677:16				
2618:54, 2601:28, 2604:26, 2677:(16)				
2618:56, 2601:29, 2604:28, 2677:(17)				
2618:56, 2601:30-32, 2604:28, 2677:18				
2618:57, 2601:-, 2604:30, 2677:19				

卷	篇章	本文	清原家本					中原家本			注釋書			
			高(清)	正	嘉	建	縮	文	高(中)	貞	義疏	注疏 2	注疏 8	加點本
1	02.19	哀公問曰何爲	-	186	185_12/15	16b	07a	-	-	148	26b	2462c	018d	3573 疏:-
1	02.20	季康子問使民	-	190	189_12/15	17a	07b	-	-	152	27a	2463a	018d	3573 疏:-
1	02.21	或謂孔子曰日	-	196	195_12/15	17b	07b	-	-	156	27b	2463a	019a	3573 疏:-
1	02.22	子曰人而無信	-	202	201_13/15	18a	07b	-	-	161	28b	2463a	019b	3573 疏:278
1	02.23	子張問十世可	-	207	206_13/15	18a	08a	-	-	164	29a	2463b	019c	3573 疏:293
1	02.24	子曰非其鬼而	-	213	212_13/15	18b	08a	-	-	169	31a	2463c	020c	3573 疏:-
2	03.01	孔子謂季氏八	-	003	002_3/15	01a	09a	-	-	002	01a	2465c	025a	3573 疏:342
2	03.02	三家者以雍徹	-	007	006_3/15	01b	09a	-	-	005	02a	2465c	025c	3573 疏:-
2	03.03	子曰人而不仁	-	014	013_3/15	02a	09a	-	-	010	03a	2466a	026a	3573 疏:-
2	03.04	林放問禮之本	-	016	015_3/15	02a	09b	-	-	012	03b	2466a	026a	3573 疏:374
2	03.05	子曰夷狄之有	-	020	019_3/15	02b	09b	-	-	015	04a	2466a	026b	3573 疏:379, 2904:1
2	03.06	季氏旅於泰山	-	022	021_4/15	02b	09b	-	-	017	04b	2466a	026b	3573 疏:384, 2904:2
2	03.07	子曰君子無所	-	028	027_4/15	03a	09b	-	-	022	05a	2466b	026c	3573 疏:392, 2904:(5)
2	03.08	子夏問曰巧笑	-	032	031_4/15	03b	10a	-	-	025	06b	2466b	026d	3573 疏:409, 2904:(6)
2	03.09	子曰夏禮吾能	-	042	041_5/15	04a	10a	-	-	032	08a	2466c	027b	3573 疏:422, 2904:11
2	03.10	子曰禘自既灌	-	048	047_5/15	04b	10b	-	-	037	8b	2466c	027c	3573 疏:427, 2904:13
2	03.11	或問禘之說子	-	053	051_5/15	05a	10b	-	-	041	10a	2467a	027d	3573 疏:-, 2904:15
2	03.12	祭如在祭神如	-	057	056_5/15	05b	10b	-	-	044	10b	2467a	028a	3573 疏:-, 2904:17
2	03.13	王孫賈問曰與	-	061	060_6/15	06a	11a	-	-	047	11a	2467a	028b	3573 疏:468, 2904:19
2	03.14	子曰周監於二	-	067	066_6/15	06b	11a	-	-	052	12a	2467b	028c	3573 疏:-, 2904:21
2	03.15	子入大廟每事	-	069	068_6/15	06b	11a	-	-	054	12a	2467b	028c	3573 疏:-, 2904:22
2	03.16	子曰射不主皮	-	075	074_6/15	07a	11b	-	-	059	13a	2467c	028d	3573 疏:479, 2904:25
2	03.17	子貢欲去告朔	-	081	080_7/15	07b	11b	-	-	063	14a	2467c	029c	3573 疏:502, 2904:28
2	03.18	子曰事君盡禮	-	086	085_7/15	08a	11b	-	-	067	15a	2468a	030a	3573 疏:-, 2904:30
2	03.19	定公問君使臣	-	088	087_7/15	08a	11b	-	-	069	15a	2468a	030b	3573 疏:-, 2904:31, 3972:0
2	03.20	子曰關雎樂而	-	091	090_7/15	08b	12a	-	-	071	15b	2468a	030b	3573 疏:542, 2904:32, 3972:(1)
2	03.21	哀公問社於宰	-	093	092_7/15	08b	12a	-	-	073	16a	2468a	030c	3573 疏:518,13, 2904:33, 3972:(2)
2	03.22	子曰管仲之器	-	102	101_8/15	09a	12a	-	-	079	17b	2468b	030d	3573 疏:550 2904:36, 3972:7
2	03.23	子語魯大師樂	-	116	115_8/15	10b	12b	-	-	091	19b	2468c	031b	3573 疏:-, 2904:42, 3972:13
2	03.24	儀封人請見曰	-	121	120_9/15	11a	13a	-	-	095	20a	2468c	031c	3573 疏:594 2904:45, 3972:16
2	03.25	子謂韶盡美矣	-	130	129_9/15	11b	13a	-	-	102	21b	2469a	032a	3573 疏:603 2904:48, 3972:20
2	03.26	子曰居上不寬	-	134	132_9/15	12a	13b	-	-	105	22a	2469a	032b	3573 疏:-, 2904:49, 3972:22
2	04.01	子曰里仁爲美	-	137	136_9/15	12b	13b	-	-	108	23a	2471a	036a	3573 疏:614 2904:51, 3972:24
2	04.02	子曰不仁者不	-	140	139_9/15	12b	13b	-	-	110	23b	2471a	036a	3573 疏:-, 2904:52, 3972:25
2	04.03	子曰惟仁者能	-	144	143_10/15	13a	13b	-	-	114	24a	2471a	036b	3573 疏:-, 2904:53, 3972:27

ペリオ本	スタイン本		鄭注本	
無點本	加點本	無點本	加點本	無點本
2618:60, 2604:33, 2677:22			ト:0	
2618:62, 2604:36, 2677:(23)			ト:4	
2618:65, 2604:39, 2677:(25)			ト:5	
2618:67, 2604:41, 2677:28			ト:(8)	
2618:69, 2604:43, 2677:(29)			ト:(10)	
2618:72-73, 2604:46-48, 2677:32-33			ト:13	
2676:(1)	7003A:2		ト:17	
2676:(2)	7003A:4		ト:(18)	
2676:5	7003A:6		ト:21	
2676:(5)	7003A:8		ト:22	
2676:6	7003A:10		ト:25	
2676:(7)	7003A:10		ト:25	
2676:10	7003A:13		ト:28	
2676:11	7003A:15		ト:30	
2676:15	7003A:20		ト:35	
2676:17	7003A:(23)		ト:38	
2676:21	7003A:26		ト:39	
2676:22	7003A:(28)		ト:42	
2676:24	7003A:30-33		ト:43	
2676:26			ト:(45)	
2676:26			ト:(46)	
2676:27			ト:(48)	
2676:31			ト:51	
2676:33			ト:(53)	
2676:34			ト:55	
2676:35			ト:56	
2676:36			ト:58	
2676:39			ト:62	S3339:0
2676:43			ト:69	S3339:6
2676:45			ト:72	S3339:10
2676:48			ト:76	S3339:16
2676:49			ト:78	S3339:18-19
2676:52			ト:81	
2676:53			ト:82	
2676:54		1586:(1)	ト:84	

卷	篇章	本文	清原家本					中原家本			注釋書			
			高(清)	正	嘉	建	縮	文	高(中)	貞	義疏	注疏 2	注疏 8	加點本
2	04.04	子曰苟志於仁	-	146	145_10/15	13a	13b	-	-	115	24b	2471a	036b	3573 疏:-, 2904:54, 3972:27
2	04.05	子曰富與貴是	-	147	146_10/15	13a	14a	-	-	116	24b	2471a	036b	3573 疏:-, 2904:54, 3972:28
2	04.06	子曰我未見好	-	157	156_10/15	14a	14a	-	-	124	25b	2471b	036d	3573 疏:-, 2904:59, 3972:32
2	04.07	子曰人之過也	-	168	167_11/15	15a	14b	-	-	133	27a	2471b	037a	3573 疏:-, 2904:62, 3972:37
2	04.08	子曰朝聞道夕	-	171	170_11/15	15a	14b	-	-	135	27a	2471b	037a	3573 疏:-, 2904:63, 3972:39
2	04.09	子曰士志於道	-	173	171_11/15	15b	14b	-	-	136	27b	2471b	037a	3573 疏:-, 2904:64, 3972:39
2	04.10	子曰君子之於	-	174	173_11/15	15b	14b	-	-	138	27b	2471b	037b	3573 疏:-, 2904:65, 3972:40
2	04.11	子曰君子懷德	-	177	176_11/15	15b	15a	-	-	139	28a	2471b	037b	3573 疏:-, 2904:65, 3972:41
2	04.12	子曰放於利而	-	180	179_11/15	16a	15a	-	-	141	28b	2471c	037b	3573 疏:-, 2904:66, 3972:42
2	04.13	子曰能以禮讓	-	182	181_12/15	16a	15a	-	-	143	28b	2471c	037b	3573 疏:-, 2904:67, 3972:43
2	04.14	子曰不患無位	-	185	184_12/15	16b	15a	-	-	145	29a	2471c	037c	3573 疏:-, 2904:68, 3972:44
2	04.15	子曰參乎吾道	-	188	187_12/15	16b	15a	-	-	147	29b	2471c	037c	3573 疏:-, 2904:69, 3972:45
2	04.16	子曰君子喩於	-	191	190_12/15	17a	15b	-	-	150	30a	2471c	037d	3573 疏:-, 2904:70, 3972:47
2	04.17	子曰見賢思齊	-	193	192_12/15	17a	15b	-	-	152	30a	2471c	037d	3573 疏:-, 2904:71, 3972:48
2	04.18	子曰事父母幾	-	195	194_12/15	17a	15b	-	-	153	30a	2471c	037d	3573 疏:626-655, 2904:71, 3972:48
2	04.19	子曰父母在子	-	199	198_12/15	17b	15b	-	-	156	31b	2471c	038a	3573 疏:-, 2904:73, 3972:50
2	04.20	子曰三年無改	-	200	199_12/15	17b	15b	-	-	157	31b	2471c	038a	3573 疏:-, 2904:73, 3972:51
2	04.21	子曰父母之年	-	203	202_13/15	18a	15b	-	-	159	31b	2472a	038a	3573 疏:-, 2904:74, 3972:52
2	04.22	子曰古者言之	-	205	204_13/15	18a	15b	-	-	161	32a	2472a	038a	3573 疏:-, 2904:75, 3972:53
2	04.23	子曰以約失之	-	208	206_13/15	18b	16a	-	-	163	32b	2472a	038b	3573 疏:-, 2904:76, 3972:54
2	04.24	子曰君子欲訥	-	209	208_13/15	18b	16a	-	-	165	32b	2472a	038b	3573 疏:-, 2904:-, 3972:55
2	04.25	子曰德不孤必	-	211	210_13/15	18b	16a	-	-	166	33a	2472a	038b	3573 疏:-, 2904:76, 3972:56
2	04.26	子游曰事君數	-	213	212_13/15	18b	16a	-	-	167	33a	2472a	038b	3573 疏:-, 2904:77, 3972:56-57
3	05.01	子謂公冶長可	-	003	002_3/18	01b	17a	-	-	002	01a	2473a	041a	3643:2
3	05.02	子謂南容邦有	-	006	005_3/18	01b	17a	-	-	004	02a	2473a	014b	3643:3
3	05.03	子謂子賤君子	-	009	008_3/18	02a	17a	-	-	007	02b	2473a	041b	3643:5
3	05.04	子貢問曰賜也	-	013	012_3/18	02a	17a	-	-	010	02b	2473a	041c	3643:6
3	05.05	或曰雍也仁而	-	016	015_3/18	02b	17b	-	-	013	03b	2473b	041d	3643:8
3	05.06	子使漆雕開仕	-	021	020_4/18	03a	17b	-	-	016	04a	2473b	042a	3643:10
3	05.07	子曰道不行乘	-	024	023_4/18	03a	17b	-	-	018	04b	2473b	042a	3643:11
3	05.08	孟武伯問子路	-	032	031_4/18	04a	18a	-	-	025	05b	2473c	042b	3643:15
3	05.09	子謂子貢曰女	-	043	042_5/18	05a	18a	-	-	034	07a	2473b	042d	3643:20
3	05.10	宰予晝寢子曰	-	049	048_5/18	05b	18b	-	-	038	08a	2474a	043a	3643:23
3	05.11	子曰吾未見剛	-	058	057_5/18	06a	18b	-	-	045	09a	2474a	043b	3643:27
3	05.12	子貢曰我不欲	-	060	059_5/18	06b	19a	-	-	047	09b	2474a	043c	3643:28

ペリオ本	スタイン本		鄭注本	
無點本	加點本	無點本	加點本	無點本
2676:54		1586:(2)	ト:85	
2676:55		1586:(2)	ト:(85)	
2676:58		1586:(7)	ト:90	
2676:61		1586:11	ト:(93)	
2676:62		1586:12	ト:94	
2676:63		1586:13	ト:95	
2676:63		1586:(13)	ト:96	
2676:64		1586:(14)	ト:97	
2676:64		1586:(15)	ト:98	
2676:65		1586:16	ト:99	
2676:66		1586:17	ト:(100)	
2676:67		1586:18	ト:102	
2676:68		1586:20	ト:104	
2676:69		1586:21	ト:105	
2676:69		1586:21	ト:106	
2676:71		1586:23	ト:107	
2676:71		1586:23	ト:108	
2676:72		1586:24	ト:109	
2676:73		1586:25	ト:110	
2676:73		1586:26	ト:111	
2676:74		1586:27	ト:111	
2676:75		1586:27	ト:112	
2676:75-76		1586:28-29	ト:113	
			ト:115	
			ト:116	
			ト:118	
			ト:119	
			ト:121	
			ト:123	
			ト:125	
	5792A:0		ト:(127)	
	5792A:4-5		ト:(133)	
			ト:(135)	
			ト:(139)	
			ト:141	

卷	篇章	本文	清原家本					中原家本			注釋書			
			高(清)	正	嘉	建	縮	文	高(中)	貞	義疏	注疏2	注疏8	加點本
3	05.13	子貢曰夫子之	-	064	063_6/18	06b	19a	-	-	050	10a	2474a	043c	3643:(30)
3	05.14	子路有聞未之	-	069	068_6/18	07a	19a	-	-	054	11a	2474b	044a	3643:(32)
3	05.15	子貢問曰孔文	-	071	070_6/18	07a	19a	-	-	056	11a	2474b	044a	3643:34
3	05.16	子謂子產有君	-	075	074_6/18	07b	19b	-	-	059	11b	2474b	044b	3643:36
3	05.17	子曰晏平仲善	-	078	077_6/18	08a	19b	-	-	062	11b	2474b	044b	3643:38
3	05.18	子曰臧文仲居	-	080	079_6/18	08a	19b	-	-	063	12a	2474c	044c	3643:39
3	05.19	子張問曰令尹	-	086	085_7/18	08b	19b	-	-	067	12b	2474c	044d	3643:40
3	05.20	季文子三思而	-	100	099_7/18	09b	20a	-	-	078	14b	2475a	045b	3643:48
3	05.21	子曰甯武子邦	-	103	102_8/18	10a	20a	-	-	080	15a	2475a	045c	3643:49
3	05.22	子在陳曰歸與	-	107	106_8/18	10a	20b	-	-	083	15b	2475a	045c	3643:51
3	05.23	子曰伯夷叔齊	-	112	111_8/18	10b	20b	-	-	087	16a	2475a	045d	3643:53
3	05.24	子曰孰謂微生	-	114	113_8/18	11a	20b	-	-	088	16b	2475b	046a	3643:54
3	05.25	子曰巧言令色	-	117	116_8/18	11a	20b	-	-	091	17a	2475b	046a	3643:55
3	05.26	顏淵季路侍子	-	122	121_9/18	11b	21a	-	-	095	17b	2475b	046b	3643:57
3	05.27	子曰已矣乎吾	-	130	128_9/18	12a	21a	-	-	101	18b	2475b	046c	3643:61
3	05.28	子曰十室之邑	-	132	131_9/18	12b	21a	-	-	102	18b	2475c	046c	3643:62
3	06.01	子曰雍也可使	-	136	135_9/18	12b	21b	-	-	106	19a	2477c	051a	3643:64
3	06.02	仲弓問子桑伯	-	137	136_9/18	13a	21b	-	-	107	19a	2477c	051a	3643:65
3	06.03	哀公問曰弟子	-	143	142_10/18	13b	21b	-	-	112	20a	2477c	051b	3643:68
3	06.04	子華使於齊冉	-	149	148_10/18	14a	22a	-	-	116	21a	2477c	051c	3643:70
3	06.05	原思爲之宰與	-	156	155_10/18	14b	22a	-	-	122	22b	2478a	051d	3643:74
3	06.06	子謂仲弓曰犂	-	162	161_11/18	15a	22b	-	-	126	23a	2478a	052a	3643:76
3	06.07	子曰回也其心	-	166	165_11/18	15b	22b	-	-	130	24a	2478a	052b	3643:78
3	06.08	季康子問仲由	-	169	168_11/18	15b	22b	-	-	132	24b	2478b	052b	3643:(80)-81
3	06.09	季氏使閔子騫	-	176	175_11/18	16a	22b	-	-	138	25a	2478b	052c	
3	06.10	伯牛有疾子問	-	182	181_12/18	16b	23a	-	-	143	25b	2478b	052d	
3	06.11	子曰賢哉回也	-	188	187_12/18	17a	23a	-	-	147	26a	2478b	053a	
3	06.12	冉求曰非不說	-	192	191_12/18	17b	23b	-	-	151	26b	2478c	053a	
3	06.13	子謂子夏曰女	-	196	195_12/18	18a	23b	-	-	154	27a	2478c	053b	
3	06.14	子游爲武城宰	-	198	197_12/18	18a	23b	-	-	155	27a	2478c	053b	
3	06.15	子曰孟之反不	-	203	202_13/18	18b	23b	-	-	160	28a	2478c	053c	
3	06.16	子曰不有祝鮀	-	209	208_13/18	19a	24a	-	-	164	28b	2479a	053d	
3	06.17	子曰誰能出不	-	214	213_13/18	19b	24a	-	-	168	29a	2479a	054a	
3	06.18	子曰質勝文則	-	216	215_13/18	19b	24a	-	-	170	29b	2479a	054a	
3	06.19	子曰人之生也	-	219	219_13/18	20a	24a	-	-	172	29b	2479a	054a	

ペリオ本	スタイン本		鄭注本	
無點本	加點本	無點本	加點本	無點本
			ト:143	
			ト:144	
			ト:145	
			ト:147	
			ト:149	
			ト:150	
			ト:152	
			ト:160	
			ト:162	
			ト:163	
			ト:(165)	
			ト:167	
			ト:168	
			ト:170	
			ト:173	
			ト:174-175	
			S7003B	
			S7003B	
			S7003B	
			S7003B	
			S7003B	
			S7003B	
			S7003B	
			S7003B	
			S7003B	
			S7003B	
			S7003B	
			S7003B	
			S7003B	
			S7003B	
			S7003B	
			S7003B	
			S7003B	
			S7003B	

卷	篇章	本文	清原家本					中原家本			注釋書			
			高(清)	正	嘉	建	縮	文	高(中)	貞	義疏	注疏 2	注疏 8	加點本
3	06.20	子曰知之者不	-	222	222_14/18	20a	24b	-	-	175	30a	2479a	054b	
3	06.21	子曰中人以上	-	225	225_14/18	20a	24b	-	-	177	30b	2479a	054b	
3	06.22	樊遲問知子曰	-	228	228_14/18	20b	24b	-	-	179	31a	2479b	054c	
3	06.23	子曰知者樂水	-	233	232_14/18	21a	24b	-	-	183	31b	2479b	054c	
3	06.24	子曰齊一變至	-	239	238_14/18	21b	25a	-	-	188	32b	2479b	054d	
3	06.25	子曰觚不觚觚	-	243	242_15/18	21b	25a	-	-	191	33a	2479b	054d	
3	06.26	宰我問曰仁者	-	245	244_15/18	22a	25a	-	-	193	33b	2479b	055a	
3	06.27	子曰君子博學	-	253	252_15/18	22b	25b	-	-	199	34b	2479c	055b	
3	06.28	子見南子子路	-	255	255_15/18	23a	25b	-	-	201	35a	2479c	055b	
3	06.29	子曰中庸之爲	-	261	260_16/18	23a	25b	-	-	205	36a	2479c	055c	
3	06.30	子貢曰如能博	-	264	263_16/18	23b	25b	-	-	207	36a	2479c	055d	
4	07.01	子曰述而不作	-	003	002_3/17	01a	27a	-	-	002	01a	2481c	060a	2677:(3)
4	07.02	子曰默而識之	-	005	004_3/17	01a	27a	-	-	004	01b	2481c	060b	2677:4
4	07.03	子曰德之不脩	-	008	007_3/17	01b	27a	-	-	005	02a	2481c	060b	3783:0, 2677:5-6
4	07.04	子之燕居申申	-	011	010_3/17	01b	27a	-	002	008	02a	2481c	060b	3783:(1)
4	07.05	子曰甚矣吾衰	-	012	011_3/17	01b	27a	-	002	009	02b	2481c	060b	3783:2
4	07.06	子曰志於道據	-	015	014_3/17	02a	27a	-	004	011	02b	2481c	060c	3783:3, 2677:0
4	07.07	子曰自行束脩	-	019	018_3/17	02a	27b	-	006	014	03a	2482a	060d	3783:4, 2677:(1)
4	07.08	子曰不憤不啓	-	021	020_4/17	02b	27b	-	008	016	03b	2482a	061a	3783:4, 2677:2
4	07.09	子食於有喪者	-	026	025_4/17	03a	27b	-	010	020	04a	2482a	061a	3783:6, 2677:4
4	07.10	子謂顏淵曰用	-	029	028_4/17	03a	27b	-	012	022	04b	2482a	061b	3783:7, 2677:(5)-7
4	07.11	子曰富而可求	-	037	036_4/17	03b	28a	-	017	029	05b	2482b	061c	3783:10
4	07.12	子之所愼齊戰	-	042	041_5/17	04a	28a	-	019	032	06b	2482b	061d	3783:12, 3194:1
4	07.13	子在齊聞詔樂	-	043	042_5/17	04a	28a	-	020	034	06b	2482b	061d	3783:12, 3194:(1)
4	07.14	冉有曰夫子爲	-	047	046_5/17	04b	28b	-	022	037	07b	2482b	062a	3783:13, 3194:(2)
4	07.15	子曰飯疏食飲	-	057	056_5/17	05b	28b	-	028	045	09a	2482c	062b	3783:16, 3194:6
4	07.16	子曰加我數年	-	061	060_6/17	06a	29a	-	030	048	09b	2482c	062c	3783:18, 3194:(7)
4	07.17	子所雅言詩書	-	064	063_6/17	06a	29a	-	032	050	10a	2482c	062d	3783:19, 3194:(8)
4	07.18	葉公問孔子於	-	067	066_6/17	06b	29a	-	033	053	10b	2483a	062d	3783:20, 3194:9
4	07.19	子曰我非生而	-	072	071_6/17	06b	29a	-	036	057	11a	2483a	063a	3783:22, 3194:(11)
4	07.20	子不語怪力亂	-	074	073_6/17	07a	29b	-	037	058	11b	2483a	063a	3783:23, 3194:12
4	07.21	子曰我三人行	-	077	076_7/17	07a	29b	-	039	061	12a	2483a	063a	3783:24, 3194:13
4	07.22	子曰天生德於	-	081	080_7/17	07b	29b	-	041	063	12b	2483a	063b	3783:25, 3194:14
4	07.23	子曰二三子以	-	084	083_7/17	07b	29b	-	042	066	13a	2483a	063b	3783:26, 3194:15
4	07.24	子以四敎文行	-	089	088_7/17	08a	29b	-	045	070	13a	2483b	063c	3783:28, 3194:16

ペリオ本	スタイン本		鄭注本	
無點本	加點本	無點本	加點本	無點本
			武:0	
			武:(1)	
			武:3	
			武:(4)	
			武:(5)	
			武:(6)	
			武:9	
			武:10	
			武:12	
			武:13-15, S6121:0	
3705:0	800:2		S6121:4	
3705:(3)	800:3		S6121:5	
3705:(4)	800:4		S6121:(5)	
3705:5	800:6		S6121:7	
3705:(6)	800:(6)		S6121:(7)	
3705:7	800:8		S6121:(8)-9	
3705:8	800:(9)			
3705:9	800:10			
3705:(11)	800:12			
3705:12	800:14			
3705:16	800:18			P2510:1
3705:17, 2699:1	800:20			P2510:(2)
3705:18, 2699:1	800:21			P2510:3
3705:19, 2699:3	800:22			P2510:5
3705:24, 2699:7	800:27			P2510:9
3705:26, 2699:9	800:29			P2510:11
3705:27, 2699:11	800:30			P2510:13
3705:28, 2699:12	800:32			P2510:14
3705:30, 2699:14	800:34			P2510:16
3705:31, 2699:15	800:35			P2510:17
3705:32, 2699:17	800:36		S7003B	P2510:18
3705:34, 2699:19	800:38		S7003B	P2510:19
3705:35, 2699:20	800:39		S7003B	P2510:21
3705:37, 2699:22	800:42		S7003B	P2510:23

卷	篇章	本文	清原家本					中原家本			注釋書			
			高(清)	正	嘉	建	縮	文	高(中)	貞	義疏	注疏 2	注疏 8	加點本
4	07.25	子曰聖人吾不	-	090	089_7/17	08a	30a	-	046	071	13b	2483b	063c	3783:28, 3194:17
4	07.26	子釣而不綱弋	-	096	095_7/17	08b	30a	-	049	075	14a	2483b	063d	3783:31, 3194:19
4	07.27	子曰蓋有不知	-	098	097_7/17	09a	30a	-	051	077	14b	2483b	063d	3783:32, 3194:20
4	07.28	互鄉難與言童	-	102	102_8/17	09a	30a	-	053	080	15a	2483b	064a	3783:34, 3194:21
4	07.29	子曰仁遠乎哉	-	110	109_8/17	10a	30b	-	057	087	16a	2483c	064b	3783:36, 3194:24
4	07.30	陳司敗問昭公	-	112	111_8/17	10a	30b	-	058	088	16b	2483c	064b	3783:37, 3194:24
4	07.31	子與人歌而善	-	122	121_9/17	11a	31a	-	064	097	17b	2484a	065a	3783:41, 3194:28
4	07.32	子曰文莫吾猶	-	124	123_9/17	11a	31a	-	066	098	18a	2484a	065a	3783:42, 3194:29
4	07.33	子曰若聖與仁	-	128	127_9/17	11b	31a	-	068	101	18a	2484a	065b	3783:43, 3194:30
4	07.34	子疾病子路請	-	133	132_9/17	11b	31b	-	071	105	18b	2484a	065b	3783:45, 3194:31
4	07.35	子曰奢則不孫	-	139	138_9/17	12a	31b	-	074	110	19b	2484b	065c	3783:47, 3194:33
4	07.36	子曰君子坦蕩	-	141	140_10/17	12b	31b	-	076	112	20a	2484b	065c	3783:48, 3194:34
4	07.37	子溫而厲威而	-	143	142_10/17	12b	31b	-	077	113	20a	2484b	065d	3783:49, 3194:35
4	08.01	子曰泰伯其可	-	146	145_10/17	13a	31b	-	080	116	21a	2486b	070a	3783:51, 3194:36
4	08.02	子曰恭而無禮	-	151	150_10/17	13b	32a	-	082	119	22a	2486b	070b	3783:52, 3194:37
4	08.03	曾子有疾召門	-	158	157_10/17	14a	32a	-	087	125	22b	2486b	070c	3783:55, 3194:40
4	08.04	曾子有疾孟敬	-	165	164_11/17	14b	32b	-	091	131	23b	2486c	070d	3783:57, 3194:42
4	08.05	曾子曰以能問	-	176	175_11/17	15b	32b	-	098	139	25b	2486c	071b	3783:62, 3194:46
4	08.06	曾子曰可以託	-	180	179_12/17	15b	33a	-	100	143	26a	2486c	071b	3783:64, 3194:48
4	08.07	曾子曰士不可	-	185	185_12/17	16a	33a	-	103	146	26b	2487a	071c	3783:66, 3194:49
4	08.08	子曰興於詩立	-	190	189_12/17	16b	33a	-	106	150	27a	2487a	071c	3783:68, 3194:51
4	08.09	子曰民可使由	-	193	192_12/17	17a	33b	-	108	152	27b	2487a	071d	3783:69, 3194:52
4	08.10	子曰好勇疾貧	-	195	194_12/17	17a	33b	-	109	154	28a	2487a	071d	3783:70, 3194:53
4	08.11	子曰如有周公	-	198	197_12/17	17a	33b	-	111	157	28b	2487a	071d	3783:71, 3194:54
4	08.12	子曰三年學不	-	201	199_13/17	17b	33b	-	112	159	28b	2487a	072a	3783:72, 3194:54
4	08.13	子曰篤信好學	-	203	202_13/17	17b	33b	-	114	161	29a	2487b	072a	3783:73, 3194:55
4	08.14	子曰不在其位	-	209	208_13/17	18a	34a	-	118	166	29b	2487b	072b	3783:76, 3194:57
4	08.15	子曰師摯之始	-	211	210_13/17	18b	34a	-	119	167	29b	2487b	072b	3783:77, 3194:58
4	08.16	子曰狂而不直	-	215	214_13/17	18b	34a	-	121	170	30a	2487b	072b	3783:78, 3194:59
4	08.17	子曰學如不及	-	219	218_13/17	19a	34a	-	123	173	30b	2487b	072c	3783:79, 3194:61
4	08.18	子曰巍巍乎舜	-	221	220_14/17	19a	34b	-	124	175	31a	2487b	072c	3783:79, 3194:61
4	08.19	子曰大哉堯之	-	224	222_14/17	19b	34b	-	126	177	31b	2487b	072c	3783:80, 3194:62
4	08.20	舜有臣五人而	-	230	229_14/17	20a	34b	-	003	182	32a	2487c	072d	3783:83, 3194:64
4	08.21	子曰禹吾無間	-	243	242_15/17	21a	35a	-	011	192	34a	2488a	073d	3783:87, 3194:68-71
5	09.01	子罕言利與命	-	003	002_3/17	02a	36a	-	-	002	01a	2489c	077a	3783:91

ペリオ本	スタイン本		鄭注本	
無點本	加點本	無點本	加點本	無點本
3705:38, 2699:22	800:43		S7003B	P2510:24
3705:40, 2699:26	800:46		S7003B	P2510:27
3705:42, 2699:27, 3534:0	800:47		S7003B	P2510:28
3705:43, 2699:28, 3534:(2)	800:49		S7003B	P2510:30
3705:46, 2699:32, 3534:5	800:53		S7003B	P2510:33
3705:47, 2699:32, 3534:6	800:54		S7003B	P2510:33
3705:52, 2699:37, 3534:10	800:59		S7003B	P2510:39
3705:53, 2699:38, 3534:11	800:60		S7003B	P2510:40
3705:54, 2699:40, 3534:12	800:62		S7003B	P2510:41
3705:57, 2699:42, 3534:(14)	800:65		S7003B	P2510:44
3705:59, 2699:45, 3534:17	800:67		S7003B	P2510:46
3705:61, 2699:46, 3534:18	800:69		S7003B	P2510:47
3705:61, 2699:47, 3534:18	800:70			P2510:48
3705:62, 2699:49, 3534:21	800:72			P2510:51
3705:64, 2699:51, 3534:23	800:74			P2510:54
3705:66, 2699:54, 3534:26	800:77			P2510:57
3705:68, 2699:57, 3534:29	800:81			P2510:60
3705:73, 2699:62, 3534:34	800:86			P2510:66
3705:74, 2699:64, 3534:36	800:88			P2510:68
3705:76, 2699:67, 3534:38	800:91			P2510:70
3705:78, 2699:69, 3534:40	800:93			P2510:72
3705:79, 2699:70, 3534:41	800:94			P2510:73
3705:80, 2699:71, 3534:42	800:95			P2510:74
3705:81, 2699:72, 3534:43	800:97			P2510:75
3705:82, 2699:73, 3534:44	800:98			P2510:76
3705:83, 2699:74, 3534:45	800:99, 6023:0			P2510:78
3705:86, 2699:77, 3534:48	800:102, 6023:(3)			P2510:80
3705:86, 2699:78, 3534:48	800:103, 6023:3			P2510:81
3705:88, 2699:80, 3534:50	800:105, 6023:4			P2510:83
3705:90, 2699:81, 3534:51	800:106, 6023:5			P2510:84
3705:90, 2699:82, 3534:52	800:107, 6023:5			P2510:85
3705:91, 2699:83, 3534:53	800:108, 6023:6			P2510:85
3705:94, 2699:86, 3534:56	800:112, 6023:8			P2510:87
3705:99-102, 2699:92-95, 3534:61-64	800:118-22, 6023:11			P2510:93
3305:(1)	6023:0			P2510:98

卷	篇章	本文	清原家本					中原家本			注釋書			
			高(清)	正	嘉	建	縮	文	高(中)	貞	義疏	注疏 2	注疏 8	加點本
5	09.02	達巷黨人曰大	-	005	004_3/17	02a	36a	-	-	003	01b	2489c	077a	3783:91
5	09.03	子曰麻冕禮也	-	010	010_3/17	02b	36a	-	-	008	02b	2489c	077b	3783:93
5	09.04	子絕四毋意毋	-	016	015_3/17	03a	36b	-	-	012	03b	2490a	077c	3783:95
5	09.05	子畏於匡曰文	-	020	019_3/17	03b	36b	-	-	015	04a	2490a	077d	3783:96
5	09.06	太宰問於子貢	-	031	030_4/17	04b	37a	-	-	024	05b	2490a	078a	3783:98
5	09.07	牢曰子云吾不	-	040	039_4/17	05a	37a	-	-	031	06b	2490b	078c	3783:102
5	09.08	子曰吾有知乎	-	042	041_5/17	05a	37a	-	-	033	07a	2490b	078c	3783:102
5	09.09	子曰鳳鳥不至	-	047	046_5/17	05b	37b	-	-	037	07b	2490b	078d	3783:104
5	09.10	子見齊衰者冕	-	050	049_5/17	06a	37b	-	-	039	08a	2490b	078d	3783:105
5	09.11	顏淵喟然歎曰	-	054	053_5/17	06b	37b	-	-	042	08b	2490b	079a	3783:106
5	09.12	子疾病子路使	-	064	063_6/17	07a	38a	-	-	051	10a	2490c	079b	3783:110
5	09.13	子貢曰有美玉	-	076	075_6/17	08a	38b	-	-	060	11a	2490c	079c	3783:114
5	09.14	子欲居九夷或	-	081	080_7/17	08b	38b	-	-	064	12a	2491a	079d	3783:116
5	09.15	子曰吾自衞反	-	084	083_7/17	09a	38b	-	-	066	12b	2491a	079d	3783:117
5	09.16	子曰出則事公	-	087	086_7/17	09a	38b	-	-	069	12b	2491a	080a	3783:118, 3467:0
5	09.17	子在川上曰逝	-	090	089_7/17	09b	39a	-	-	071	13a	2491a	080b	3783:120, 3467:1
5	09.18	子曰吾未見好	-	092	091_7/17	09b	39a	-	-	072	13b	2491a	080b	3783:121, 3467:2
5	09.19	子曰譬如爲山	-	094	093_7/17	09b	39a	-	-	074	13b	2491a	080b	3783:121, 3467:3
5	09.20	子曰語之而不	-	100	099_7/17	10a	39a	-	-	079	14a	2491b	080c	3783:123, 3467:5
5	09.21	子謂顏淵曰惜	-	102	101_8/17	10b	39a	-	-	080	14a	2491b	080c	3783:124, 3467:6
5	09.22	子曰苗而不秀	-	104	103_8/17	10b	39b	-	-	082	14b	2491b	080c	3783:125, 3467:7
5	09.23	子曰後生可畏	-	107	106_8/17	11a	39b	-	-	084	14b	2491b	080c	3783:126, 3467:8
5	09.24	子曰法語之言	-	110	109_8/17	11a	39b	-	-	087	15a	2491b	080d	3783:127, 3467:10
5	09.25	子曰主忠信無	-	116	115_8/17	11b	39b	-	-	092	15b	2491b	081a	3783:130, 3467:12
5	09.26	子曰三軍可奪	-	118	117_8/17	12a	39b	-	-	094	16a	2491b	081a	3783:131, 3467:13
5	09.27	子曰衣敝縕袍	-	121	120_9/17	12a	40a	-	-	096	16a	2491c	081a	3783:132, 3467:14
5	09.28	不忮不求何用	-	123	122_9/17	12a	40a	-	-	098	16b	2491c	081a	3783:133, 3467:15
5	09.29	子曰歲寒然後	-	128	127_9/17	12b	40a	-	-	101	17a	2491c	081b	3783:134, 3467:17
5	09.30	子曰知者不惑	-	132	131_9/17	13a	40a	-	-	105	17b	2491c	081c	3783:135, 3467:19
5	09.31	子曰可與共學	-	134	133_9/17	13a	40b	-	-	106	18a	2491c	081c	3783:136, 3467:19-21
5	09.32	唐棣之華偏其	-	138	137_9/17	13b	40b	-	-	110	18b	2491c	081c	3783:137
5	10.01	孔子於鄉黨恂	-	147	146_10/17	14b	41a	-	-	117	20a	2493c	086a	3783:141
5	10.02	朝與下大夫言	-	150	149_10/17	14b	41a	-	-	119	20b	2493c	086a	3783:142
5	10.03	君召使擯色勃	-	155	154_10/17	15a	41a	-	-	123	21a	2493c	086b	3783:144
5	10.04	入公門鞠躬如	-	162	161_11/17	15b	41b	-	-	129	22b	2494a	087a	3783:146

ペリオ本	スタイン本		鄭注本	
無點本	加點本	無點本	加點本	無點本
3305:1	6023:(1)			P2510:99
3305:3	6023:(3)			P2510:102
3305:5	6023:4			P2510:104
3305:6	6023:(5)			P2510:105
3305:9	6023:(7)			P2510:109
3305:12	6023:(9)			P2510:114
3305:12	6023:9			P2510:115
3305:15	6023:11			P2510:117
3305:16	6023:(12)			P2510:118
3305:17	6023:(13), 3992:0			P2510:121
3305:20	6023:(16), 3992:3			P2510:126
3305:24	6023:(20), 3992:8			P2510:131
3305:(26)	6023:(22), 3992:9			P2510:134
3305:26	6023:(23), 3992:10			P2510:136
3305:28	6023:(24)-25, 3992:12			P2510:137
3305:29	3992:13			P2510:139
3305:29	3992:14			P2510:140
3305:30	3992:14			P2510:141
3305:32	3992:17			P2510:143
3305:32	3992:(18)			P2510:144
3305:33, 4643:(1)	3992:19			P2510:145
3305:34, 4643:(1)	3992:20			P2510:146
3305:35, 4643:3	3992:(21)			P2510:148
3305:37, 4643:(5)	3992:24			P2510:152
3305:38, 4643:(6)	3992:25			P2510:153
3305:39, 4643:8	3992:(27)-28			P2510:154
3305:40, 4643:9				P2510:155
3305:41, 4643:11				P2510:157
3305:43				P2510:158
3305:43				P2510:159
3305:45				P2510:162
3305:49				P2510:166
3305:50				P2510:167
3305:51				P2510:169
3305:54				P2510:173

卷	篇章	本文	清原家本					中原家本			注釋書			
			高(淸)	正	嘉	建	縮	文	高(中)	貞	義疏	注疏 2	注疏 8	加點本
5	10.05	執圭鞠躬如也	-	173	172_11/17	16b	41b	-	-	137	23b	2494b	087b	3783:150
5	10.06	君子不以紺緅	-	180	179_12/17	17a	42a	-	-	143	25a	2494c	088b	3783:153
5	10.07	齊必有明衣布	-	197	197_12/17	18b	42b	-	-	162	28b	2494c	088c	3783:158
5	10.08	食不厭精膾不	-	200	199_12/17	19a	42b	-	-	164	29a	2495b	089c	3783:159
5	10.09	席不正不坐	-	217	216_13/17	20b	43a	-	-	177	31b	2495c	090a	3783:166
5	10.10	鄕人飮酒杖杖	-	217	217_13/17	20b	43a	-	-	177	31b	2495c	090a	3783:167
5	10.11	問人於他邦再	-	221	221_14/17	20b	43b	-	-	180	32b	2495c	090b	3783:168, 2663:1
5	10.12	康子饋藥拜而	-	223	222_14/17	21a	43b	-	-	181	32b	2495c	090b	3783:168, 2663:(1)
5	10.13	廐焚子退朝曰	-	225	224_14/17	21a	43b	-	-	183	32b	2495c	090c	3783:169, 2663:(2)
5	10.14	君賜食必正席	-	227	226_14/17	21a	43b	-	-	185	33a	2495c	090c	3783:170, 2663:3
5	10.15	侍食於君君祭	-	230	230_14/17	21b	43b	-	-	187	33b	2495c	090c	3783:172, 2663:(4)
5	10.16	疾君視之東首	-	232	231_14/17	21b	43b	-	-	189	33b	2495c	090d	3783:172, 2663:5
5	10.17	君命召不俟駕	-	234	234_14/17	22a	43b	-	-	191	34a	2496a	090d	3783:173, 2663:6
5	10.18	入大廟每事問	-	236	235_14/17	22a	44a	-	-	192	34a	2496a	090d	3783:173, 2663:7
5	10.19	朋友死無所歸	-	236	236_14/17	22a	44a	-	-	192	34b	2496a	091a	3783:174, 2663:7
5	10.20	寢不尸居不容	-	240	240_15/17	22a	44a	-	-	195	34b	2496a	091a	3783:175, 2663:8
5	10.21	子見齊衰者雖	-	242	241_15/17	22b	44a	-	-	196	35a	2496a	091a	3783:176, 2663:9
5	10.22	升車必正立執	-	249	249_15/17	23a	44a	-	-	202	36a	2496a	091b	3783:178, 2663:12
5	10.23	色斯擧矣翔而	-	252	252_15/17	23b	44b	-	-	205	36b	2496b	091c	3783:180-181, 2663:13-15
6	11.01	子曰先進於禮	-	003	002_3/19	01a	01a	-	-	002	01a	2498b	096a	2620:1, 3254:2
6	11.02	子曰從我於陳	-	008	007_3/19	01b	01a	-	-	005	01b	2498b	096b	2620:(2), 3254:5
6	11.03	德行顏淵閔子	-	010	009_3/19	01b	01a	-	-	008	02a	2498b	096b	2620:(3), 3254:6
6	11.04	子曰回也非助	-	013	012_3/19	01b	01a	-	-	010	02b	2498b	096c	2620:5, 3254:8
6	11.05	子曰孝哉閔子	-	016	015_3/19	02a	01a	-	-	012	03a	2498b	096c	2620:6, 3254:10
6	11.06	南容三復白圭	-	019	018_3/19	02a	01b	-	-	014	03a	2498c	096c	2620:7, 3254:12
6	11.07	季康子問弟子	-	022	021_4/19	02b	01b	-	-	017	03b	2498c	096d	2620:8, 3254:14
6	11.08	顏淵死顏路請	-	026	025_4/19	02b	01b	-	-	020	04a	2498c	096d	2620:10, 3254:16
6	11.09	顏淵死子曰噫	-	033	032_4/19	03b	02a	-	-	025	04b	2498c	097b	2620:13, 3254:21
6	11.10	顏淵死子哭之	-	035	034_4/19	03b	02a	-	-	027	05a	2499a	097b	2620:14, 3254:22
6	11.11	顏淵死門人欲	-	038	037_4/19	04a	02a	-	-	030	05b	2499a	097c	2620:(15) 3254:24
6	11.12	季路問事鬼神	-	045	044_5/19	04b	02a	-	-	035	06b	2499a	097c	2620:18, 3254:28
6	11.13	閔子騫侍側誾	-	048	047_5/19	04b	02b	-	-	037	06b	2499a	097d	2620:20, 3254:30
6	11.14	魯人爲長府閔	-	052	051_5/19	05a	02b	-	-	041	07a	2499a	098a	2620:21, 3254:32
6	11.15	子曰由之鼓瑟	-	057	056_5/19	05b	02b	-	-	045	07b	2499b	098a	2620:23, 3254:35
6	11.16	子貢問師與商	-	062	061_6/19	05b	03a	-	-	048	08a	2499b	098b	2620:25, 3254:37

ペリオ本	スタイン本		鄭注本	
無點本	加點本	無點本	加點本	無點本
3305:57, 3271:0				P2510:179
3305:60, 3271:(4)	5756:0			P2510:183
3305:(65), 3271:10	5756:3	5726:1		P2510:192
3305:66, 3271:(12)	5756:4	5726:2-7, 6079:0		P2510:193
3305:72, 3271:19	5756:10	6079:3-4		P2510:202
3305:73, 3271:19	5756:11			P2510:204
3305:74, 3271:20	5756:(11)			P2510:206
3305:74, 3271:21	5756:11			P2510:206
3305:75, 3271:22	5756:13			P2510:207
3305:76, 3271:22	5756:14			P2510:208
3305:77, 3271:24	5756:(15)			P2510:210
3305:77, 3271:24	5756:16			P2510:211
3305:78, 3271:25	5756:(16)			P2510:212
3305:79, 3271:26	5756:17-19			P2510:212
3305:79, 3271:26	966:0			P2510:213
3305:80, 3271:28	966:1			P2510:214
3305:81, 3271:28	966:1			P2510:215
3305:83, 3271:31	966:4			P2510:219
3305:84-85, 3271:33-35	966:5-6			P2510:220-223
2548:3	3011A:1	782:2		
2548:4	3011A:2	782:3		
2548:5, 3474:0	3011A:3	782:4		
2548:7, 3474:(1)	3011A:(5)	782:6		
2548:8, 3474:(2)	3011A:6	782:6		
2548:10, 3474:(3)	3011A:7	782:8		
2548:11, 3474:4	3011A:8	782:9		
2548:13, 3474:6	3011A:9	782:10		
2548:16, 3474:(8)	3011A:12	782:13		
2548:17, 3474:(10)	3011A:13	782:14		
2548:18, 3474:(11)	3011A:14	782:15		
2548:20, 3402:(0), 3474:13, 4732:0	3011A:16	782:17		
2548:22, 3402:3, 3474:14, 4732:(3)	3011A:18	782:18		
2548:24, 3402:5, 3474:(15), 4732:(6)	3011A:19	782:20		
2548:26, 3402:8, 3474:(17)	3011A:21	782:21		
2548:28, 3402:10, 3474:19	3011A:23	782:23		

卷	篇章	本文	清原家本					中原家本			注釋書			
			高(清)	正	嘉	建	縮	文	高(中)	貞	義疏	注疏 2	注疏 8	加點本
6	11.17	季氏富於周公	-	065	064_6/19	06a	03a	-	-	051	08b	2499b	098c	2620:26, 3254:39
6	11.18	柴也愚參也魯	-	070	069_6/19	06b	03a	-	-	055	09b	2499b	098c	2620:28, 3254:42
6	11.19	子曰回也其庶	-	074	073_6/19	06b	03a	-	-	058	10a	2499b	098d	2620:29, 3254:44
6	11.20	子張問善人之	-	082	081_7/19	07b	03b	-	-	064	11b	2499c	099b	2620:33, 3254:48
6	11.21	子曰論篤是與	-	085	084_7/19	07b	03b	-	-	066	12a	2499c	099b	2620:34, 3254:50
6	11.22	子路問聞斯行	-	088	087_7/19	08a	03b	-	-	069	12b	2500a	099c	2620:35, 3254:52, 3192:0, 2687A:0
6	11.23	子畏於匡顏淵	-	099	098_7/19	09a	04a	-	-	078	13b	2500a	099d	2620:40, 3254:58, 3192:3, 2687A:1
6	11.24	季子然問仲由	-	102	101_8/19	09a	04a	-	-	080	14a	2500a	100a	2620:41, 3254:60, 3192:4, 2687A:3-7
6	11.25	子路使子羔爲	-	112	111_8/19	10a	04b	-	-	089	15b	2500b	100b	2620:45, 3254:67 割, 3192:7, 2687A:-
6	11.26	子路曾晳冉有	-	118	117_8/19	10b	04b	-	-	094	16a	2500b	100c	2620:48, 3254:70, 3192:10, 2687B:0-3
6	12.01	顏淵問仁子曰	-	167	166_11/19	14b	06b	-	-	132	22a	2502c	106a	2620:68, 2687C:0, 3192:26
6	12.02	仲弓問仁子曰	-	177	176_11/19	15b	07a	-	-	140	23a	2502c	106b	2620:72, 2687C:(6), 3192:29
6	12.03	司馬牛問仁子	-	182	181_12/19	16a	07a	-	-	144	23b	2502c	106c	2620:74, 2687C:10, 3192:31
6	12.04	司馬牛問君子	-	187	186_12/19	16a	07a	-	-	148	24a	2503a	106d	2620:76, 2687C:12, 3192:33
6	12.05	司馬牛憂曰人	-	192	191_12/19	16b	07b	-	-	152	24b	2503a	106d	2620:78, 2687C:15, 3192:35
6	12.06	子張問明子曰	-	199	198_12/19	17b	07b	-	-	157	25b	2503a	107a	2620:82, 2687C:19, 3192:38
6	12.07	子貢問政子曰	-	205	204_13/19	18a	07b	-	-	162	26a	2503a	107b	2620:84, 2687C:22, 3192:40
6	12.08	棘子成曰君子	-	212	211_13/19	18b	08a	-	-	167	27a	2503b	107c	2620:87, 2687C:27, 3192:42
6	12.09	哀公問於有若	-	220	219_13/19	19a	08a	-	-	173	28a	2503b	107d	2620:90, 2687C:31, 3192:45
6	12.10	子張問崇德辨	-	227	225_14/19	19b	08b	-	-	179	29b	2503c	108c	2620:93, 2687C:35, 3192:47
6	12.11	齊景公問政於	-	234	233_14/19	20a	08b	-	-	185	30a	2503c	108d	2620:96, 2687C:39, 3192:50
6	12.12	子曰片言可以	-	240	239_14/19	20b	09a	-	-	190	30b	2504a	109a	2620:98, 2687C:42 下 3192:52
6	12.13	子曰聽訟吾猶	-	244	243_15/19	21a	09a	-	-	193	31a	2504a	109a	2620:100, 2687C:43, 3192:54
6	12.14	子張問政子曰	-	246	245_15/19	21a	09a	-	-	194	31b	2504a	109b	2620:101, 2687C:45, 3192:54
6	12.15	子曰君子博學	-	248	247_15/19	21b	09a	-	-	196	31b	2504b	109c	2620:102, 2687C:46, 3192:55
6	12.16	子曰君子成人	-	250	249_15/19	21b	09b	-	-	198	32a	2504b	109c	2620:102, 2687C:47, 3192:56
6	12.17	季康子問政於	-	252	251_15/19	21b	09b	-	-	199	32a	2504b	109c	2620:103, 2687C:48, 3192:57
6	12.18	季康子患盜問	-	255	254_15/19	22a	09b	-	-	201	32a	2504b	109c	2620:104, 2687C:49
6	12.19	季康子問政於	-	258	257_15/19	22a	09b	-	-	203	32b	2504b	109d	2620:106, 2687C:51
6	12.20	子張問士何如	-	265	264_16/19	22b	10a	-	-	209	33a	2504b	110a	2620:109, 2687C:55
6	12.21	樊遲從遊於舞	-	277	276_16/19	23b	10a	-	-	219	34b	2504c	110b	2620:114, 2687C:62-64
6	12.22	樊遲問仁子曰	-	285	283_17/19	24b	10b	-	-	224	35b	2504c	110c	2620:117
6	12.23	子貢問友子曰	-	296	295_17/19	25b	11a	-	-	234	36b	2505a	110d	2620:122
6	12.24	曾子曰君子以	-	299	298_17/19	25b	11a	-	-	236	37a	2505a	111a	2620:123-124
7	13.01	子路問政子曰	-	003	002_3/22	01a	12a	-	-	002	01a	2506b	115a	

ペリオ本	スタイン本		鄭注本	
無點本	加點本	無點本	加點本	無點本
2548:30, 3402:13, 3474:20	3011A:24	782:24		
2548:32, 3402:16, 3474:22	3011A:26	782:26		
2548:33, 3402:17, 3474:23	3011A:27	782:27		
2548:34, 3402:22, 3474:25	3011A:30	782:30		
2548:35, 3402:24, 3474:26	3011A:31	782:31		
2548:36, 3402:25, 3474:27	3011A:32	782:32		
2548:41, 3402:32	3011A:36	782:36		
2548:43, 3402:34, 3606:0	3011A:37	782:37		
2548:47, 3402:39 割, 3606:3	3011A:41	782:40		
2548:50, 3402:42, 3606:6-25	3011A:44	782:42-51		
2548:71, 3402:70, 3606:-	3011A:64			
2548:75, 3402:74, 3606:-	3011A:68			
2548:79, 3402:78, 3606:-	3011A:71			
2548:80, 3402:81, 3606:-	3011A:72			
2548:83, 3402:84, 3606:-	3011A:75			
2548:87, 3402:89, 3606:-	3011A:78			
2548:89, 3402:92, 3606:(26), 2664:1	3011A:80			
2548:93, 3402:96, 3606:26, 3441:0, 2664:3	3011A:83-84			
2548:96, 3402:102, 3606:30, 3441:2, 2664:6				書:1
2548:100, 3402:106, 3606:33, 3441:5, 2664:8				書:4
2548:102, 3402:111, 3606:37, 3441:8, 2664:12				書:8-10
2548:105, 3402:114, 3606:40, 3441:10, 2664:14-15				
2548:(107)3402:116, 3606:(41), 3441:12				
2548:107, 3402:117, 3606:(42), 3441:13				
2548:108, 3402:119, 3606:44, 3441:14				
2548:109, 3402:120, 3606:45, 3441:15				
2548:110, 3402:121, 3606:46, 3441:16				書:(11)
2548:112, 3402:123, 3606:47, 3441:17				書:11
2548:113, 3402:125, :3606:49-50, 3441:18				書:(13)
2548:(117), 3402:129, 3441:21				書:15
2548:122, 3402:137, 3441:27				書:20
2548:126, 3402:142, 3441:30				書:23
2548:132, 3402:147, 3441:35				書:29
2548:133, 3402:149, 3441:37				書:30
	3011B:2			書:(33)

卷	篇章	本文	清原家本					中原家本			注釋書			
			高(清)	正	嘉	建	縮	文	高(中)	貞	義疏	注疏 2	注疏 8	加點本
7	13.02	仲弓爲季氏宰	-	006	005_3/22	01a	12a	-	-	005	01b	2506b	115a	
7	13.03	子路曰衞君待	-	012	011_3/22	01b	12a	001	-	009	02a	2506b	115b	
7	13.04	樊遲請學稼子	-	029	028_4/22	03a	12b	006	-	022	04a	2506c	116a	
7	13.05	子曰誦詩三百	-	039	038_4/22	04a	13a	014	-	030	05b	2507a	116b	
7	13.06	子曰其身正不	-	041	040_5/22	04a	13a	016	-	032	05b	2507a	116c	
7	13.07	子曰魯衞之政	-	043	042_5/22	04a	13a	018	-	034	06a	2507a	116c	
7	13.08	子謂衞公子荊	-	046	045_5/22	04b	13b	019	-	036	06a	2507a	116c	
7	13.09	子適衞冉有僕	-	049	048_5/22	04b	13b	022	-	038	06b	2507a	116d	
7	13.10	子曰苟有用我	-	053	052_5/22	05a	13b	025	-	042	07a	2507a	117a	
7	13.11	子曰善人爲邦	-	056	055_5/22	05b	13b	028	-	044	07b	2507a	117a	
7	13.12	子曰如有王者	-	059	058_5/22	05b	13b	030	-	047	07b	2507b	117a	
7	13.13	子曰苟正其身	-	062	061_6/22	06a	14a	032	-	048	08a	2507b	117a	
7	13.14	冉子退朝子曰	-	064	063_6/22	06a	14a	033	-	050	08a	2507b	117b	
7	13.15	定公問一言而	-	069	068_622	06b	14a	037	-	054	09a	2507b	117c	
7	13.16	葉公問政子曰	-	085	084_7/22	07b	14b	050	-	067	10a	2507c	117d	
7	13.17	子夏爲莒父宰	-	086	085_7/22	08a	14b	051	-	068	10a	2507c	118a	
7	13.18	葉公語孔子曰	-	091	090_7/22	08a	15a	055	-	072	10b	2507c	118a	
7	13.19	樊遲問仁子曰	-	096	095_7/22	08b	15a	059	-	076	11b	2507c	118b	
7	13.20	子貢問曰何如	-	099	098_7/22	09a	15a	061	-	078	11b	2507c	118b	
7	13.21	子曰不得中行	-	110	109_8/22	10a	15b	070	-	087	13a	2508a	118d	
7	13.22	子曰南人有言	-	115	114_8/22	10a	15b	073	-	091	13b	2508a	119a	
7	13.23	子曰君子和而	-	121	120_9/22	11a	16a	078	-	096	14b	2508b	119a	
7	13.24	子貢問曰鄉人	-	124	122_9/22	11a	16a	080	-	098	15a	2508b	119b	
7	13.25	子曰君子易事	-	129	127_9/22	11b	16a	084	-	102	15b	2508b	119c	
7	13.26	子曰君子泰而	-	134	132_9/22	12a	16b	088	-	107	16a	2508b	119c	
7	13.27	子曰剛毅木訥	-	137	134_9/22	12a	16b	090	-	108	16a	2508b	119d	3607:0
7	13.28	子路問曰何如	-	139	136_9/22	12a	16b	092	-	110	16b	2508b	119d	3607:1
7	13.29	子曰善人教民	-	143	141_10/22	12b	16b	095	-	114	17a	2508c	119d	3607:3
7	13.30	子曰以不教民	-	145	143_10/22	12b	16b	097	-	115	17a	2508c	120a	3607:4
7	14.01	憲問恥子曰邦	-	149	147_10/22	13a	17a	100	-	119	18a	2510a	123a	3607:7
7	14.02	克伐怨欲不行	-	151	149_10/22	13b	17a	102	-	121	18a	2510a	123a	3607:8
7	14.03	子曰士而懷居	-	156	154_10/22	13b	17a	105	-	124	18b	2510a	123b	3607:10
7	14.04	子曰邦有道危	-	157	155_10/22	14a	17a	106	-	125	19a	2510a	123b	3607:11
7	14.05	子曰有德者必	001	160	158_10/22	14a	17a	108	-	128	19a	2510a	123b	3607:12
7	14.06	南宮适問於孔	001	163	161_11/22	14b	17b	111	-	130	20a	2510a	123c	3607:14

ペリオ本	スタイン本		鄭注本	
無點本	加點本	無點本	加點本	無點本
	3011B:3			
	3011B:5			
	3011B:10			
	3011B:15			
	3011B:16			
	3011B:17			
	3011B:18			
	3011B:19			
	3011B:21			
	3011B:22			
	3011B:24			
	3011B:24			
	3011B:25			
	3011B:28			
	3011B:34			
	3011B:35			
2597:1	3011B:36			
2597:3	3011B:39			
2597:5	3011B:40			
2597:10	3011B:45			
2597:(11)	3011B:46			
2597:13	3011B:49			
2597:14	3011B:49			龍:0
2597:16	3011B:51			龍:(2)
2597:19	3011B:54			龍:4
2597:20	3011B:54			龍:5
2597:20	3011B:55			龍:6
2597:22	3011B:56			龍:(7)
2597:23	3011B:57			龍:(9)
2597:25	3011B:58			龍:11
2597:26	3011B:59			
2597:27	3011B:61			
2597:28	3011B:61			
2597:29	3011B:62			
2597:31	3011B:64			

卷	篇章	本文	清原家本					中原家本			注釋書			
			高(淸)	正	嘉	建	縮	文	高(中)	貞	義疏	注疏 2	注疏 8	加點本
7	14.07	子曰君子而不	007	174	172_11/22	15a	17b	118	-	138	21a	2510b	124b	3607:19
7	14.08	子曰愛之能勿	008	176	174_11/22	15b	17b	120	-	140	21b	2510c	124b	3607:20
7	14.09	子曰爲命卑諶	010	178	176_11/22	15b	18a	122	-	141	21b	2510c	124b	3607:(21)-23
7	14.10	或問子產子曰	014	186	184_12/22	16a	18a	127	-	148	22b	2510c	124d	2716:0
7	14.11	子曰貧而無怨	019	193	191_12/22	17a	18b	133	-	154	23b	2511a	125a	2716:(2)
7	14.12	子曰孟公綽爲	020	194	192_12/22	17a	18b	134	-	155	23b	2511a	125a	2716:3
7	14.13	子路問成人子	022	198	196_12/22	17a	18b	137	-	158	24a	2511a	125b	2716:4
7	14.14	子問公叔文子	029	208	206_13/22	18a	19a	144	-	166	25b	2511a	125c	2716:(8)
7	14.15	子曰臧武仲以	035	216	214_13/22	18b	19a	150	-	172	26b	2511b	125d	2716:12
7	14.16	子曰晉文公譎	038	222	220_14/22	19a	19b	154	-	177	27b	2511b	126a	2716:14
7	14.17	子路曰桓公殺	041	226	224_14/22	19b	19b	158	-	181	28b	2511c	126d	2716:16
7	14.18	子貢曰管仲非	047	235	233_14/22	20b	19b	164	-	187	30a	2511c	127a	2716:19
7	14.19	公叔文子之臣	055	247	245_15/22	21b	20a	174	-	197	32a	2512a	127c	2716:23
7	14.20	子言衞靈公之	058	251	249_15/22	21b	20b	177	-	200	32b	2512a	127d	2716:25
7	14.21	子曰其言之不	062	256	254_15/22	22a	20b	181	-	204	32b	2512b	127d	2716:27
7	14.22	陳成子弑簡公	063	258	257_15/22	22b	20b	183	-	206	33a	2512b	127d	2716:28
7	14.23	子路問事君子	069	269	268_16/22	23a	21a	191	-	214	34a	2512b	128b	2716:33
7	14.24	子曰君子上達	071	271	270_16/22	23b	21a	193	-	216	34a	2512b	128b	2716:34
7	14.25	子曰古之學者	072	273	271_16/22	23b	21a	194	-	217	34b	2512b	128b	2716:34
7	14.26	蘧伯玉使人於	073	275	273_16/22	23b	21a	196	-	219	34b	2512b	128b	2716:35
7	14.27	子曰不在其位	077	281	279_16/22	24a	21b	200	-	224	35a	2512c	128c	2716:38
7	14.28	曾子曰君子思	077	281	280_16/22	24a	21b	201	-	224	35a	2512c	128c	2716:38
7	14.29	子曰君子恥其	078	282	281_17/22	24a	21b	202	-	225	35a	2512c	128c	2716:38
7	14.30	子曰君子道者	079	283	282_17/22	24b	21b	203	-	226	35b	2512c	128d	2716:39
7	14.31	子貢方人子曰	081	286	285_17/22	24b	21b	205	-	228	35b	2512c	128d	2716:40
7	14.32	子曰不患人之	083	289	287_17/22	24b	21b	207	-	230	36a	2512c	128d	2716:41
7	14.33	子曰不逆詐不	084	290	289_17/22	25a	21b	208	-	231	36a	2512c	129a	2716:42
7	14.34	微生畝謂孔子	086	293	291_17/22	25a	21b	210	-	234	36b	2512c	129a	2716:43
7	14.35	子曰驥不稱其	088	297	295_17/22	25b	22a	214	-	237	37a	2512c	129a	2716:45
7	14.36	或曰以德報怨	089	298	297_17/22	25b	22a	215	-	238	37a	2513a	129b	2716:45
7	14.37	子曰莫我知也	091	301	299_17/22	26a	22a	217	-	240	37b	2513a	129b	2716:46
7	14.38	公伯寮愬子路	094	307	306_18/22	26b	22a	221	-	245	38a	2513a	129c	2716:49
7	14.39	子曰賢者避世	099	316	314_18/22	27a	22b	228	-	252	39a	2513a	129d	2716:52
7	14.40	子路宿於石門	102	321	320_19/22	27b	22b	232	-	256	40a	2513b	130a	2716:54
7	14.41	子擊磬於衞有	105	325	324_19/22	28a	23a	235	-	259	40b	2513b	130b	2716:56

ペリオ本	スタイン本		鄭注本	
無點本	加點本	無點本	加點本	無點本
2597:36	3011B:67			
2597:37	3011B:68			
2597:38	3011B:69			
2597:41	3011B:72			
2597:44	3011B:74			
2597:44	3011B:75			
2597:46	3011B:76			
2597:51	3011B:80			
2597:(54)	3011B:84			
2597:56	3011B:86			
2597:58	3011B:88			
2597:62	3011B:91			
2597:67	3011B:97			
2597:69	3011B:98			
2597:72	3011B:100			
2597:73	3011B:101			
2597:78	3011B:105			
2597:79	3011B:106			
2597:80	3011B:106			
2597:81	3011B:107			
	3011B:109			
	3011B:110			
	3011B:110			
	3011B:111			
	3011B:112			
	3011B:113			
	3011B:114			
	3011B:115			
	3011B:117			
	3011B:118			
	3011B:119			
	3011B:121			
3359:0	3011B:125			
3359:3	3011B:127			
3359:5	3011B:128			

卷	篇章	本文	清原家本					中原家本			注釋書			
			高(清)	正	嘉	建	縮	文	高(中)	貞	義疏	注疏 2	注疏 8	加點本
7	14.42	子張曰書云高	110	334	333_19/22	28b	23a	242	-	266	41b	2513b	130c	2716:59
7	14.43	子曰上好禮則	114	340	339_19/22	29a	23b	246	-	271	42b	2513c	131b	2716:62
7	14.44	子路問君子子	115	341	340_20/22	29a	23b	248	-	272	42b	2513c	131b	2716:63
7	14.45	原壤事俟子曰	117	347	346_20/22	29b	23b	252	-	276	43a	2514a	131c	2716:64
7	14.46	闕黨童子將命	120	351	350_20/22	30a	23b	256	-	280	43b	2514a	131d	2716:66-69
8	15.01	衞靈公問陳於	002	003	002_3/17	01a	25a	-	001	002	01a	2516c	137a	2496:2
8	15.02	在陳絕糧從者	005	008	007_3/17	01b	25a	-	004	006	01b	2516c	137b	2496:4
8	15.03	子曰賜也女以	009	014	013_3/17	02a	25a	001	008	010	02a	2516c	137c	2496:7
8	15.04	子曰由知德者	012	019	018_3/17	02a	25b	005	011	015	03a	2517a	137d	2496:9
8	15.05	子曰無爲而治	014	021	020_4/17	02b	25b	007	012	016	03a	2517a	137d	2496:10
8	15.06	子張問行子曰	015	023	022_4/17	02b	25b	009	014	018	03b	2517a	137d	2496:11
8	15.07	子曰直哉史魚	021	032	031_4/17	03b	26a	016	020	025	04a	2517a	138b	2496:15
8	15.08	子曰可與言而	024	037	036_4/17	03b	26a	020	023	029	04b	2517b	138b	2496:18
8	15.09	子曰志士仁人	026	040	039_4/17	04a	26a	023	025	031	05a	2517b	138c	2496:19
8	15.10	子貢問爲仁子	028	043	042_5/17	04a	26a	025	027	033	05b	2517b	138c	2496:20
8	15.11	顏淵問爲邦子	031	047	046_5/17	04b	26b	028	030	036	05b	2517b	138d	2496:22
8	15.12	子曰人而無遠	036	055	054_5/17	05a	26b	034	035	043	07b	2517c	139b	2496:26
8	15.13	子曰已矣乎吾	037	056	055_5/17	05b	26b	035	036	044	07b	2517c	139b	2496:26
8	15.14	子曰臧文仲其	037	058	056_5/17	05b	26b	036	037	045	07b	2517c	139c	2496:27
8	15.15	子曰躬自厚而	039	060	059_5/17	05b	27a	039	039	047	08a	2517c	139c	2496:28
8	15.16	子曰不曰如之	040	062	061_6/17	06a	27a	041	040	049	08b	2517c	139c	2496:29
8	15.17	子曰羣居終日	042	066	064_6/17	06a	27a	043	042	052	09a	2517c	139d	2496:30
8	15.18	子曰君子義以	043	068	067_6/17	06b	27a	045	044	054	09a	2518a	139d	2496:31
8	15.19	子曰君子病無	044	071	070_6/17	06b	27a	047	046	056	09b	2518a	139d	2496:33
8	15.20	子曰君子疾沒	045	074	072_6/17	06b	27a	049	047	058	09b	2518a	140a	2496:33
8	15.21	子曰君子求諸	046	075	073_6/17	07a	27b	050	047	059	09b	2518a	140a	2496:34
8	15.22	子曰君子矜而	047	077	075_6/17	07a	27b	051	048	060	10a	2518a	140a	2496:35
8	15.23	子曰君子不以	048	079	077_6/17	07a	27b	053	050	062	10a	2518a	140a	2496:35
8	15.24	子貢問曰有一	049	082	080_7/17	07b	27b	055	051	063	10b	2518a	140a	2496:36
8	15.25	子曰吾之於人	051	085	083_7/17	07b	27b	058	053	065	10b	2518a	140b	2496:38
8	15.26	子曰吾猶及史	054	090	088_7/17	08a	28a	062	056	069	11a	2518a	140b	2496:40
8	15.27	子曰巧言亂德	057	095	093_7/17	08b	28a	065	059	073	11b	2518b	140c	2496:42
8	15.28	子曰衆惡之必	058	097	095_7/17	08b	28a	067	060	075	12a	2518b	140c	2496:43
8	15.29	子曰人能弘道	059	099	097_7/17	08b	28a	069	062	077	12a	2518b	140d	2496:44
8	15.30	子曰過而不改	060	101	099_7/17	09a	28a	070	063	078	12b	2518b	140d	2496:45

ペリオ本	スタイン本		鄭注本	
無點本	加點本	無點本	加點本	無點本
3359:9	3011B:132			
3359:12	3011B:134			
3359:12	3011B:135			
3359:15	3011B:137			
3359:17-20	3011B:139-141			
	747:0			
	747:3			
	747:4			
	747:5			
	747:6			
	747:9			
3745:1	747:9			
3745:(1)	747:10			
3433:1, 3745:3	747:11			
3433:2, 3745:4	747:11			
3433:4, 3745:(5)	747:12			
3433:5, 3745:7	747:13			
3433:6, 3745:8	747:14			
3433:8, 3745:9	747:15			
3433:8, 3745:10	747:15			
3433:9, 3745:11	747:16			
3433:10, 3745:12	747:16			
3433:12, 3745:13	747:17			
3433:12, 3745:14	747:18			
3433:16, 3745:17	747:20			
3433:18, 3745:19	747:21			
3433:(19), 3745:20	747:22			
3433:-, 3745:21	747:-			
3433:20, 3745:22	747:22			

卷	篇章	本文	清原家本					中原家本			注釋書			
			高(清)	正	嘉	建	縮	文	高(中)	貞	義疏	注疏 2	注疏 8	加點本
8	15.31	子曰吾嘗終日	060	102	100_8/17	09a	28a	071	064	079	12b	2518b	140d	2496:45
8	15.32	子曰君子謀道	061	104	102_8/17	09a	28a	073	065	080	13a	2518b	140d	2496:46
8	15.33	子曰知及之仁	064	108	106_8/17	09b	28b	076	068	084	13b	2518b	141a	2496:48
8	15.34	子曰君子不可	067	115	113_8/17	10a	28b	081	072	089	14a	2518c	141b	2496:51
8	15.35	子曰民之於仁	069	119	117_8/17	10b	29a	085	075	092	14b	2518c	141b	2496:52
8	15.36	子曰當仁不讓	071	123	121_9/17	10b	29a	088	077	096	15a	2518c	141c	2496:54
8	15.37	子曰君子貞而	072	124	123_9/17	11a	29a	089	078	097	15a	2518c	141c	2496:55
8	15.38	子曰事君敬其	073	126	125_9/17	11a	29a	091	079	098	15b	2518c	141d	2496:56
8	15.39	子曰有敎無類	074	128	126_9/17	11a	29a	092	080	100	15b	2518c	141d	2496:56
8	15.40	子曰道不同不	074	129	127_9/17	11a	29a	093	081	101	15b	2518c	141d	2496:57
8	15.41	子曰辭達而已	075	130	128_9/18	11a	29a	094	082	101	16a	2519a	141d	2496:58
8	15.42	師冕見及階子	077	131	130_9/17	11b	29a	095	083	103	16a	2519a	141d	2496:58
8	16.01	季氏將伐顓臾	080	139	138_9/17	12a	29b	102	088	109	17a	2520c	146a	2496:63
8	16.02	孔子曰天下有	101	182	181_12/17	15b	31a	137	116	143	22a	2521b	147c	2496:83
8	16.03	孔子曰祿之去	107	195	194_12/17	17a	31b	147	124	153	23b	2521c	148b	2496:88
8	16.04	孔子曰益者三	110	202	201_13/17	17b	31b	152	128	159	24b	2521c	148c	2496:92
8	16.05	孔子曰益者三	113	206	205_13/17	18a	32a	155	131	163	25a	2522a	148d	2496:94
8	16.06	孔子曰侍於君	116	212	211_13/17	18a	32a	160	135	167	25b	2522a	148d	2496:97
8	16.07	孔子曰君子有	118	217	216_13/17	18b	32a	165	138	172	26a	2522a	149a	2496:99
8	16.08	孔子曰君子有	121	222	221_14/17	19a	32b	168	141	175	26b	2522a	149b	2496:(101)
8	16.09	孔子曰生而知	124	228	227_14/17	19b	32b	173	145	180	27b	2522b	149c	2496:104
8	16.10	孔子曰君子有	126	231	230_14/17	20a	32b	176	147	183	27b	2522b	149d	
8	16.11	孔子曰見善如	128	234	234_14/17	20a	32b	179	150	185	28a	2522b	149d	
8	16.12	齊景公有馬千	132	239	238_14/17	20b	33a	184	153	189	28b	2522b	150a	
8	16.13	陳亢問於伯魚	135	244	243_15/17	21a	33a	188	156	193	29b	2522c	150b	
8	16.14	邦君之妻君稱	141	255	254_15/17	22a	33b	198	163	202	30a	2522c	150c	
9	17.01	陽貨欲見孔子	-	003	002_3/17	01a	34a	-	-	002	01a	2524b	154a	
9	17.02	子曰性相近也	-	016	015_3/17	02a	34b	-	-	012	03a	2524b	154c	
9	17.03	子曰唯上知與	-	017	016_3/17	02a	34b	-	-	013	03b	2524b	154c	
9	17.04	子之武城聞絃	-	019	018_3/17	02a	34b	-	-	015	04a	2524b	154c	
9	17.05	公山不擾以費	-	028	027_4/17	03a	34b	-	-	022	05b	2524c	154d	
9	17.06	子張問仁於孔	-	035	034_4/17	03b	35a	-	-	028	06a	2524c	155a	
9	17.07	胇肸召子欲往	-	041	039_4/17	04b	35a	-	-	032	06b	2525a	155b	
9	17.08	子曰由女聞六	-	052	051_5/17	05a	35b	-	-	042	08a	2525a	155d	
9	17.09	子曰小子何莫	-	062	061_6/17	06a	36a	-	-	050	09b	2525b	156a	

ペリオ本	スタイン本		鄭注本	
無點本	加點本	無點本	加點本	無點本
3433:21, 3745:23	747:23			
3433:22, 3745:24	747:23			
3433:24, 3745:26	747:25			
3433:27, 3745:29	747:27			
3433:29, 3745:31	747:28			
3433:31, 3745:33	747:29			
3433:32, 3745:33	747:30			
3433:32, 3745:34	747:31			
3433:33, 3745:35	747:31			
3433:34, 3745:36	747:31			
3433:34, 3745:36	747:32			
3433:35, 3745:37	747:32			
3433:41, 3745:41	747:35			
3433:64, 3745:61	747:51			
3433:70, 3745:65	747:55			
3433:73, 3745:68	747:58			
3433:75, 3745:70	747:60			
3433:78, 3745:73	747:62			
3433:81, 3745:76	747:64			
3433:83, 3745:78	747:66			
3433:86, 3745:81	747:(68)			
3433:88, 3745:83	747:70			
3433:90, 3745:85	747:71			
3433:93, 3745:88	747:73			
3433:95, 3745:90	747:75-79			
3433:101-104, 3745:95-98				

卷	篇章	本文	清原家本					中原家本			注釋書			
			高(清)	正	嘉	建	縮	文	高(中)	貞	義疏	注疏 2	注疏 8	加點本
9	17.10	子謂伯魚曰女	-	068	067_6/17	06b	36a	-	-	055	10a	2525b	156a	
9	17.11	子曰禮云禮云	-	073	072_6/17	06b	36a	-	-	059	10b	2525b	156c	
9	17.12	子曰色厲而內	-	077	076_6/17	07a	36b	-	-	062	11b	2525b	156d	
9	17.13	子曰鄕原德之	-	081	079_6/17	07b	36b	-	-	065	12a	2525c	156d	
9	17.14	子曰道聽而塗	-	084	083_7/17	07b	36b	-	-	068	12b	2525c	156d	
9	17.15	子曰鄙夫可與	-	086	085_7/17	08a	36b	-	-	069	12b	2525c	157a	
9	17.16	子曰古者民有	-	090	089_7/17	08a	37a	-	-	073	13a	2525c	157a	
9	17.17	子曰巧言令色	-	+097	096_7/17	+08b	37a	-	-	-	-	2525c	157b	
9	17.18	子曰惡紫之奪	-	097	097_7/17	08b	37a	-	-	078	14a	2525c	157b	
9	17.19	子曰予欲無言	-	102	102_8/17	09a	37a	-	-	082	14b	2526a	157c	
9	17.20	孺悲欲見孔子	-	105	106_8/17	09b	37b	-	-	085	15a	2526a	157c	
9	17.21	宰我問三年之	-	109	109_8/17	10a	37b	-	-	088	15b	2526a	157d	
9	17.22	子曰飽食終日	-	128	128_9/17	11b	38a	-	-	103	18b	2526b	158c	
9	17.23	子路曰君子尙	-	131	131_9/17	11b	38a	-	-	105	18b	2526b	158d	
9	17.24	子貢問曰君子	-	134	134_9/17	12a	38b	-	-	108	19a	2526c	159a	
9	17.25	子曰唯女子與	-	143	143_10/17	12b	38b	-	-	115	20a	2526c	159b	
9	17.26	子曰年四十而	-	145	144_10/17	12b	38b	-	-	116	20a	2526c	159b	
9	18.01	微子去之箕子	-	148	148_10/17	13a	39a	-	-	120	21a	2528c	164a	
9	18.02	柳下惠爲士師	-	153	153_10/17	13b	39a	-	-	124	22a	2528c	164b	
9	18.03	齊景公待孔子	-	158	158_10/17	14a	39a	-	-	128	22b	2528c	164c	
9	18.04	齊人歸女樂季	-	163	163_11/17	14b	39b	-	-	132	23b	2529a	164d	
9	18.05	楚狂接輿歌而	-	166	166_11/17	14b	39b	-	-	134	23b	2529a	165a	
9	18.06	長沮桀溺耦而	-	176	176_11/17	15b	40a	-	-	142	24b	2529b	165b	2628:0
9	18.07	子路從而後遇	-	198	198_12/17	17a	40b	-	-	160	28a	2529c	166a	2628:5
9	18.08	逸民伯夷叔齊	-	217	217_13/17	19a	41a	-	-	175	30a	2529c	166c	2628:14
9	18.09	大師摯適齊亞	-	229	230_14/17	20a	41b	-	-	185	31b	2530a	167a	2628:20
9	18.10	周公謂魯公曰	-	237	237_14/17	20b	42a	-	-	191	32a	2530a	167b	2628:23
9	18.11	周有八士伯适	-	243	243_15/17	21a	42a	-	-	195	33a	2530a	167b	2628:26
10	19.01	子張曰士見危	-	003	002_3/12	01a	43a	-	-	002	01a	2531c	171a	2628:29
10	19.02	子張曰執德不	-	005	004_3/12	01a	43a	-	-	004	01b	2531c	171a	2628:30
10	19.03	子夏之門人問	-	007	006_3/12	01a	43a	-	-	005	01b	2531c	171b	2628:31
10	19.04	子夏曰雖小道	-	016	015_3/12	02a	43b	-	-	012	02b	2531c	171c	2628:35
10	19.05	子夏曰日知其	-	018	018_3/12	02a	43b	-	-	014	03a	2531c	171c	2628:36
10	19.06	子夏曰博學而	-	021	020_4/12	02b	43b	-	-	016	03a	2532a	171c	2628:37
10	19.07	子夏曰百工居	-	025	025_4/12	03a	43b	-	-	020	03b	2532a	171d	2628:39

ペリオ本	スタイン本		鄭注本	
無點本	加點本	無點本	加點本	無點本
	618:0	5789:0		
	618:3	5789:2		
	618:6	5789:3		
	618:9	5789:5		
	618:19			
	618:21			
	618:24			
	618:30			
	618:31			
	618:33			
	618:37			
	618:40			
	618:44			
	618:45			
	618:50			
	618:64			
	618:78-79			

卷	篇章	本文	淸原家本					中原家本			注釋書			
			高(淸)	正	嘉	建	縮	文	高(中)	貞	義疏	注疏 2	注疏 8	加點本
10	19.08	子夏曰小人之	-	028	027_4/12	03a	43b	-	-	022	04a	2532a	171d	2628:41
10	19.09	子夏曰君子有	-	030	029_4/12	03a	43b	-	-	023	04a	2532a	171d	2628:41
10	19.10	子夏曰君子信	-	032	031_4/12	03b	44a	-	-	025	04b	2532a	172a	2628:42
10	19.11	子夏曰大德不	-	035	034_4/12	03b	44a	-	-	028	05a	2532a	172a	2628:44
10	19.12	子游曰子夏之	-	037	037_4/12	04a	44a	-	-	029	05a	2532a	172b	2628:45
10	19.13	子夏曰仕而優	-	051	050_5/12	05a	44b	-	-	040	06b	2532b	172c	2628:51
10	19.14	子游曰喪致乎	-	053	052_5/12	05a	44b	-	-	042	07a	2532b	172c	2628:52
10	19.15	子游曰吾友張	-	054	053_5/12	05a	44b	-	-	043	07a	2532b	172d	2628:52
10	19.16	曾子曰堂堂乎	-	056	055_5/12	05b	44b	-	-	044	07a	2532b	172d	2628:53
10	19.17	曾子曰吾聞諸	-	058	057_5/12	05b	44b	-	-	046	07b	2532b	172d	2628:54
10	19.18	曾子曰吾聞諸	-	061	060_6/12	06a	45a	-	-	048	07b	2532b	173a	2628:56
10	19.19	孟氏使陽膚爲	-	065	065_6/12	06a	45a	-	-	051	08a	2532c	173a	2628:58
10	19.20	子貢曰紂之不	-	071	070_6/12	06b	45a	-	-	056	08b	2532c	173b	2628:60
10	19.21	子貢曰君子之	-	075	074_6/12	07a	45b	-	-	059	09a	2532c	173b	2628:62
10	19.22	衞公孫朝問於	-	077	077_6/12	07a	45b	-	-	061	09b	2532c	173c	2628:63
10	19.23	叔孫武叔語大	-	085	084_7/12	08a	45b	-	-	067	10a	2532c	173c	2628:67
10	19.24	叔孫武叔毀仲	-	094	093_7/12	08b	46a	-	-	074	11a	2533a	174a	2628:71
10	19.25	陳子禽謂子貢	-	101	100_8/12	09a	46a	-	-	079	11b	2533a	174b	2628:74
10	20.01	堯曰咨爾舜天	-	115	114_8/12	10b	46b	-	-	090	13a	2535a	178a	2628:81-86
10	20.02	謹權量審法度	-	133	133_9/12	12a	47b	-	-	104	16a	2535a	178b	
10	20.03	寬則得衆信則	-	139	138_9/12	12b	47b	-	-	109	16b	2535a	178b	
10	20.04	子張問政於孔	-	141	140_10/12	12b	47b	-	-	111	17a	2535c	179b	
10	20.05	孔子曰不知命	-	163	162_11/12	14b	48b	-	-	128	19a	2536a	180a	

ペリオ本	スタイン本		鄭注本	
無點本	加點本	無點本	加點本	無點本

古典研究會叢書　漢籍之部　第四卷

論語集解㈠

平成二十九年三月三十日　發行

原本所藏　東洋文庫
解題　石塚晴通
　　　小助川貞次
　　　髙橋智
出版　古典研究會
發行者　三井久人
本文製版　中臺整版
　　　　　日本フィニッシュ
印刷　モリモト印刷株式會社

發行　汲古書院
〒102-0072　東京都千代田區飯田橋二－五－四
電話　〇三(三二六五)九七六四
FAX　〇三(三二二二)一八四五

第一期十六回配本

ISBN978-4-7629-1088-3　C3310

古典研究會叢書　漢籍之部

第一期

1〜3	毛詩鄭箋（靜嘉堂文庫所藏）	各12621円
4	論語集解㈠（東洋文庫藏正和四年本）	15000円
5	論語集解㈡（醍醐寺藏文永五年本卷第七）（東洋文庫藏文永五年本卷第八）	8000円
6	吳　書（靜嘉堂文庫所藏）	15000円
7 8	五行大義（穗久邇文庫所藏）	各14000円
9〜15	群書治要（宮內廳書陵部所藏）	各13000円
16	東坡集（國立公文書館內閣文庫所藏）	12000円

第二期

17〜28	國寶史記（國立歷史民俗博物館所藏）	各16000円
29〜31	國寶後漢書（國立歷史民俗博物館所藏）	各16000円

第三期

32	王右丞文集（靜嘉堂文庫所藏）	13000円
33〜35	分類補註李太白詩（尊經閣文庫所藏）	各13000円
36 37	李太白文集（靜嘉堂文庫所藏）	各13000円
38	昌黎先生集（靜嘉堂文庫所藏）	近刊
39	韓集擧正（大倉文化財團所藏）	13000円
40〜42	白氏六帖事類集（靜嘉堂文庫所藏）	各13000円

（本体価格を表示）